湛庐CHEERS

与最聪明的人共同进化

HERE COMES EVERYBODY

新时代的达尔文

创立第3进化原则

Martin A. Nowak

马丁·诺瓦克

穿行于牛津、普林斯顿与哈佛的科学奇才

在维也纳大学取得博士学位后，马丁·诺瓦克进入世界知名学府牛津大学，投奔鲍勃·梅门下。在这里，他邂逅了很多生物学界的元老级人物。他可以一边喝着下午茶，一边和比尔·汉密尔顿、理查德·道金斯等学术权威谈天说地。凭借在进化动力学方面的突出成就，他32岁就成为牛津大学的数学生物学教授。

1998年，正当马丁·诺瓦克在牛津大学事业发展顺风顺水的时候，普林斯顿高等研究院说服了牛津大学校长和马丁·诺瓦克本人，邀请他去普林斯顿高等研究院创建全球第一个理论生物学项目。他在那里开辟了第二战场，深入探索语言进化与合作之间的关系。

在普林斯顿高等研究院工作期间，华尔街顶尖投资人杰弗里·艾普斯坦赏识诺瓦克的才华，鼎力支持他去哈佛大学创办“进化动力学中心”。2003年，年仅37岁的诺瓦克就成为哈佛大学教授。

顶级学术殿堂的掌门人

诺瓦克创建的进化动力学中心，汇集了全世界最优秀的数学家和生物学家。他善于把各路高手招致麾下，是最令人信服的“超级合作者”。

他的合作者当中，既有数学天才科琳娜·塔尼塔，也有建模高手阿恩·特劳森。北京大学的博士生伏锋，也被吸引到进化动力学中心，和诺瓦克一起研究群体间移民对合作的影响，并取得了丰硕成果。

在诺瓦克的领导下，进化动力学中心已成为合作与进化研究领域最受瞩目的学术机构。

研究进化生物学首屈一指的数学家

诺瓦克是奥地利科学院的外籍院士，他因成就非凡而获奖无数：牛津大学威尔登奖（Weldon Memorial Prize of Oxford University），斯坦福大学戴维－斯塔尔－乔丹奖，数学生物学协会的 Akira Okubo 奖，等等。

多年来，诺瓦克通过与多位科学家合作，在《自然》《科学》《科学美国人》等杂志上发表了 350 多篇论文，H 指数高达 80。他在病毒动力学、癌细胞进化、空间博弈、间接互惠、演化图论、语言进化等领域都颇有建树，已然成为冉冉升起的科学巨星。威尔逊称他为“研究进化生物学首屈一指的数学家”。

与全球 130 多位生物学家大论战

2010 年 8 月，马丁·诺瓦克与著名生物学家爱德华·威尔逊在《自然》杂志上联合发表了“真社会性的进化”一文，在生物进化界掀起巨大波澜。这篇文章对“亲缘选择”理论的一个关键概念——“内含适应性”提出了质疑，认为“亲缘选择”理论可包含于自然选择之中。这就意味着，诺瓦克和威尔逊向“亲缘选择”理论的创立者比尔·汉密尔顿以及《自私的基因》一书的作者理查德·道金斯，直接提出了挑战。

论文发表后，全球 130 多位生物学家立即联合向《自然》杂志发去了 5 封公开信，与诺瓦克和威尔逊展开了一场科学大论战。诺瓦克沉着应对，坚持用科学证据捍卫真理。

SuperCooperators

超级合作者

Altruism, Evolution, and Why We Need

[美] 马丁·诺瓦克（Martin A. Nowak）
罗杰·海菲尔德（Roger Highfield）◎著
龙志勇 魏 薇 ◎译

Each Other to Succeed

只有合作才能拯救人类。

伯特兰 · 罗素

Altruism,

推荐序

竞争与合作的秩序

汪丁丁
北京大学教授

Evolution,

and Why We Need

SUPER COOPERATORS

Each Other to Succeed

这本书的作者马丁·诺瓦克最初引我关注的，是他2002年与伦敦大学学院计算机科学系的生物信息学家卡伦·佩奇（Karen Page）合作，在《理论生物学杂志》（*Journal of Theoretical Biology*, 219:93-98）上发表的一篇文章《统一演化动力学》（*Unifying Evolutionary Dynamics*）。在思想史视角下，诺瓦克与佩奇的合作，是诺瓦克搭建的“牛津大学－普林斯顿大学－哈佛大学”三校合作研究团队的重要一环。正是因为追求统一的演化动力学，诺瓦克逐渐转入了一个广阔的跨学科领域——“合作”。我将行为经济学基本问题表述为“合作何以可能”——从RNA复制过程中的合作行为到人类与地外智能生物的潜在合作。

如《超级合作者》开篇所述，从维也纳大学医学院本科生转研生物化学专业的博士生诺瓦克，在野营帐篷里听维也纳大学数学教授卡尔·西格蒙德（Karl Sigmund）介绍“囚徒困境”博弈的时候，从未想到自己将进入的是一个如此广阔的跨学科领域，以至自己在这里钻研了20多年之后仍在求索统一的理解框架。注意，维也纳数学家西格蒙德，1998年在国际数学家大会获得了“一小时全会报告”的荣誉。他的报告主题是：“进化对策与种群动力学”①。此外，我建议读者在阅读《超级合作者》的同时，也阅读诺瓦克的另一部著作《进化动力学：探索生命的方程》(*Evolutionary Dynamics: Exploring the Equations of Life*)②。这本书是诺瓦克2004—2005年期间在哈佛大学的授课文稿。这三部作品，我认为，是任何试图深入理解“合作秩序”扩展过程的学生的案头必备教材。

更深层的思考，读者可参阅我2011年为《新世纪周刊》撰写的三篇文章：《从哲学到经济学》、《竞争与合作》、《互替与互补》。我写这三篇文章，主旨是探讨竞争与合作的关系，缘起于胡舒立和徐晓盛情难却的邀请。那时，我的老友陈嘉映要去北欧讲学，不能续写他的哲学专栏，故而要我续写——当然只能是从哲学回到经济学。探讨竞争与合作的关系，我的结论在第三篇文章里。经济学家研究竞争时，在经济学视角下，任何两件商品，主导它们之间关系的是互替性而不是互补性。可是，在日常生活中，不妨观察我们周围任何一个人的消费习惯，他使用的各种物品之所以与他的日常生活融为一体，必定不是互替性而是互补性占据主导的结果③。最典型的互补品，就是正常人的左脚和右脚，以及与这两只脚相配合的两只鞋。鞋不合脚的时候，就有行走的困难。广而言之，可称为“秩序”的，互补性占据主导。在秩序之内运作的各类关系，可表现为互替性。因此，在我的理解中，合作的本质是互补性。越是那些强烈互补的元素，越可能构成或多或少具有稳定性的系统，又称为“秩序”。

我持续关注诺瓦克，因为我意识到我和他的思路实在太接近，以至我写在自己文章里的思想，几乎同时，可能也出现在他的科学论文里。例如我在《竞争与合作》这篇文章的结尾处，由柏格森的“创化论”开始探讨“创造性”以及这一更本质的生命性质与“竞争与合作”之间的关系。现在，当我浏览诺瓦克的《超

① 同名图书由陆征一和罗勇翻译，四川科技出版社2002年出版。

② 李镇清和王世畅翻译，高等教育出版社2009年出版。

③ 参阅汪丁丁“知识沿时间和空间的互补性以及相关的经济学”,《经济研究》1997年第6期。

级合作者》这部作品时，很快，我读到了他关于创造性与合作之间关系的见解。只不过，他稍显偏激地指出，竞争不能为创新提供更好的支持。诺瓦克的《超级合作者》，英文版是2011年出版的，而我的那些“随笔”写于2011年4月。与我性格迥异，诺瓦克是极具竞争力的科学家——同时在许多领域与许多学者合作研究并发表过许多主题相类的文章。最近几年，每当我在北京大学我的“行为经济学”课堂上为学生们介绍诺瓦克的论文时，必须提到的一项事实就是：在2010—2012年这段时期，他在“权威级”（根据国内学术界的期刊分类）期刊上发表的论文，仅就数目而言，平均每年超过20篇。仅由收录学术期刊的“现刊”最多的Elsevier服务器（www.sciencedirect.com）检索作者姓名“Martin A. Nowak”，得到的文献总数为621篇（截止于2013年7月31日），发表于2009—2013年期间。注意，我告诉过学生们，学术界不仅有许多“Nowak”，而且有许多“Martin Nowak”，所以只好检索“Martin A. Nowak”。于是，Elsevier服务器列出的是著者名单里同时包含这三个关键词的文章，包括姓“Martin”的和姓“Nowak”的合作撰写的文章。根据经验，在这许多文献里，大约四分之三与我这篇序言的主角无关。所以，五年150篇，是比较可信的，相当于平均每年发表30篇。

这样一位学术明星，难怪《纽约时报》2007年7月31日发表专访为他立传。这篇由Carl Zimmer撰稿的专访标题是：*In Games，an Insight into the Rules of Evolution*。根据这篇专访，诺瓦克将生物演化的基本原理概括为三项：（1）遗传变异；（2）自然选择；（3）合作。前两项原理，不很确切地借用严复翻译“天演论”的考究概括，就是“物竞天择”。不很确切，是因为在诺瓦克的学术视角下，从“遗传变异”产生的新策略，可能是“合作”的而不必是“物竞”的。

诺瓦克这本新著《超级合作者》的缘起，是他2006年12月8日发表于《科学》杂志的一篇文章，《合作演化的五项原理》（*Five Rules for the Evolution of Cooperation*）。然后，2012 年，他在《理论生物学杂志》（299: 1–8）以“头版头条”的显著位置发表了一篇类似的文章《演化合作》（*Evolving Cooperation*），重新概括和表述了他 2006 年文章中的五项原理，与他在这部新著里的表述基本一致但略有差异。

我这里收藏的诺瓦克的文章，计有 115 篇。最早的一篇发表于 1992 年 1 月 16 日《自然》杂志“信函”栏目，与数学家西格蒙德合著，标题是：*Tit for Tat in Heterogeneous Populations*。这一标题，姑且译为“异质种群中的针锋相对策略”。当然，不熟悉囚徒困境博弈和种群动力学的读者未必懂得这一标题的全部涵义。发表这篇文章时，“通讯作者”诺瓦克的地址是牛津大学动物学系。事实上，诺瓦克在 1992 年 10 月 29 日还有一篇短文发表于《自然》杂志的信函栏目，主题和方法都远比第一篇重要，标题是：*Evolutionary Games and Special Chaos*。在这篇通讯里，诺瓦克和他的合作者牛津大学的勋爵罗伯特·梅（Robert May），第一次运用了计算机仿真技术；而且从图形不难判断，他们使用的软件与美国西北大学现在可以免费下载的 NetLogo 仿真软件十分类似。迟至 1997 年 7 月 10 日《自然》杂志发表的一篇文章 *Evolution of Genetic Redundancy*，由诺瓦克和生物博弈论泰斗约翰·梅纳德·史密斯（John Maynard Smith）等学者联合署名，那时，他仍在牛津大学动物学系。

我这里保存有一份诺瓦克的简历，很好地再现了他从小学生成长为哈佛大学教授的神奇之路：1975—1983，维也纳的一所“德语–英语”八年制中学（Albertus Magnus Gymnasium）；1983—1989，在维也纳大学研读生物化学和数学；1987—1989，维也纳大学数学博士，并获得博士论文最高奖；1989—1990，以薛定谔奖金学者身份赴牛津大学与梅爵士合作；1990—1992，以生物科学 Guy Newton Junior Research Fellow 的身份（这一奖金只授予最优秀的青年生物科学家）加盟牛津大学动物学系，同时，于 1991 年获得英国“皇家学会奖学金”；1992—

1998，以生物医学 Wellcome Trust Senior Research Fellow 奖学金继续在牛津大学的科研工作；1998—2003，普林斯顿大学高等研究院“理论生物学项目”领导者；2003 年至今，哈佛大学生物学与数学教授及进化动力学中心主任。从小学五年级（1975）到哈佛大学教授（2003），历时 28 年。

最后，我希望读者注意诺瓦克为《超级合作者》的中文版所撰写的序言。在这篇序言的结尾处,他报告了最新的研究成果或“印象”。根据他的这份最新报告，我们知道：（1）与竞争意识相比，合作意识似乎是人类的直觉或本能。因为诺瓦克在实验中发现，两名随机相遇的被试在“公共品博弈”实验中的直觉判断（必须在极短时间内作出决策）通常导致合作策略，而更长时间的考虑往往导致不合作策略；（2）与北京大学博士后研究员伏锋的合作研究表明，与本土之内的移民相比，来自异域文化的移民可使合作更加深化。

撰写科学论文，不同于我这类“随笔”。科学要求严格论证以说服读者（往往是同行科学家），而随笔恰好不能以严格的学术语言来表述哪怕最初是基于科学研究的想象。我希望这篇随笔可以诱导读者暂时离开喧闹的生活市场，倾听诺瓦克在这间小屋里讲述的故事——私人的和公共的。

Altruism,

中文版序

“我虽跌倒，仍要再起”
——兴衰的轮回

Evolution,

and Why We Need

SUPER COOPERATORS

Each Other to Succeed

古时候，中国曾是世界科学与科技的领导者。随着欧洲科学革命的发展，中国的科学之光逐渐黯淡下来，这一过程一直持续到文艺复兴时代，并延续到了18世纪后半叶。但近年来，中国又大踏步地重返世界舞台，扮演起重要的角色，这其中一个最重要的因素，就是中国对国际合作的积极参与。

虽然中国在20世纪50年代曾与前苏联展开过一段合作，但只是在过去的二十年间，中国才真正全方位参与到国际合作中来，包括从银行业一直到科技开发等各个领域。正是这种合作成就了中国今日的经济奇迹。因此我认为，中国人民比世界上许许多多其他国家的人民，都更能深刻地领会合作所带来的好处。我希望，这部在罗杰·海菲尔德协助下完成的著作，能够回答下面这个问题：为什么说我们彼此之间的合作是人类的基本特性？

从科学的角度看，合作得以实现的原因可以从两个方面来进行阐述。一方面，科学本身就是合作的典范。从本质上看，科学已经跨越了时间和学科的界限，甚至跨越了国界。就中国来说，科技领域的合作也有了飞速发展，这样的例子数不胜数。在我的实验室里，我很荣幸地与来自中国的科学家共事，伏锋就是其中的一位杰出代表。2013 年 3 月，科学峰会在伦敦召开，美国、英国和中国工程领域的顶尖思想家与创新学者共聚一堂，确立了可持续性、健康、教育、技术与发展、充实人生和保持活力等方面的共同目标。

从世界的角度看，科学家之间要建立更为密切的合作关系，利用集体智慧和集体力量，解决最为紧迫的饥荒、气候变化等全球性问题。举例来说，能源消耗的大幅增长反映了中国经济的强劲发展势头，但这一发展却是以污染和消耗大量不可再生资源为代价的，因此解决这一问题就势在必行。从个人的角度看，科学家需要吸收他人的思想，不论他们来自哪里，只有这样，才能促进自身思维方式的改变。

另一方面，关于人类为何能如此默契地形成合作、什么是促进合作的最有利环境这些问题，科学能够给出最好的解释。我们需要从历史发展角度去了解合作的起源，弄清如何才能实实在在地促成合作。自罗杰和我于 2011 年春出版本书以来，我在哈佛大学的进化动力学中心团队又取得了不少关于合作的可喜成果。我和伏锋一起研究了群体的移民对合作的影响，并得出了一个颇具深意的结论：全球范围的移民比本地移民更能促进合作的深化。由此可见，大批中国科学家涌向世界各地，活跃在加州、伦敦等地的实验室中，这是对合作的有力促进。

我的另一个最新体会，就是要相信直觉、快速思考。我与大卫·兰德（David Rand）和约书亚·格林（Joshua Greene）一起，为一个“公共品博弈”实验招募了数千名参与者。我们发现，合作意识较强的人，往往会更加相信他们的直觉。于是，我们对一个古老问题产生了新解：我们为什么会做好事呢？也许，我们的第一个冲动是保持自私，合作就是要控制住贪婪的本性。又或许，合作是自然而然的流露，过多地思前想后不利于合作的产生。在实验过程中，我们发现，人们快速的第一反应是合作，而缓慢的思索过程则会鼓励自私的行为。这就是说，合作是一种最基本的人类本能。

关注人类行为，特别是人类合作行为的另一个领域是经济学。在这一领域，我的团队也取得了一些创新成果。其中，我们引入的随机性为经济学理论带来了更多的现实色彩，并使这一理论更加完善。在进化博弈中，玩家在评判收益和他人策略的过程中会犯错误，而我们研究发现，自然选择偏爱公平。更加可喜的是，通过对我们在全世界招募的140名被试进行实验，我们发现，人们的行为跟我们的模型所预测的完全一致：在充满不确定性的世界中，公平策略总是能最先胜出。

我们不妨停下来思考一下：这一结论对人类的未来意味着什么呢？在这个变幻无常的世界中，进化过程可能会惩善扬恶。而我们的理论模型却明白无误地告诉我们：人们经常会为现实生活的随机性而担忧，因为随机性给人的感觉是不公平，但从长期来看，在与目光短浅的私利之间的竞争中，公平永远会取得完胜。在面对现实生活的挑战时，这一领悟，令我倍感欣慰。

马丁·诺瓦克

2013年8月于哈佛大学

如何重建自然选择，以利用合作的力量？

扫码下载湛庐阅读App，

搜索“超级合作者”，

查看作者马丁·诺瓦克对本书的精彩解读视频。

目录

SUPER COOPERATORS
Altruism, Evolution, and Why We Need Each Other to Succeed

一般情况下，我们身体里的许许多多细胞都能和谐相处，成为多细胞有机体的一部分。但是，总会有细胞站出来反抗主体，破坏细胞间的合作，这时医生就会告诉你说：你患上癌症了。治疗癌症的新思路，就是让细胞恢复彼此间的合作。

众多蚂蚁通过分工合作而形成蚁群——超个体蚂蚁。这种社会性动物群体，具有个体蚂蚁所不具备的特性，合作机制让蚂蚁具有更强的生存能力。爱德华 · 威尔逊是研究蚂蚁的超级博物学家，他的《蚂蚁》一书荣获了普利策奖。

Altruism,

前言

自然选择如何将竞争转化为合作

Evolution,

and Why We Need

SUPER COOPERATORS

Each Other to Succeed

从自然界的战争里，从饥饿与死亡中，发展出一代又一代的高等动物，这是我们能想到的关于生存斗争的最崇高目标。

查尔斯·达尔文，《物种起源》

生物现象有其阴暗的一面，查尔斯·达尔文将大自然的这一阴暗面称为生存斗争。他意识到，竞争在进化的过程中起着极其核心的作用。在无穷无尽而又残酷无比的生存斗争中，适应性最强者胜出，其余生物则逐渐灭绝。因此，我们今天看到的天上飞的、地上爬的、水里游的各种生物，它们的祖先都曾有过自己的鼎盛时期，也都比那些不幸的竞争者们拥有更强的繁殖能力。至于其他对手，竞争的失败意味着它们丧失了养育下一代的机会，在这个地球上永远地销声匿迹了。

在至少40亿年前，当最早的原生细胞开始出现时，生存斗争就随之产生了。这些细胞是结构单一的细菌，每一个都是微小的化学物质的有机组织，其中优于其他同类的细胞会繁殖得更快。只要获得食物的能力高于平均水平，它就可以繁荣生长，而竞争对手则会灭绝。围绕生存的斗争不断持续着，并扩展到了各种各样的生物栖息地。如今，地球已被细胞所占据，微生物遍及地球的每一个角落，从极地到沙漠，从岩石到深海。即便是在我们自己的身体里，细菌的细胞数量也都超过了人体自身的细胞数。如果把现在地球上的所有细胞加到一块，大约是 10 的 30 次方，或者说 1 后面跟 30 个零；而这其中大部分都是细菌的细胞，其他细胞的数量顶多是个零头而已。

生存斗争不仅仅适用于细菌，在我们称之为“动物”的那些高级的细胞组织中，斗争也同样存在。辽阔的非洲大草原上，一头狮子在长草中蜷伏，肌肉紧绷，全神贯注地盯着附近的羚羊群。它蹑手蹑脚地靠近羊群，突然，它以惊人的速度扑向其中的一只，一跃而起抓住羚羊脖子，然后用锋利的长牙刺穿羚羊的皮肤、血管和喉咙。狮子将自己的猎物拖倒在地，紧紧按住，直到猎物停止呼吸。而当狮子完成猎食之后，又会有一群秃鹫聚拢过来，分食剩余的羚羊残尸。

达尔文在《人类的由来》(*The Descent of Man*) 一书中提出，现代人类也是在非洲大陆的生存斗争中发展起来的：“一种与大猩猩、黑猩猩存在亲缘关系的已灭绝的猿类曾一度在非洲出现。由于大猩猩和黑猩猩正是离人类最近的‘血亲’，因此相比其他地方，非洲大陆更有可能是人类始祖的起源地。”在过去大约六万年里，我们的祖先逐渐向其他大陆迁徙，并在与其他古代物种(例如直立人和大脑袋的尼安德特人)的竞争中胜出,从而统治了整个地球。不过，如果你是欧洲人、亚洲人或新几内亚人，那么你身上也可能会有尼安德特人的血脉。直到今天，生存斗争还在持续和加速，从超市之间激烈的价格战，到华尔街公司你死我活的对抗，几乎无处不在。

在生命的竞赛中，我们都受到生存斗争的驱使去努力争取成功。每个人都想成为赢家。要想赢得成功，有许多诚实的方法：比别人跑得更快，跳得更高，看得更远，想得更深，做得更好。然而，在斗争中本来就存在阴暗的一面，从自我利益出发来考虑，人们永远都不应该帮助竞争对手。哦，不帮助似乎还不够，为什么不给他们制造一些麻烦呢？为什么不欺骗他们呢？店里明明摆着新鲜出炉的面包，可有些糕点师傅还是会拿过期的面包卖给你。服务费明明已经包含在了餐馆账单里，可有些服务生还是向你伸手要小费。便宜的普通药物明明可以获得同样的疗效，可有些大夫还是在处方上给你开出昂贵的名牌药品。如果要当好好先生，你就注定赢不了这场竞赛。

人类是自私的。我们是相互掠夺资源的生物。我们以自我为中心，我们唯利是图，我们陶醉在自己的成功中，我们都想争第一。我们身上的每一根骨头，都只受自我利益的驱动。我们身上的基因都是自私自利的。不过，在生物进化的过程中，除了竞争之外，应该还有一些更加深刻的东西。

无论复杂度高低，各种生物都会在其生存的过程中彼此合作。最早的一些细菌以菌丝的方式排列，在任一菌丝上都有特定的细胞以自杀的方式凋亡[①]，以给相邻细胞提供氮的滋养。一些细菌成群结队地获取食物，就如同一群狮子围猎一只羚羊。上百万的蚂蚁个体组成社群，通过集体的力量来解决种植、建筑和指路等复杂问题。为了整个蜂巢的利益，蜜蜂不知疲倦地采集花粉。鼹鼠大方地允许同类食用自己的排泄物，因为那里面有可以二次消化的植物须根。为了保卫公共巢穴，猫鼬可以付出生命的代价。

人类社会中也到处充满了合作。即便是我们日常生活中最简单不过的事情，其中所包含的合作层次也远远超出你的想象。例如，早晨上班的路上，你在一家咖啡馆停下来吃早饭，买了一杯卡布奇诺和一个羊角面包。这看起来十分简单的享受，却要有至少来自 6 个国家的一大群人为此付出劳动。

哥伦比亚的农夫种植咖啡豆。在巴西茂盛的绿地里，种着随风摇曳的糖蔗，这可以制成咖啡里加的糖。咖啡上漂浮的少量奶油牛奶来自一家本地农场的奶牛，而加热牛奶用的电则来自邻州的一家核电厂。这里自命不凡的咖啡师用斐济的矿泉水来烹煮咖啡。至于羊角面包片，面粉是加拿大的，黄油

① 即细胞程序性死亡。——译者注

是法国的，鸡蛋则是本地一家农业合作社提供的。面包最后通过中国制造的烤箱来加热出炉。而要准备好所有这些原料和设施，需要许许多多的人，通过横跨整个地球的生产线来提供。

你能享用热气腾腾的咖啡和羊角面包，这也跟人们一系列的好想法密不可分，这些想法又通过语言这一非凡的媒介进行广泛的传播。于是，一张紧密交织的合作网络形成了，通过这张网络，合作一代代地延续了下去。从第一个利用烘干种子制作饮料的人，到发明电灯泡来给咖啡馆照明的人，再到第一台浓缩咖啡机的专利发明者，好点子不断地产生、传递、应用并得到丰富和升华。

因此，我们日常生活的简易早餐，简直称得上是跨越时空、令人称奇的合作壮举——在许许多多的人之间，一系列的概念、主意和发明通过上百年甚至上千年的传播，才造就出这顿小小的早饭。当代世界就是一个超大型的合作企业。关于咖啡豆选择、面粉制作、烤箱制造、奶油打沫的知识都分散在成百上千颗脑袋里。到今天，这些大脑之间相互合作程度的高低，就像大脑尺寸的大小一样，对人类的发展起着决定性的作用。

这就是生物现象中光明的一面。人与人之间合作的广度和深度，让我们人类成为已知宇宙中最伟大的合作者。从这个角度上看，我们的近亲根本无法匹敌。如果把400只黑猩猩塞进飞机的经济舱，让它们飞行7个小时。等到了目的地，它们百分之百会跌跌撞撞地走出舱门，耳朵咬掉了，毛发扯秃了，四肢流血不止……而同样的拥挤状况，成百上千万的人们每天都在平静地忍受，因此，我们才能够走遍天下。

正是由于人类惊人的合作能力，使得我们可以在地球上各种生态环境下生存，从烈日炎炎的沙漠，到万里冰封的南极，再到有着千钧压力的深海。人类协同一心的超凡能力，也让我们冒着巨大的风险，向地球大气层外迈出了第一步，到月球甚至更远的星球去旅行。

需要注意的是，我在本书中提到的“合作”，不仅仅是指为了共同的目标而工作，而是指更具体的一层意思，即原先的竞争对手决定开始互相帮助。如果从传统的达尔文学说来判断，这种合作的存在是不合理的。因为帮助竞争对手会使自己丧失适应性，降低自身繁殖速度，或者削弱自己的竞争优势。但实际上，这种合作的例子也不难想象：朋友开车带你去看牙医，结果她自己上班迟到了；你向慈善机构捐献了 50 块钱，而不是自己把这些钱花掉；你身体里的细胞并不会自顾自地胡乱扩充自己的数量，而是会根据人体的整体需要来进行有序复制，从而构造出肾、肝、心脏以及其他重要的器官。

在日常生活中，有许多场景都可以从合作与否的视角来分析。例如，你想到一家英国银行开设一个储蓄账户。①想象一下，你正站在银行柜台前，一位柜员边微笑着边向你耐心解释不同种类账户的区别。通常情况下，银行会利用服务费、利率、存取方式、使用条件都各不相同的账户类型来把客户弄糊涂。如果你想得到最好的利率，那么针对这个看似简单的问题，柜员通常有两种回答方式。从柜员的角度看，最好的利率是最低的、限制最多的，这样银行的利润可以最大化；而从客户的角度看，最好的利率是能给自己挣得最多利息的。如果柜员提供了前一种类型的账户，就是欺骗，而如果他向你推荐了后一种账户，给你而不是给银行最高的回报，那么这就是合作。

当我们从这个角度来审视合作时，它就更显神奇了。为什么要削弱自身的适应性来提高竞争对手的适应性？在追求成功的路上为什么要去关心别人？合作与利己主义背道而驰，合作是非理性的。根据达尔文对生存斗争的表述来分析，帮助潜在竞争对手对自己毫无意义。然而确实有证据表明，即便是在最低等的生物中也存在着这样的合作。一个细菌千辛万苦地分泌酶来帮助消化食物的同时，也给邻近的细胞们提供了食物，而这些邻居们正是生存斗争中的对手。

---

① 从信贷危机之前拍摄的电影《欢乐满人间》（*Mary Poppins*）中可以看到，英国银行进行精细化运营，比较可靠。

在宏大的生命体系中，这似乎是一个致命的反常现象。自然选择似乎应该引导动物采取行动来增加自身存活和繁殖的机会，而不是为别的动物谋取福利。那么，在这样一个永无止境的抢夺食物、地盘和伴侣的进化过程中，为什么某些个体会尽力去帮助其他个体呢？

超越合作

在地球上的每一个人，都需要相互依存。

萧伯纳，《卖花女》

一个多世纪以来，跨越许多学科的科学家们都在试图解释一个现象：在我们身处的这样一个竞争激烈、互相倾轧的世界里，合作、利他主义和自我牺牲究竟是如何出现的。面对生物的无私行为，达尔文本人也感到困惑，在其著作中也只是把合作视为一个枝节问题，相应的解释只是一笔带过，语焉不详。直到今天，许多生物学家仍然对合作问题持类似的态度。

与上述的模糊态度不同，我相信，人类的合作能力是与生存竞争能力同步发展的。早在100多年前，俄国贵族、无政府主义和共产主义者彼得·克鲁鲍特金（Peter Kropotkin）就提出了类似的观点。他认为，如果脱离了政府的束缚，人类社会将以公社企业的形式获得更好的发展。在《互助论》（*Mutual Aid*）一书中，克鲁鲍特金写道：

> 除了相互竞争之外，在大自然中还有相互帮助的法则。为了取得生存斗争的胜利，尤其是为了物种的渐进演化，这一互助法则要比竞争法则更为关键。这个观点……实际是在达尔文思想基础上的进一步发展。

我已花了20多年时间，跟许多杰出人士一起合作研究，就是为了回答一个问题：自然选择如何会催生互助现象，从而使竞争转化为合作？在这个研究领域，我曾提出过一些新的思想，并利用我在结合数学与生物学方面的专长，将这些思想进行了提炼。研究证明，在一贯冰冷的竞争环境下，合作可以跟无情的生存逻辑很好地相融共处。利用数学方面的能力，我又在计算机上建立了理想化的虚拟社群，并对合作的确立与发展条件进行了跟踪记录。而通过对一系列物种——从小虫子到人的进一步研究，我对自己的实验结论有了更强的信心。在这些研究工作的基础上，我归纳出了 5 项基本的合作机制。从此，就像掉到牛顿头上的苹果一样，人类合作的方式也可以用数学来进行清晰的表述。

这些合作机制可以解释我们这个世界上的一些现象。例如，你的大脑之所以得到进化，是为了要应付人们的闲言碎语，而不是什么别的目的；你的肠子里有锥形的腺体，是为了防止细胞合作失败而引发致命的癌症；当你觉得有人在看着你的时候（即使实际上没有），你会表现得更加自然大方；你的朋友越少，你的命运就越是跟他们紧密相连；基因其实并不是那么的自私；如果你是一个合作者，你会发现自己周围的人也大多是合作者，因此你可以种瓜得瓜；不管人们做什么，庞大的帝国早晚会衰落、会崩溃；如果你想在生活中获得成功，除了生存斗争之外，你还必须与人合作、互助求存。通过解释这些现象，我们可以对各种活生生的进化过程获得更深刻的理解。

合作可以为创新提供更好的支持，竞争则不能。要想激发创造力、鼓励人们提出原创性的想法，最好的手段是胡萝卜，而不是大棒。纵观整个世界的历史，无论是从单细胞到多细胞生物的进化，还是从蚁冢、村庄到城市的发展，合作始终是创造性的源泉。没有了合作，进化中的建设性和复杂性也将不复存在。

从我搭建的这个关于合作的数学和进化模型中，我获得了许多启发，其中有寻常见解，也有意外发现。梭镖、炮弹和行星的运行轨迹可以用数学方程来计算，这已经为世人所熟知，但我发现，用数学来描绘生物进化的轨迹还属于一项新的探索。知道如何促进合作是一回事，而要解释某项行动为何有助于人们和谐共处、有何种程度的贡献，这又完全是另一回事。通过在合作机制研究中引入数学，我们就能带着更深刻的理解和更高的精确度来完成相应的解释工作。这也使我坚信，数学是万能的，如果需要证据的话，这就是证据。

在后续的章节中，我会解释每一项合作机制的起源，并在其中穿插介绍我自己的研究历程，从维也纳开始，后来在牛津、普林斯顿，现在到了哈佛。在探索的道路上，我有幸与许多优秀的科学家和数学家进行了合作，其中两位对我启发很大：卡尔·西格蒙德和罗伯特·梅。关于他们对我的帮助，本书后面还会进行详细的阐述。此外还必须提到，各式各样的计算机程序、酷爱玩游戏的学生、提供研究资金的各种机构——从基金会到慈善家，都给我的研究提供了莫大的帮助。这里面的一个非常有趣，也令人非常兴奋的结论就是：要理解合作，我们首先就必须进行高度的合作。为了进一步强调这一点，必须指出，这本书也是罗杰·海菲尔德与我合作的产物。

对于合作的全新理解，意义重大，影响深远。此前，人们所公认的基本进化原则只有两项——突变和选择，前者产生基因的多样化，后者选出对环境最适应的个体。如果从更具创造性的视角来看待进化，我们必须将“合作”接受为第三条进化原则。**选择的前提条件是突变，同样的道理，合作的前提条件是选择和突变，缺一不可。**通过合作，进化中才产生了富有建设性的一面，从基因到有机体，从语言到复杂的社会行为。合作就是进化的总设计师。

研究表明，合作也有周期性的兴衰过程。生物个体的合作能力是起伏不定的，就像大自然的心跳一样。这就是人类社会中的冲突与分裂一直存在，也永远不会消失的原因，即使我们都是非凡的合作者。而目前，全球性的人类合作已经到了一个临界点，存在着崩溃的危险。地球上的工业发展和财富累积导致人口日益膨胀（这其中就有合作的一份功劳），地球母亲支撑我们的能力也在加速耗尽。面对资源的不断减少，我们人类之间相互竞争的压力越来越大。

我们当前遇到的许多问题和挑战，都可以归结为一个深刻的问题，即社会整体利益与个人利益之间的矛盾。在气候变化、污染、资源枯竭、贫困、饥荒和人口过剩等一系列全球性问题上，都可以看到这一矛盾的影子。而这其中最大的议题——拯救地球、最大化地延续人类物种，并不能单纯地通过技术手段来完成，而是需要我们采取创造性的协作行动。要想保持繁荣发展的势头，我们只有一个选择：从现在开始，将地球作为一个整体来进行管理。要想赢得这场生存斗争，避免人类物种走向衰落，我们必须充分利用合作这个创造性的武器。我们必须对合作这门科学有足够的理解，加强我们的合作力度，拓展我们的合作范围。今天的世界，比起以往任何时候，都更加需要超级合作者。

SUPER COOPERATORS

Altruism, Evolution, and Why We Need Each Other to Succeed

引言

囚徒困境

“囚徒困境”所考验的是，人们在背叛与合作之间、个人利益与群体利益之间的选择。仅进行一轮的囚徒困境博弈，理性人的选择往往都是“背叛”。但是，重复进行的囚徒困境博弈告诉我们，只有偏于宽容的策略，最终才能胜出。

我认为，数学现实独立于我们的客观存在，我们的任务是去发现它或观察它。我们所证明的那些定理，或者我们大言不惭地号称自己“创造”的那些定理，只不过是我们对数学现实的观察记录而已。

英国数学家戈弗雷·哈罗德·哈代，
《一个数学家的辩白》

刚开始的时候，我并不理解数学的意义。在高中阶段，上课时我常常都会摆弄数字。我喜欢解决问题，算术课很有趣。总之，我对数学非常有兴趣。然而，我并不知道数学是用来干什么的。或许，数学跟拉丁语一样，都是一种脑力体操，它们被设计出来的目的，就是为了让孩子们多受点儿罪而已。

上了大学以后，我改变了对数学的看法。有一次，仿佛是灵光乍现，我顿时有一种感觉：那些精确定义的数学术语、方程和符号就是世界的根本。我意识到，数学在宇宙法则的形成中起到了关键的作用，大到横亘天空的线条、空间和结构，小到那些无处不在的细枝末节。更为重要的是，我们还可以利用数学对日常生活中的事物进行深刻的分析和解释。

说起数学的特征，除了数字、形式和抽象关系之外，还有其规律和内在一致性。可能有人认为，这些概念仅仅存在于我们人类的大脑中，而实际上，一些数学概念是真实而绝对的，这些概念不仅适用于我们，同时也适用于那些在宇宙另一端寒冰覆盖的行星上漂浮的浑身长满触手的外星人。数学是客观的，也是具体的。甚至，宇宙本身就可以用数学进行精确推导：宇宙中发生和存在的所有事物、任何事物，都是根据宇宙规则进行逻辑推演的结果。

数学超越了时空的界限，它存在于一个非物质的、永恒不变的世界中。数学王国的疆界远远超出了我们能观看、感知和想象的范围，在这个王国里，有着无尽的可能性，无论是未知的、完美的，还是超自然的。即便我们所在的宇宙发生了退化、崩溃和毁灭，其他宇宙中的居民仍然会继续凝视和欣赏数学之美，仍然会继续遵从大自然的这一秩序。真理就在那里，而真理就可以用数学这一非凡的语言来描述。

关于对数学的尊崇，以上的说法并不算过分，更有甚者还将宇宙的数学法则当作创世者的思想来表述。阿尔伯特·爱因斯坦曾说过："我相信斯宾诺莎的上帝，这个上帝表现为世界的法则与调和。"巴鲁赫·斯宾诺莎（Baruch de Spinoza），这位17世纪的荷兰哲学家对爱因斯坦有着非常大的影响，在他的理论中，上帝即宇宙，宇宙即上帝，进行数学学习和训练就相当于追寻神圣的道路。每当我思索这一关联时，总会想起歌德《浮士德》中最后几行震撼人心的诗句：

一切无常事物，
无非比喻一场；
不如意事常八九，
而今如愿以偿；
奇幻难形笔楮，
焕然竟成文章；
永恒女性，自如常，
接引我们向上。

我在大学里顿悟到，在无边无际、难以想象的真理海洋中，存在一种具体而有形的数学，可以感知、嗅闻和触摸。这就是真实世界的数学，无论是那些描述红玫瑰花瓣美丽绽放图案的方程式，还是那些指导火星、金星和其他星球在空中运动的天体法则。而在数学带来的所有真知灼见中，我发现数学能抓住日常生活的精髓，揭示出冲突与合作之间始终存在的紧张不安的局面。

这种紧张不安很容易理解。例如，网络购物的交易双方应该都曾有过类似的状态，买家可能会受到收货不付款的诱惑，而卖家则会产生收款不发货的邪念。当我们在作出权衡时，也会产生某种困惑的感觉：是否要为公共利益作出贡献，无论是通过缴税还是授权许可来实现；在沙滩野餐之后要不要清理现场，或者，在丢弃日常生活垃圾时要不要先进行分类，从中挑出可再生的部分。此外，交通系统中的个人和公共利益之间也存在类似的紧张情况：公交系统需要信任乘客，相信有足够多的人付款买票，才能维持公交汽车、火车和电车的正常运转。

在自私自利与大公无私之间存在的紧张局面，可以用囚徒困境来表述。这虽然是个简单的数学概念，但却成了一个魔法陷阱，在最近几十年内让一些顶尖的智慧人士陷入其中，不能自拔。而我本人也迷上了这个不寻常的数学游戏，甚至特意为此调整了大学的课程，没想到，这一下子也改变了我整个学术生涯的进程。

关于囚徒困境的研究，让我第一次产生了这样的想法：我们对进化的传统理解是不完整的。这一研究也揭示出，进化的基本动力除了突变和选择之外，还应该有第三个动力——合作。究竟是什么东西，能让一个人不怕麻烦地热心帮助他人？通过对囚徒困境进行研究，这个问题背后的原因和机制就能得到更好的解释，我们也能对人类合作的未来获得更深刻的理解。

什么是囚徒困境

上中学的时候，我想当一名医生。后来，我读了《创世纪的第八天：20世纪分子生物学革命》（*The Eighth Day of Creation: Makers of the Revolution in Biology*），这本书的作者是《时代周刊》的专栏作家霍勒斯·贾德森（Horace Judson）。这部精彩的分子生物学编年史改变了我立志当医生的理想。我当时便下定决心，要学习生命的化学本质，要研究那些构建细胞、为细胞提供动力并组织细胞运转的分子，要去维也纳大学学习生物化学。当时，并不是每个人都赞成我的决定。我的父母听说他们唯一的孩子不再想当医生，都很苦恼，因为他们认为医生这个职业可以保障我顺利成为受人尊敬的社会中坚。在他们看来，我要去学习的专业就是跟酵母有关，是用来对啤酒和葡萄酒进行发酵的。

1983年10月，我第一次进入大学的课堂，遇到了许多女孩，我从未见过那么多的女孩聚集在同一个地方。在药理学专业的入学新生中，女性占了绝大多数，因此，跟我挤在一起同堂上课的600人之中，几乎三分之二都是女孩。对于在男子中学度过青春期的我来说，大学简直就是天堂。而在为数不多的化学专业学生里，有一个女孩名叫厄休拉（Ursula），她跟我一样，也在拼命学习，努力跟上大学里深奥的数学课程。六年之后，我们结婚了。直到现在我还在怀疑，当初她挑上我，是否就是因为我的数学解题能力呢？

随着我逐渐融入维也纳大学的生活，我的学习重心也在不断地调整。大一我喜欢物理学；大二我钟爱物理化学；大三时，我有幸进入了彼得·舒斯特（Peter Schuster）的理论化学课堂。彼得可是这一领域里声名远播的人物，他是维也纳大学生物数学学院的创始人，后来当上了奥地利科学院的院长，还曾给教皇本笃十六世讲授过进化科学。刚一上彼得的课，我就立刻认识到，自己以后一定要跟这个人一同工作。到了大四，我开始在他的指导下，撰写我的毕业论文。彼得为人热情，涉猎甚广，知识和兴趣远远超出了科学的范畴。

有一次，我们一起去登山，他说道："只有装备不足的登山者，没有真正的坏天气。"

我真正意识到自己完全迷上了数学，是在一年以后，我在阿尔卑斯山跟彼得一起徒步旅行的时候。那是 1988 年 3 月，我刚开始攻读博士，就来到阿尔卑斯山静修。跟我一同前往的是一群才华横溢的年轻人，其中包括沃尔特·方塔纳（Walter Fontana），如今他已成为哈佛医学院的一名著名生物学家。我们的研究小组就住在奥地利群山中一个原始的小木屋里，一边享受那里的新鲜空气，一边工作、游玩。我们滑雪，上课，畅饮啤酒和葡萄酒，我们思考生命的神秘。最棒的是，我们一起讨论最新的理论和学术问题，有时是在温暖的小屋里，有时是在阿尔卑斯寒冷的室外。在高高的山上，当许多想法脱口而出时，我们呼出的空气都凝成了雾汽。我已经记不得，那究竟是我们对数学的梦想，还是热气变成的云雾，不过那种经历真是太爽了。

我们这群热情开朗的学生还接触到了许多个性鲜明的学者，并从他们身上获得了宝贵的知识。其中一位学者叫卡尔·西格蒙德，他是维也纳大学的数学家。卡尔留着浓密而又凌乱的头发和齐整的胡子，戴着眼镜，看上去有点孤僻，不怎么平易近人。他很酷，更像是一名学生，而不是教授。卡尔仅凭记忆就可以讲授他所有的课程，用的是一种催眠式甚至咒语一般的语调和节奏。在那次令人心奋的阿尔卑斯静修营的最后一天里，卡尔给我们讲了一个他刚从报纸上看来的十分有趣的问题。

这篇文章是关于博弈论的。匈牙利裔的伟大数学家约翰·冯·诺依曼于 1928 年发表了他关于博弈论的第一篇论文，虽然在他之前也有别人提出过类似的概念，但多数历史学家认为，冯·诺依曼才是开创这一领域并将其发扬光大的人。后来，曾遭到纳粹迫害而来到美国避难的奥地利经济学家奥斯卡·莫根施特恩（Oskar Morgenstern），也在这一领域作出了贡献。在他的帮助下，冯·诺依曼对博弈论进行了完善，并成功地将其应用于经济领域。利用博弈论的方法，冯·诺依曼对美苏之间的冷战行为进行了建模。他的这一方法广为他人所用，比如著名的兰德公司（RAND）。兰德（研发）公司成立于 1945 年 12 月，是最早出现的智囊机构，最初是由美国空军和国防承包商共同发起的一个 RAND 项目，目的是针对那些难以回答的问题找出答案。实际上，冯·诺依曼就是兰德公司的一名顾问。

在演讲中，卡尔向我们讲述了对于“囚徒困境”的最新研究进展。囚徒困境是一个十分有趣的博弈，于 1950 年由梅里尔·弗勒德（Merrill Flood）和梅尔文·德雷希尔（Melvin Dresher）共同设计，这两人恰恰就供职于加州圣莫尼卡的兰德公司。卡尔对此很感兴趣，设计这一博弈的发明者也意识到，作为一个强大的数学工具，囚徒困境很好地模拟了人类生活中最重要的一种斗争——关于冲突与合作、个人利益与集体利益之间的斗争。

这一难题之所以被命名为囚徒困境，是因为在它的经典形式中设计的是如下场景：假设你和你的同伙都已被警方捉拿归案，囚禁起来，而且正面临一项重罪控诉。检方对你们俩分头进行审讯，并各自提供一次选择的机会。这个选择机会正是囚徒困境的核心：如果某人充当背叛者，指控另一人的罪行，而与此同时，另一人保持沉默（不发起指控），那么背叛者坦白从宽，其刑期将减至 1 年，因为他揭发了同伙，使同伙获罪；而保持沉默的同伙则将面临 4 年的监禁。如果你们俩都保持沉默，相互合作，互不揭发，由于检方控诉重罪的证据不足，你们的审判结果会相对较轻，将分别获得两年的刑期。还有一种结果是，你们俩都背叛对方，相互揭发，则都会被治以重罪，但考虑到都有坦白的表现，将分别处以 3 年的刑期。

在实际生活中，你可以发现从囚徒困境引申出来的无数变形，例如不同的环境、不同的惩罚和奖赏、不同的囚禁方式细节，等等。但无论形式如何变化，其中心思想都可以用一张选择表——回报矩阵来表示（见表 Y—1）。这个两行两列的矩阵可以概括囚徒困境的所有 4 种结果，也能概括日常生活中各种紧张微妙的局面。

表Y—1 回报矩阵

		对方	
		合作	背叛
己方	合作	–2，–2	–4，–1
	背叛	–1，–4	–3，–3

我们先看看回报矩阵的上面一行：你们俩都合作，每人获刑两年，记为–2，代表你们将失去自由的年头。你合作，而同伙背叛，你获刑 4 年，他获刑 1 年。下面一行则描述了其他两个可能的选项：你背叛，而同伙合作，你获刑 1 年，他获刑 4 年。你们俩都背叛，每人获刑 3 年。从纯粹自私的观点来看，对你而言最好的结果是第三种情况，其次是第一种、第四种，而第二种情况是最差的。对你的同伙而言，第二种情况最好，然后分别是第一、第四和第三种情况。

假设你自己是一个理性而自私、事事争第一的人，你会怎么做呢？你大概会这样推理：你的同伙要么背叛，要么合作。如果他背叛，你也应该背叛，从而避免对你最坏的结果。如果他合作，你就应该背叛，从而获得对你最有利的结果，获刑最短。因此，无论你的同伙怎么做，你的最佳选择都是背叛。

在回报矩阵所定义的这样一种博弈里，背叛是一种优势策略。在博弈论中，优势策略的意思是说，无论对手采用何种策略，这个策略永远是最佳的。这并不难理解：如果你们俩都合作，你获刑两年，但如果你此时改为背叛，则只需 1 年。如果对方背叛而你守口如瓶，你将获刑 4 年，此时如果你改口背叛，则只需 3 年。因此，不管对方如何，你都最好采取背叛策略。

不过，在上述推理链条中存在一个漏洞。那就是你的同伙不是傻子，他跟你一样，也在进行同样的推理，也会得出同样的结论。这样导致的结果就是，你们两人都背叛，各自入狱 3 年。这里的困境就在于，如果你们俩都采用对自己最佳、最理性的优势策略，所获得的结果还不如你们同时保持沉默！你们都得到了第三等的结果，但如果你们都合作的话，就可以获得第二等的结果。

看起来是不是很无奈？这就是囚徒困境。只要你们相互信任、彼此合作，就能比自私自利获得更好的结果。借助这一思考工具，我们可以更清晰地领会合作的意义：一方付出代价让另一方获利。在囚徒困境中，如果双方都合作，就放弃了各自最优的结果——1 年刑期，而获得了次优的结果。但跟双方都背叛相比，这仍然是一个不错的选择。

囚徒困境的形成，很大程度上取决于矩阵中合作与背叛所对应的利益安排。通过对各种选择所对应回报价值的大小进行排列，可以对囚徒困境进行明确定义：R（Reward）是双方都合作时所获得的利益，S（Sucker）是一方合作、另一方背叛时合作方的损失，T（Temptation）是对方合作时己方背叛所获得的好处，P（Punishment）是双方背叛时得到的惩罚。我们来详细讨论这些概念。双方合作的回报价值 R 明显要高于双方背叛的惩罚 P。然而当一方合作、一方背叛时，背叛者获得最高的回报 T，而不幸的合作方则要接受最差的结果——傻子回报 S。总的来说，当 $T > R > P > S$ 时，就形成了囚徒困境。就这个基本博弈来说，我们也可以对各种回报以其他顺序进行排列，从而得到不同的合作困境。但在所有这些困境之中，囚徒困境是最难解决的，你可以将其视为合作的终极困境。

在日常生活中，类似的困境总会以这样那样的形式发生在我们身上。当跟我竞争升职机会的同事休假时，我愿意帮他完成他分内的工作吗？两个互为竞争对手的公司各自定价时，是应该串通一气以获得最大的利润，还是应该竞相降价以抢夺市场？还有超级大国之间、邻国之间，甚至不同物种之间的军备竞赛，都是囚徒困境的很好的例子。如果相互竞争的国家之间能够达成合作，避免军备竞赛，这样对大家都有好处。然而，对每一个国家来说，它们各自的优势策略却都是大幅加强本方的军备。

我与“囚徒困境”的不解之缘

当我在阿尔卑斯的小屋里第一次接触到囚徒困境理论时，立刻就被它深深地吸引住了，并在之后的几十年中深陷其中，难以自拔。在那个时候，卡尔也成了我的“囚徒”，人身自由受到我的限制，因为他没有任何交通工具，必须搭我的车回维也纳。第二天，我们在回去的路上还一直在讨论囚徒困境。这一趟搭乘之后，我并没有“释放”卡尔，而是始终将他保持在我的视线以内。不久，我就开始在维也纳大学数学学院念博士了。这个学院曾经涌现过许多了不起的人物，包括著名物理学家路德维希·玻尔兹曼（Ludwig Boltzmann）、逻辑学家库尔特·哥德尔（Kurt Gödel），还有基因之父格雷戈尔·孟德尔（Gregor Mendel）。

攻读博士期间，我经常跟卡尔在当地的咖啡馆见面讨论，那里有着活跃的学术讨论气氛。哥德尔曾在那里发表不完备定理，玻尔兹曼曾在那里研究熵，路德维希·维特根斯坦（Ludwig Wittgenstein）也曾在那里挑战维也纳学派——一群经常聚集在一起讨论数学与哲学问题的知识分子。有一天，我和卡尔在中央咖啡馆喝咖啡，这个咖啡馆有着漂亮的拱形屋顶和大理石柱子，列夫·达维多维奇·托洛茨基（Trotsky）就是在那里谋划了俄国的十月革命。

我们一边啜饮着浓浓的咖啡，一边对囚徒困境展开讨论，并且对这个问题的微妙之处有了全新的发现。这个问题曾让许多聪明的人陷入其中，而我们当时并没想到，在之后的二十年中，我们会针对囚徒困境设计出新的数学研究方法，我们会利用计算机建立起群体模型、研究不同群体如何进化，分析并揭示囚徒困境的解决机制。更没有想到，我还将建立横跨牛津、普林斯顿和哈佛三所大学的团队，与来自世界各地的数学家、生物学家、化学家、经济学家和医生进行合作，共同研究这些机制的运行方式，分析它们所蕴含的更广泛含义。

有些科学家认为，囚徒困境是关于生物行为、进化和生命的深刻隐喻。而另一些人则认为，相对于真实的社会与生物世界而言，囚徒困境还过于简单，很多细微因素还未予考虑。这两种观点我都同意。囚徒困境本身并不是理解生命的钥匙，我们必须把它放在进化的大背景下来观察，才能获得关于生物世界的启示。

进化只能发生在由不断繁殖的个体所组成的种群中。在这些种群里，繁衍过程中的DNA复制错误将导致突变，而突变后的种群会以不同的速度进行繁衍，一些突变种群比另一些种群更能适应某一种环境。不同的繁衍速度导致了选择，快速繁殖的个体被大自然所选择，并繁荣发展。在这个背景下来考虑囚徒困境的回报和代价，可以映射为进化科学家眼中的“适应性”（也可视为繁殖速度）。那么，囚徒困境中的“合作”就可以表述为：如果我帮助你，就会降低我的适应性，并提高你的适应性。

现在，真正有意思的事情来了。当以进化的观点来思考囚徒困境的时候，我们有了一个重要发现：自然选择似乎并不支持囚徒困境基本模式中的合作行为，而且从本质上看，自然选择还会削弱我们的合作能力。为什么呢？因为在数学家所谓的均匀混合种群中，任意两个个体的相遇机会均等，合作者的适应性总是低于背叛者，也就是说，合作者的生存机会更小。随着合作者相继死去，背叛者的数量在自然选择的过程中会越来越多，最后，合作者完全灭绝。这太不可思议了！因为完全由合作者组成的种群，其平均适应性要比背叛者种群的适应性更高。那么自然选择实际上破坏了种群整体的利益，导致无法获得群体最优的结果。

如果说自然选择是有利于合作的，那么某种合作进行机制就必不可少。我们相信这种机制的确存在，因为周围有许许多多的证据表明自然选择偏爱于合作：从高大的白蚁丘，到体育场摇滚音乐会，以及蜂拥往返于市区和郊区间的上班族，都是关于合作的最好的例子。千百万年来，无论是细胞、微生物还是动物，都经历了一系列基因进化的过程。最终，大自然还是青睐合作者。

同时，这些合作机制也推动了文化的进化，即我们在行为、穿着、说话、艺术创作等方方面面的变化。从这一角度看，进化更容易得到理解：我们从彼此身上学习，并据此改变自己的行为方式。这种进化所需要的时间周期相对更短，例如，在人类种族内部，人们会学习与周围环境打交道的各种策略和技巧，无论是宗教、造船术还是木匠活。合作对于文化的影响是巨大的，而且在我看来，正因为有了合作，生活才如此美丽动人。

合作是第 3 个进化原则

> 如果从正确的角度审视数学，你会发现它所拥有的不仅仅是真理，还有一种无与伦比的美，就像雕塑作品所散发出来的那种冷峻、简朴的美。这种美并不会迎合我们的脆弱天性，也没有绘画或音乐的那种华丽装饰，它极度纯净，绝对真实，只有最伟大的艺术才能达到这样的完美境界。
>
> 伯特兰·罗素，《数学研究》

对于合作机制的揭示和理解，我的总体方法论非常简要清晰，即便某些具体细节可能会显得有些神秘。我喜欢通过数学来表述自己的想法、直觉和生活感受。有了数学，我才能钻到纷繁复杂的情况中去，并利用自己的判断力和一点小运气，来揭示事物背后简单壮美的本质。而建立一个成功的数学模型，其关键是要抓住一条自然法则：你对真理的表述要能激发人们的敬畏。这便如同米开朗基罗杰出的雕塑作品一样，正因其捕捉到了物理美学的真谛，才能让人惊叹不已。

传说有人曾问米开朗基罗，他是如何创作出《大卫》这一杰作的，米开朗基罗的回答是，他仅仅是把那块大理石上不属于大卫的部分拿掉了而已。当数学家在面对超级复杂的现象和问题时，也同样需要将大量的观察结果和思想观念一层层剥离开来，只有这样，问题的真正本质才会逐渐清晰，无比美妙的数学思想才会得以显露。米开朗基罗将他作品中的人物形象从石头的禁锢中解放了出来，同样，我也要让数学模型拥有自己的生命，不光可以在其被构思出来的环境中生存，还能适用于其他各种条件。

米开朗基罗的作品主要从人体，尤其是裸体男性身上寻找灵感，后来其灵感来源转到了新柏拉图主义的思想之上；该主义认为，人体只不过是渴望回归上帝的灵魂的载体而已。近两个世纪以来，科学一直试图对自然现象作出解释，而在利用数学描述世界的过程中，人们的灵感来源和重点也在发生变化。最初，数学的应用主要聚焦于物理世界。牛顿用数学来阐述运动规律，从行星绕太阳的运转，到箭矢射向箭靶的轨迹。牛顿揭示出了一个令人惊讶的规律：无论是地球上还是太空中的物体，都受到同一个万有引力的约束，虽然各自的现象不同——行星被束缚在特定的轨道中运行，而像箭和苹果这样的物体则会掉回地面。

如今，关于宇宙的建模研究也开始逐渐扩展到生物和社会领域。在对生命世界的建模研究中，一代又一代科学家不断涌现的思想汇成了科学的长河，而在这一思想长河中泛起的漩涡和涟漪里，有一股强大的水流翻起了惊人的巨浪。这股水流来自于查尔斯·达尔文，是他提出了生命起源的统一法则。直到今天，这一革命性的观点仍然在产生着巨大的影响。

达尔文的研究工作缓慢而有序。经过几十年的辛苦研究，**达尔文得出了这样一个结论：所有的现代生物物种都有一个共同的祖先，而自然选择是生物物种变迁的主要原因。由于繁殖某一物种时并非是完美的复制，因此而产生的变异让生物多样性的出现成为可能。**不过，中国的传话游戏也向我们揭示出，如果游戏中传递的是一句无意义的话，传到最后的结果必定会有误解，甚至是胡言乱语。正因为如此，在生物的变异过程中，需要有一种方法来选择有意义的变异。达尔文对此的答案是，**只有当一种性状能够为生物带来进化优势时，这种性状才会在漫长的生物代际之中得以传递。**这一有力的观点已经成为现代科学的基石。

达尔文的观点很简单，但从中也可以衍生出无穷无尽的复杂性。在每一个生物身上，都有一些遗传信息可以传给自己的下一代。在一个种群之中，遗传信息会发生变异。当自然资源有限，不是每个出生的个体都能存活或繁殖时，携带某些特定性状（遗传信息）的个体就会在竞争中败北，被那些更适应环境的个体所取代。把基因传给后代这种能力在遗传上所表现出来的差异——自然选择，意味着随着携带优势性状的个体的不断繁衍，这些性状将越来越普遍。于是，需要考虑的只有一件事：能否存活到繁殖的那一天。

达尔文用于解释生物多样性和变异性的理论，被越来越多生物学家的大量研究数据所证实。而特定环境下的选择行为决定了，重大的差异会随着时间的推移在进化过程中逐渐显现出来。随着新的变异不断积累，某个物种分支获得的差异越来越大，以至于它与原本的近亲之间已经无法进行基因交换。这时，新的物种便诞生了。非常有趣的是，虽然我们现在把这种机制称为“进化”，但这个词本身在《物种起源》中却一次也没出现过。

达尔文本人相信，自然选择是由冲突所支配的。他在书中无数次地提到在大自然中、在我们周围所存在的“生存斗争”。达尔文笔下的“生存斗争”被后来的许多人所引用，并赋予了一定的感情色彩，以至于这一观点本身几乎成了某种价值观的代表。英国诗人阿尔弗雷德·丁尼生（Alfred Tennyson）在缅怀朋友的死亡时写下了著名的诗句——大自然的“尖牙利爪尽带血红”。1864年，自由市场的坚定拥护者、哲学家赫伯特·斯宾塞（Herbert Spencer）创造了一句朗朗上口、广为人知的名言——“适者生存”，这也标志着达尔文思想就此登上政治舞台。

归根到底，自然选择是关于竞争、狗咬狗、赢者通吃的理论。不过，达尔文指的是最适应环境的物种，而不一定是最强的。但仍然有报纸得出结论，称达尔文的研究表明，“力量是正确的，因此拿破仑是正确的，每一个行骗的生意人也是正确的。”对达尔文理论的滥用风潮愈演愈烈，例如人们用它为种族主义和种族灭绝进行辩护、用它解释为什么白人殖民者优于低等的土著、用它支持“优等”人种繁衍理论，等等。虽然这些滥用对达尔文理论本身是一种扭曲和贬低，但也从另一方面显示出了这一理论的强大威力。

尽管达尔文理论在前人的解释中偏向于竞争，但我一直坚信，竞争并不是生活的全部。我们也会互相帮助，有时候甚至会帮助陌生人。通过牛津饥荒救济委员会（Oxfam），我们为来自 70 多个国家的陌生人提供了帮助；通过比尔及梅琳达·盖茨基金会，我们支持了 100 多个国家的慈善工作。我们会精心、巧妙地选择场地，举办投入不菲的名人慈善晚宴；我们还对动物富有爱心。这究竟是为什么？这一切貌似发生在进化论缺习的地带，而实际上，这却恰恰与生命的奥秘紧紧相连。

当把囚徒困境放到进化的背景下进行观察时，我们会发现，竞争和冲突始终存在，正如阴阳两面总是形影不离一样。达尔文及其追随者们已经对突变和选择进行了详尽的分析和论证，然而，我们还需要在进化中引入第三个因素——合作，这样才能创造从细胞到社会这一系列的复杂实体。许多研究证明，竞争之路有时可以通向合作。理解这一点，就能解释细胞和多细胞有机体（例如人类）是如何进化的，也能解释人们在社会中采取如此复杂的行为方式的原因——**合作是复杂生命的设计师**。

要达到这一目标，我们首先必须给进化理论搭建一个更坚实的基础。像突变、选择和适应性这些概念，只有通过数学的形式来表述，才能变得更加精确而清晰。达尔文本人并未做到这一点，他也非常了解自己的不足。在其自传中，达尔文坦承自己计算能力不强——“在数学上，我下的工夫不够，对数学的几大主要原则理解不深，对此我深感遗憾。我觉得，能学好数学的人仿佛拥有一种特殊的感知能力。”他似乎也明白，如果想进一步充实自己提出的关于生命的激进思想的内涵，就需要引入更加精确的阐述方法。他形容自己的心智“就像一台机器，将大量的事实碾碎，从中磨制出普遍的原则”。不过，就连达尔文也渴望掌握一种更加严谨的研究方法，从而推导出更精确的原则，解释大量的数据。他需要一个数学模型。

现代人对于遗传过程的理解可以概括为“孟德尔遗传定律”，这个命名是为了纪念格雷戈尔·孟德尔（Gregor Mendel）。他在维也纳大学的植物学考试中不及格之后，就回到修道院去进行自己的遗传实验。在豌豆种植实验中，孟德尔对饱满豆荚和有皱纹豆荚的情况进行了分类整理，并得出一个结论：遗传是“独立”而非“混合”的。后代从父母身上遗传了独立的因子（基因），因此，当豌豆父母双方一个饱满一个有皱纹时，其后代要么饱满，要么有皱纹，而不会处于中间状态。

在孟德尔的故事中，有一个事实常常被人们忽略，那就是孟德尔的数学非常好。伟大的基因学家和统计学家罗纳德·费雪甚至把孟德尔称为“对生物学有兴趣的数学家”。孟德尔之所以能够发现遗传定律，是因为他利用明确的数学假设来引导自己的研究，并且在一定程度上有意忽略一部分不能证实其假设的模糊的实验结果。如果孟德尔最初对实验结果进行不加限制的开放式统计分析，他很可能就不会成功。

1908 年，戈弗雷·哈罗德·哈代（Godfrey H. Hardy）提出了一个方程式，用于解释生物基因传递的效应。哈代是个喜爱板球运动的剑桥大学数学家，在其经典著作《一个数学家的辩白》（*A Mathematician's Apology*）中，他对数学的艺术性大加赞美。有意思的是，哈代这位纯粹的数学家在这件事上转换了角色，其研究成果被一个德国医生威廉·温伯格（Wilhelm Weinberg）成功引用，并用来解释种群中基因频率的规律。牛津大学的罗伯特·梅甚至一度将哈代–温伯格遗传平衡定律称为生物学领域的牛顿第一定律。感谢哈代和温伯格，我们如今有了一个普遍适用于各类生物的数学定律。

到了 19 世纪二三十年代，在自然界遗传模型的研究领域涌现出了著名的三剑客，他们分别作出了开创性的贡献。首先是拥有超强将问题具象化能力的费雪爵士，这一能力来源于他儿时的经历；由于视力不好，他在学习数学时不用纸笔，单凭想象，从而练就了这个能力。还有强势人物霍尔丹（J.B.S Haldane），他出身贵族，同时也是个马克思主义者，曾任英国《工人日报》的主编。在本书第 5 章中我们会详细说到他。三剑客中的最后一位是美国基因学家休厄尔·赖特（Sewall Wright），他同时还对数学的亲戚——哲学很感兴趣。借用一个老笑话来比喻两者的区别：数学家需要纸、笔和一个废纸篓，而哲学家则只需要纸和笔。

三剑客的研究成果凑到一起，首次将突变、选择和进化的基本概念整合到同一个数学框架中来。他们把达尔文关于动物个体相互竞争、繁育后代的理论，跟孟德尔关于父母如何向后代传递独立基因性状的研究结合起来，形成了现代的“综合进化论”，或称为新达尔文主义。我也与其他人一起合作，对这些思想进行了扩展，将囚徒困境放到进化群体中研究，从而总结出了一些基础理论和机制，用于解释合作是如何在达尔文的“狗咬狗”的世界中发展起来的。

在过去的许多年里，我一直在探索囚徒困境的奥秘，利用计算机模型、数学知识和实验来揭示进化中合作的产生机制，以及它如何成为这个世界的一部分。根据我的研究，关于合作的产生一共有 5 种机制。在后续的五个章节中，每一章将分别阐述其中的一种。而在本书的其余部分，我们会探讨这些机制在更广泛领域中的应用，从简单的分子级合作，扩展到多种多样、复杂精巧的人类合作形式。

本书将详细描述那些为生命的第一次出现铺平道路的过程，以及合作对多细胞有机体诞生所起到的重大影响，也会谈到细胞的合作有可能误入歧途而使人致癌。我会在书中提出一个新的理论，用于解释昆虫在许多高级群体行为中表现出来的惊人合作能力。我还将探讨如下问题：语言如何发展成为人类合作的黏合剂、“公共品博弈”是当今对合作的最大挑战、惩罚的作用、朋友或熟人之间的网络，以及在研究合作的过程中获得的一些关于合作的见解。

人类是超级合作者。借助语言和沟通的非凡力量，我们能够利用所有的5种机制进行合作。虽然互相合作的人类已经成为地球的统治者，但人类除了继续进化以外别无选择，也要像现在控制着环境一样，对自身的合作进化进行高度的控制。在本书中，我将对这一判断进行解释。我们之所以必须继续进化，是因为我们正面临严峻的全球性问题，而其中的许多问题已经威胁到人类的基本生存。我们已经拥有了自我摧毁的强大能力，我们更需要创造性地利用合作的创造力。

SUPER
COOPERATORS

Altruism,
Evolution,
and Why We Need
Each Other to Succeed

01
合作的5大机制

SUPER COOPERATORS

Altruism, Evolution, and Why We Need Each Other to Succeed

第 1 章

合作机制 1 直接互惠

“我给你挠挠背，你也会给我挠挠背。”这就是对直接互惠的最好解读。当两个个体再次碰面的概率高于无私行为的成本收益比时，直接互惠就能引领合作的进化。直接互惠需要一定程度的“认出”、“回忆”等认知能力。

会有人流血的；他们说，血债血偿。

莎士比亚，《麦克白》

漆黑一片之中，有生物在飞动。它们避开月光，竭尽嗅觉感官去追踪它们的猎物，然后落在附近的某处，伺机潜近。四脚大步快跑一段之后，它们紧紧趴在了猎物身上。利用鼻子上的热感应器，它们能感知到猎物身体哪里的血管距离皮肤比较近。晚餐常常是从脖子上狠咬一口开始的。在那里，它们能待上整整一个小时，利用带有沟槽的长舌头，像吸管一样吸吮着新鲜而温暖的血液。一连几个晚上，它们都要回到同一处伤口继续用餐。人们认为，它们能识别出猎物的呼吸声，就像我们利用语音来识别彼此一样。

在我看来，吸血蝙蝠最与众不同的一点，就在于它们回到群栖巢穴之后所发生的事情。在巢穴中，几百甚至上千只蝙蝠聚集在一起，倒挂在岩壁之上。如果巢穴中的某一位成员在一夜的狩猎后无果而归，那么它的同伴就会反刍一些血液来与它分享。关于蝙蝠之间互赠血液的研究，最初是由马里兰大学的杰拉尔德·威尔金森（Gerald Wilkinson）在 20 世纪 80 年代早期进行的。威尔金森在哥斯达黎加野外的考察工作中发现，无论哪个夜晚，总会有百分之几的成年蝙蝠和三分之一的幼年蝙蝠找不到食物。但它们却从来不会挨饿，因为那些吃得肚满肠肥的蝙蝠会吐出一点儿宝贵的血液，喂养这些同伴。研究中有一个有趣的发现：蝙蝠更愿意与之前喂养过自己的蝙蝠分享血液——蝙蝠之间会花时间为彼此梳理打扮，尤其在胃部的毛发处花很多工夫，以使得对方能识别出自己。

这就是我所说的直接互惠的一个例子。**直接互惠，就是简单的平等交换原则**。我给你挠了背，也指望着你能为了回报我而给我挠挠背。同样的道理也适用于蝙蝠之间的血液大餐。这样的互惠行为在许多俗语中都有所体现，譬如“以牙还牙”，以及“善有善报”。罗马人常说的“quid pro quo”，就是指“用某物换某物”。从吸血蝙蝠的例子中我们可以看出，这类合作行为的产生远早于罗穆卢斯和雷穆斯①，也远早于现代人类的诞生。

为了让直接互惠发挥作用，双方需要不断重复接触，这样才能有机会用一方的好意回报另一方的好意。他们可能生活在同一条街道或同一个村庄，也许是一起工作的同事，或者每个周日会在教堂碰面。在吸血蝙蝠的例子中，它们都栖息在同一个山洞里。通过这样的方式，它们就能在相互帮助的基础上形成“接触”。

在直接互惠研究领域，蝙蝠是经常被人引用的一个自然界中的案例，另外一个例子就是珊瑚礁。各种鱼类会把出现珊瑚礁的地方当作“清洁站”，让小鱼小虾在这里为自己清除寄生虫：大鱼们甩掉了一身讨厌的寄生虫，而小鱼小虾则享用了一顿免费大餐。当濑鱼为大石斑鱼提供服务时，这位小清洁工有时会游到大鱼的腮腔或口腔之中，信心十足，相信自己绝对不会被大鱼一口吃掉。当石斑鱼想要离开的时候，会稍微合拢一下嘴，并抖动身体，以此来提醒嘴里的清洁工朋友。甚至在自身陷入被攻击的险境时，石斑鱼还是会如此照做。其实这时候更加安全的做法，是迅速吞下小清洁工，然后一走

① 双生子，罗马神话中罗马市的奠基人。——编者注

了之。第一种策略是合作，第二种策略是背叛。

扁虱是一种颇为可恶的寄生虫，它的存在引发了这种机制的另一个例子——互惠梳理的出现。非洲一种名叫黑斑羚的羚羊会帮助同类整理毛发，去除扁虱。而当谈到与我们有最近血缘关系的物种时，书本中也满是这类例子。克雷格·帕克（Craig Packer）[①] 于 1977 年在坦桑尼亚的贡比鸟兽研究中心做了针对东非狒狒的长期研究报告。东非狒狒有着橄榄色的毛发，因此亦称为橄榄狒狒。报告称，雄狒狒会向其他雄性伸出援手，来共同对付另一只年长狒狒，这样，其中一只狒狒就可以与年长狒狒收服的雌狒狒发生关系。虽然提供帮助的雄狒狒无法在结盟后立刻得到雌狒狒，但它仍会合作，期望受助的狒狒能对它的帮助予以回报。而现实中，它确实也能得到回报。

斯里兰卡猕猴会照料受伤的雄性同伴，以便在今后的冲突中得到这位同伴的帮助。那么，年少的雄猴会对壮年雄猴的伤势特别地悉心关照也就不足为奇了，因为壮年雄猴在争斗中往往更占优势。印度尼西亚中加里曼丹省的一项研究显示，雄猴更容易与它之前曾为其梳理过毛发的雌猴交配——理毛似乎就是交配的“报酬”。这一有趣的发现令人们对“最古老的职业”——卖淫产生了新的理解。这一职业的存在历史似乎比人类本身还要久远。

雄性黑猩猩会为了达成同盟关系而与其他猩猩分享肉类食物。有证据显示，它们会根据同伴之前向自己提供帮助的情况来决定自身的合作程度。互惠可以通过各种方式实现，如梳理毛发、帮忙打架、照看幼崽、发出警报、教育、交配以及分享食物。亚特兰大埃默里大学（Emory University）的弗朗斯·德瓦尔（Frans de Waal）观察到，地位很高的雄性黑猩猩索科如果当天早些时候为他的同伴梅儿梳理过毛发，那么它和梅儿温存的机会就更大一些。

当然，也不排除例外情况，原因有二。第一，不同的科学家对互惠等词汇有着不同的理解和运用。第二，当涉及在野外观察动物行为时，通常需要

① 克雷格·帕克现在在明尼苏达大学工作。

作出漫长而细致的研究工作，才能真正搞清楚事实真相。剑桥大学生态学和进化生物学教授蒂姆·克拉顿-布洛克（Tim Clutton-Brock）认为，许多案例都可以用另一种方式进行解释，因此很难筛选出具体的互惠实例。

我们再来看一下克雷格·帕克富有启迪意义的东非狒狒研究。一开始，帕克认为雄狒狒是为了争取交配机会而互相帮忙。他最初的理论是，狒狒联盟中各成员之间会进行角色轮换以保证每一位都可以从联盟中获利。但之后的研究显示，在争取“战利品”的时候，原本互相合作的两只雄狒狒会展开竞争。的确，获得交配机会的唯一办法，就是加入联盟、形成合作。而一旦现有的合作关系走到终点，每只雄狒狒就要凭借自己的力量赢得雌狒狒的欢心。帕克这样说道：“在这种情况下，合作就像是买彩票，如果你不买，就不可能中奖。因为二对一还是有着非常大的成功率的。和中奖的价值比起来，买彩票的成本非常之低。只要参与次数足够多，那么你就一定能得到中奖机会。同样的道理也适用于你的同伴。”

互惠无处不在

> 奥利弗：我记得你！
>
> 杂货铺老板：我也记得你。现在给我滚出去，不准进来！
>
> 奥利弗：哦，不要这样。过去的事就让它过去吧。我们可以互相帮助。你有个买卖，我们也有个买卖。我们会派人到你的店里来，然后你也派人到我的店里去。你觉得如何？
>
> 杂货铺老板：你走你的阳关道，我走我的独木桥。在我把你踢出去之前，赶快滚蛋！
>
> 劳雷尔和哈代在电影《以牙还牙》（*Tit for Tat*）中的对白

确定直接互惠案例真实性的方法之一，就是去思考令这一机制起效的必备特征。**由直接互惠引起的合作进化，需要参与者有能力识别出眼前的同伴，并回忆起之前与之打交道的结果。**它（他）们至少需要一点记忆力，去记住另一个生命体对它（他）们做过的事情，也需要一点智力，去想清楚是否要采取互惠行为。换句话说，直接互惠需要一定程度的高级认知能力。

我很确信，某些鸟类以及我们人类的许多近亲，都具有足够的认知能力，尤其是类人猿。我也十分确信，人类大脑也具备了充分的认知能力。如果哈利帮过弗雷德一个忙，那么弗雷德就能记住哈利的长相，还能记住哈利做过的好事，以及哈利过去的行为举止究竟是怎么样的。弗雷德具有充分的认知能力，可以从回忆过程中想清楚，哈利是否值得信任，并据此指导自身的行动。

当我们去观察日常生活中林林总总的事物时，就会发现，直接互惠的现象比比皆是。家庭里的各项琐事，就是在不经意间凭借物品和服务的交换来完成的。负责下厨做饭的那个人基本上可以免于洗碗的差事，反之亦然。学生宿舍中各位成员之间的和谐共处，取决于每个人在打扫卫生、饮食起居等事务上付出的劳动是否同等。如果有朋友在我们搬家的时候帮了忙，那么我们就有责任在他搬家的时候帮助他收拾行李或整理物品。家人之间也会抱有同样的期望，认为孩子应该在家长年迈的时候前来照顾，以此回报孩童时期从父母那里得到的关怀。

当我们收到一份邀请，无论是吃晚餐还是看演出时，随之而来的都还有一份不成文的责任，要求我们以某种方式对这些款待予以回报。如果工作中的一位同事送给你一份包装精美的礼物，你就会记得在她生日之时也回赠一份你的心意。如果有人帮你扶着门把手,或指着自助餐桌上丰盛的美食说“您先请”，很多人会立刻回答“不，您先请”。正是这种彼此之间互惠的责任感，让圣诞节的礼物互赠仪式越来越隆重。互惠行为同样可以在更大规模的人群中出现：商业组织之间可以建立长期的合同责任关系，政府之间会互订条约，等等。

与之相反，我们有时也会对卑劣的行为进行报复。常言道，“以眼还眼，以牙还牙。”这句话引自《出埃及记》(21：24—27)，意思是说，在战斗中弄瞎别人眼睛的人,要对他人的损失予以公平的赔偿。古巴比伦国王创立的《汉谟拉比法典》中，用同样的方式对互惠原则进行了规定——“如果一人打瞎了另一人的眼睛，那么他自己的眼睛就要被打瞎，如果一人打掉了另一人的牙齿,那么他自己的牙齿就要被打掉。”我们在“正义之战”中也可以看到“以牙还牙”的逻辑，其中冲突演化的程度与给定的威胁大小成正比。

由于互惠行为在人类生活中具有十分重要的作用，因此成为众多喜剧作品的灵感来源。著名双人喜剧组合斯坦·劳雷尔和哈代利用互相报复的闹剧令影片达到了欢乐的高潮。他们于 1935 年上映的一部喜剧短片，整体都是围绕相互反击和报复的主题，而且影片还有一个非常恰当的名字——《以牙还牙》。

如此看来，我们有充分的证据证明，这个世界充满了互惠行为。但这并不是说，人生这场游戏中的另一位玩家就一定会采取互惠行为。因为为他人提供帮助是需要付出代价的，合作中总免不了会伴随着被他人盘剥的可能。为什么要与他人分享辛苦换来的劳动成果？为什么要回报他人的帮助？为什么不采取欺诈手段？为什么不让别人去辛苦劳作，然后自己收获他人的成果，再一走了之？简而言之，我们会不嫌麻烦地去帮助他人，究竟是为了什么？

毕竟，自然选择的主要目的就是将基因传给子孙后代，那么在采取背叛行为可以获得丰厚短期回报的情况下,又怎么会形成一种从长远看来颇具“利他主义”色彩的行为呢？在现代社会中，强大的法律和道德秩序能将采取欺诈行为的诱惑保持在可控的程度之内，但在没有权威管理机构的情况下，直接互惠行为是如何发生的呢？在珊瑚礁清洁站的例子中，为什么大鱼不在小鱼完成清洁工作后一口把它吃掉？

关于这一问题的讨论已经持续了几十年之久。但从我所研究的学科角度来看，关于这一问题的正确研究方向是由美国进化生物学家罗伯特·特里弗斯（Robert Trivers）在论文中首次提出的。特里弗斯是位躁郁症患者，他个性十足，由于和黑豹党领袖休伊·牛顿（Huey Newton）的友谊而成为话题人物。现在的他正在新泽西州立大学潜心研究人类的对称性特征，特别是牙买加人。史蒂芬·平克（Steven Pinker）尊称特里弗斯为西方知识史的伟人。

平克之所以给他如此之高的评价，其中一个原因就在于特里弗斯 1971 年发表于《生物学季评》（*Quarterly Review of Biology*）上的一篇具有里程碑意义的论文。这篇论文的灵感来自于他在非洲对狒狒进行的研究。在《互惠利他主义的演进》（*The Evolution of Reciprocal Altruism*）这篇文章中，特里弗斯通过借用博弈论中的著名比喻来突出了欺诈这个谜题。他讲述了囚徒困境如何直接表现出个体利益和集体利益之间的冲突。正如我在上一章中讲到的一样，囚徒困境是一个强大的数学比喻，从中可以看出，背叛行为会如何对合作产生破坏作用。

那时，特里弗斯并没有提到"直接互惠"，但是用到了"互惠利他主义"这个词。在这里，利他主义是指对他人安危的无私关注。虽然利他主义与进化论传统观点中的"自私"行为截然相反，但若揭开其背后的真实动机，就会发现利他行为其实是有许多附加条件的。通过阅读本书，我希望读者能逐渐明白，虽然看似矛盾，但"利他"行为很可能直接源自于理性玩家的"自私"动机。

在所有逃脱囚徒困境魔爪的机制中，最明显的一类，就是我已经提到过的对游戏的简单重复。这也是为什么直接互惠引发的合作在长期存在的群体中起效最为明显。在各种类型的社会中，两个个体可能在村庄的小酒馆、工作场合或珊瑚礁处经常相遇并互动，如果某一方的背叛行为会让同伴在下次相遇的时候也采取背叛行为，那么他（它）就会三思而后行。

特里弗斯是第一位对生物学中重复囚徒困境、或称迭代囚徒困境的重要性予以认可的学者。由此，在动物之间发生的一系列相遇与互动中，就会产生合作行为。他引述了一些例子，诸如负责清洁的小鱼，以及鸟类以警告为目的的鸣叫等。值得注意的是，特里弗斯在此基础上还更进了一步。他讲到，从同情和信任到欺骗和虚伪，"每位人类个体都拥有利他和欺诈的倾向。"

特里弗斯认为，人类情感和体验中的很大一部分，譬如感激、同情、内疚、信任、友谊以及道德败坏，都源于同样简单的互惠逻辑，与大鱼和小鱼清洁工之间的关系如出一辙。这一理论建立在先人对社会行为受到互惠驱动的解释之上。亚里士多德在《尼各马可伦理学》（*Nicomachean Ethics*）一书中讲到，最理想的友谊建立在平等的关系基础上，而只有真诚的互惠，才能让这样的关系成为可能。在柏拉图的《克里托篇》（*Crito*）中，苏格拉底认为，市民是否以感恩的责任感去遵守国家法律，和他们对父母生养教育所怀有的感恩之心是相同的。总的说来，一个事实贯穿始终，那就是，互惠指导一切。

重复囚徒困境

囚徒困境理论形成于1950年，至今已出现多种变形和演绎。其他学者也对这场博弈进行过重复性试验，而特里弗斯则将重复囚徒困境用于动物行为的分析，并因此将这一理论推向了新的高度。重复囚徒困境，在吸血蝙蝠群落和鱼儿在珊瑚礁上建立的清洁站中都可能出现，特里弗斯在论文中也对这些动物的行为进行了描述。

但是，一遍遍地重复囚徒困境究竟会发生什么，第一次提出这个问题的时间实际上是先于特里弗斯的分析的。1965年，两位学者共同展开了对这个问题的研究：艾伯特·查玛（Albert Chammah）是从叙利亚来到美国学习工业工程的移民，而阿纳托尔·拉波波特（Anatol Rapoport）是生于俄罗斯的著名数学家兼心理学家，他利用博弈论去探索纯理性思维的边界，后来又投身于全球和平事业。在他们合著的《囚徒困境》（*Prisoner's Dilema*）一书中，他们针对这一博弈的多次试验进行了讲解。

就在特里弗斯作出理论贡献的同时，以色列数学家罗伯特·J·奥曼（Robert J. Aumann）也对博弈论提出了重要的见解。奥曼曾于20世纪60年代在冷战军备控制谈判中担任顾问，后来于2005年获得了诺贝尔经济学奖。

奥曼对重复相遇的结果进行了分析，并针对不同的情况给出了合作的先决条件。举例来说，这些情况包括当有很多参与者出现时、当互动不频繁时，以及当参与者的行为缺乏透明度时等。

在前文中分析过的囚徒困境回报矩阵中，只进行一轮的博弈，采取背叛的行为是符合逻辑的。但奥曼的研究告诉我们，即使当玩家有着强烈的短期利益冲突时，重复性博弈也能产生和平的合作行为。一位玩家会与另一位玩家合作，因为他知道，如果今天他被对方欺骗了，那么明天他就可以针对这个欺骗行为采取惩罚对方的措施。对复仇性报复行为的规避，似乎为友善的合作铺平了道路。从这个角度来看，从自我利益出发而进行的理性思考的确可以催生合作。奥曼将这一见解称为“无名氏定理”（*Folk Theorem*），它就像许多民歌一样，被人们口口相传，找不到最初的作者，而且在传播过程中也经过了许多人的修饰和改造。1959 年，他又将这一理论发展为多位玩家之间的博弈，其中一些玩家会形成团伙，共同对付另一些玩家。

无名氏定理虽然强大，但并没有告诉你应该在重复性博弈中采取什么样的行动。这一定理实际是说，有一种策略可以引发理性对手的合作行为，但却没有说明什么样的策略是好的，什么样的策略是不好的。因此，举例来看，我们可以说冷酷策略（Grim Strategy）是能够引发合作的，即只要你合作，我就合作，但如果你背叛了一次，我就会永久性地采取背叛行为。然而在现实之中，这样的策略却远非可以激发出长期博弈中合作态度的最佳方法。

博弈策略 SUPER COOPERATORS

冷酷策略 只要对方合作，我就合作，但如果对方背叛了一次，我就会永久地采取背叛行为。

为了找到玩这个游戏的方法，思想家们不得不等待一场新式比赛的打响，并从这样一场比赛中看出重复囚徒困境中的所有细微差别。密歇根大学政治科学家罗伯特·阿克塞尔罗德（Robert Axelrod）发现了其中的奥秘，并将成果写入了《合作的进化》（*The Evolution of Cooperation*）这一优秀的著作之中。这本著作的第一句话就令人兴趣顿生："在充满利己主义者又缺乏中央集权的世界中，合作行为会在什么样的情况下产生？"阿克塞尔罗德用直白的语言，清晰地讲述了他所设计的新方法如何理清困境的谜团。

他组织了一场特殊的实验：在计算机上进行一次虚拟比赛。参加比赛的各位"选手"是由众多科学家提交的计算机程序。重复性的囚徒困境循环赛就在这些程序之间展开。当时正值 20 世纪 70 年代末期，这样的思想在那个年代看来具有令人震惊的新奇感。为了让大家对这场比赛所处的时代背景有一个更好的把握，我们不妨回忆一下，在同一时期，商业性的投币视频游戏才刚刚问世。阿克塞尔罗德的思想并不是供人娱乐的小把戏。和容易厌倦走神的人类不一样，计算机不仅可以不知疲倦地在彼此之间执行命令和策略，还可以一丝不苟地遵守规则。

全世界的研究人员给阿克塞尔罗德邮寄来了 14 个不同的计算机程序。他还加上了自己的一个程序，这个程序会随机地采取合作和背叛的行为。之后，他将所有的程序放在一起，相互之间展开循环比赛。成功很容易判定——获胜的策略是在计算机中与所有其他策略进行比赛，并在走了 200 多步之后得分最高的那一个。在整场比赛中，阿克塞尔罗德一共走出了 12 万步，进行了 24 万种选择。

由于计算机允许参加比赛的程序拥有无限的复杂性，有人可能会认为，最大、最"聪明"的程序才会获得胜利。但大小并不能决定一切。事实上，最简单的一位"选手"，反而轻而易举地获得了胜利，这让许多理论家大跌眼镜。最终的冠军，竟然是仅有 4 行的计算机程序！而这部程序的设计者，就是阿纳托尔·拉波波特。

这部程序的策略被命名为“以牙还牙”，第一步采取合作态度，之后的每一步都重复对方之前的一步。这一策略比冷酷策略要更加宽容。冷酷策略只消对手一步背叛，就会激发出自身永无休止的变节。

博弈策略 SUPER COOPERATORS

以牙还牙 总是怀着对对方充满信任的态度开始博弈，之后便模仿对方上一步的动作，只有当对方背叛时，才会采取背叛行为。

脱离开囚徒困境的限定，很容易就能想明白采取简单策略的优势。如果你太过聪明，你的对手可能就会发现很难读懂你的意图；而如果你表现得太过迟钝、含糊或令人费解，你的对手就不会产生与你合作的动机。同样，如果一个程序（或一个人）可以清楚明确地采取行动并发出信号，让人感觉它（他）不会轻易变卦，那么与其合作就是一个很合理的选择。

令人惊讶的是，这个发现竟然一点儿都不新鲜。参加计算机囚徒困境比赛的选手已经了解到了这一强大的策略。实际上，20 世纪 70 年代初发表的研究成果已经显示出“以牙还牙”策略的优异表现。这一策略让人回想起冷战时期核军备竞赛的情形。当时，每一方都承诺，只要对方不使用原子弹和氢弹，自己就不会使用。许多参赛选手都试图在这一简单策略的基础之上对自己的程序进行提升。“出乎人们的意料，在提交的所有复杂程序中，竟然没有一个能与‘以牙还牙’最初的简单版本相抗衡。”阿克塞尔罗德评论道。

为了找到成功的秘诀，阿克塞尔罗德分别详细研究了高分和低分策略，发现其中一项属性表现出了特别的重要性。“这就是友善的属性，也就是说，永远不做第一个背叛的人。”这一属性很有意思，因为不会在对别人采取报复手段之后还心存芥蒂。由此，两位对手之间就会永远存在恢复“信任”的机会：如果对手进行和解，那么双方都能获得合作带来的好处。

阿克塞尔罗德又组织了第二场比赛，这一次共有 6 个国家的 63 个程序参赛，参赛选手中包括一位年仅 10 岁的计算机小爱好者，还有一群专业方向各异的大学教授。其中一份参赛作品来自于英国生物学家约翰·梅纳德·史密斯（John Maynard Smith），我们之后会对他做详细介绍。梅纳德·史密斯的作品名叫“一牙还两牙”，这一策略是说，除非对手接连两次采取背叛行为，否则就一直保持合作态度。梅纳德·史密斯在他所在的研究领域中广受尊敬，而在这次比赛中却仅排在第 24 位。

博弈策略 SUPER COOPERATORS

一牙还两牙 “以牙还牙”策略的变种。除非对方接连两次采取背叛行为，否则就一直保持合作态度。

而拉波波特则秉承了英国足球队的座右铭：“永不改变一支获胜的团队。”他再一次提交了“以牙还牙”策略，并再一次获得了胜利。由此可见，遵从这条简单的策略，的确可以有所回报。正是这场比赛，激起了卡尔·西格蒙德研究囚徒困境的兴趣，而他又通过那次山间谈话给了我灵感。罗伯特·阿克塞尔罗德的著作《合作的进化》，如今已实至名归地被公认为这一领域内的经典名著。

阿克塞尔罗德的计算机比赛对现实世界是否存在一些启迪意义呢？答案是肯定的。曼弗雷德·米林斯基（Manfred Milinski）于 1987 年报告了这类竞赛在现实生活中的一个实例。如今，米林斯基已是位于德国普伦的马克斯–普朗克进化生物学协会（*Max Planck Institute for Evolutionary Biology*）的主任。当时，米林斯基对棘鱼的行为进行了研究。当梭子鱼等大型掠食性鱼类出现时，棘鱼群中会有几条鱼儿主动接近，探查一下闯入者究竟有多大的危险性。对于这些“侦察兵”来说，“掠食者探查活动”有着极高的风险。但侦察得来的信息，不仅对它们自身有利，而且也能为整个鱼群带来好处。如果闯入者不是掠食类动物，或者刚刚吃饱、没有饿着肚子，那么这些小鱼就不用逃开。这种对逃跑必要性的评估行为，看似有些愚蠢，但实则非常重要，因为在它们天然的栖息地中，常有许多梭子鱼和其他鱼类游来游去，所以一碰到大鱼就逃开并不是最佳的策略——很可能刚从一位掠食者眼前跑掉，就一不小心钻进了另一位掠食者的嘴里。

米林斯基发现，棘鱼在这种高风险的探查活动过程中利用了“以牙还牙”策略。如果附近出现了一条梭子鱼，两条棘鱼往往会一起冲刺，游向掠食者的大嘴，去一探究竟。每一次冲刺，都可以被看作是困境博弈中的一轮。对于参加博弈的两条鱼来说，进行合作对双方都有好处，可以降低被大鱼吃掉的风险。这是因为“掠食者效应”起了作用：梭子鱼在决定首先攻击哪只或哪群猎物的时候，会浪费掉宝贵的时间。这也是“布里丹之驴”悖论在现实中的体现。这一悖论是讲，一头驴不知在两堆干草中如何选择，最后饥饿而死。然而，每只小鱼却都有充分的动机在行进过程中稍微落后一点，将一部分风险转嫁到另一只棘鱼身上。

为了弄明白这些小鱼脑子里在想什么，米林斯基非常有创造力地在实验中用上了镜子。当把镜子置于合适的位置时，就能生成一种幻象，让一条棘鱼感觉有另一条棘鱼在陪伴它一同冲刺。而将镜子稍作倾斜，米林斯基就能让棘鱼感觉，它镜中的“同伴”是合作——与它共同前行，还是背叛——落在后面，就像是打头阵的军官慢慢退到队尾、避开危险的前线。遇到镜中的小鱼“背叛”自己时，领头的小鱼会采取减速或掉头的对策，中途放弃它的侦察任务。如果镜中的小鱼和“侦察兵”保持同样的速度，那么后者就会比独自执行任务时更接近掠食者。

并非有意的背叛

到目前为止，一切都直截了当、易于理解。但“以牙还牙”策略存在一个问题，而这个问题在毫无缺陷的计算机程序互动过程中并不能直接体现出来——人类和其他动物会犯错误。有时脑子会“短路”，有时玩家会分心，有时还会出现情绪起伏，可能有一天事事不顺，心情跌到谷底。毕竟，人无完人。其中一类错误是由于“颤抖的手”：我想要合作，但却因为疏忽而未能做到。另一类错误是由于“糊涂的脑子”：我认定这个人心怀叵测，在上一轮博弈中背叛了我，而事实上却不是这么回事，可能我把这个人错当成别人了。颤抖的手和糊涂的脑子，共同导致了我所谓的有“噪声”的互动。

噪声在合作进化过程中所扮演的重要角色，是由牛津大学的罗伯特·梅在《自然》杂志上发表的一篇论文中首先指出的。梅曾经是一位优秀的物理学家，后来对理论生物学的发展也产生了深远的影响。鲍勃（这位澳大利亚人喜欢被称为“鲍勃”）最著名的成就，就是实现了以数学基础进行生态学分析的跨越。他在论文中讲到，进化生物学家应该对“失误”在重复囚徒困境中产生的影响进行研究。他认识到，从像阿克塞尔罗德竞赛这样天衣无缝的完美博弈中得出的结论，并不一定具有实际意义。

他提出的这一观点十分重要。因为即使是不常出现的错误，也可能产生破坏性的后果。如果博弈双方都采取同样的“以牙还牙”策略，就会引发永无止境的报复行为。这是因为“以牙还牙”策略只会对背叛者进行反击，因此一旦出现干扰信号或疏忽，就可能令“以牙还牙”的行为陷入恶性循环，在博弈双方之间制造出比罗密欧与朱丽叶家族、哈特菲尔德和麦克伊，或科西嘉岛仇杀更加惨重的血海深仇。很明显，结束所有这些残忍复仇恶性循环的办法，就是忘掉过去，既往不咎。举例来说，可以间歇性地采取报复行为，或者靠掷骰子的方法来决定是否进行报复。在鲍勃这一重要观点的启发之下，我对阿克塞尔罗德的开创性工作成果进行了延伸，将噪声的影响考虑进来，让这一理论更加贴近现实生活。

偶尔宽容的魔力

在博士研究生求学期间，我和卡尔一起设计出了一种方法，将困惑、疏忽和失误考虑在内。用术语来说就是，我们利用概率性策略替代了传统的确定性策略，从而使得博弈的结果更加模糊和随机。我们决定对存在噪声的合作进化进行研究，并在阿克塞尔罗德开创性成就的基础上，进行了一场计算机概率性竞赛。我们的想法，是对因突变和自然选择而随机出现的各种策略加以利用。

所有的策略都可能受到偶然性的影响。这些策略会在对方采取合作之后，以某一概率进行合作；而在对方背叛之后，也会以某一概率进行合作。可以这样认为：我们将不同程度的“宽恕”加入到了策略组合的研究之中。有的策略是会在两次背叛行为中宽恕一次；有的策略是会在 5 次背叛行为中宽恕一次，以此类推；而有些策略则是毫不通融的——这些“旧约全书”式的策略会采取永不宽恕的态度，就像“冷漠策略”一样，在对方背叛一次之后永远不再合作。

为了研究合作的演进，我们将各种各样的策略与自然选择的过程调配在一起，如此一来，获胜的策略就能成倍增加，而失败的竞争对手则会被淘汰。得分最高的策略将获得子孙后代作为奖励——出现更多和它们一样的策略版本，而这些版本也要参加接下来的博弈。同样，那些表现欠佳的策略就会被消灭。为了进一步体现真实性，我们进行了编排，让繁殖的过程带有一些不完美的因素。有时，突变也可能产生新的策略。

卡尔和我坐下来，观察着我们创造出的这些策略在一代又一代的繁衍过程中不断兴衰、变化。我们热切盼望能看到一个策略最终成为胜利者。虽然没有一条进化轨迹会出现重复，但我们却观察到了总体上的规律性和连贯性。

竞赛总是从一种“原始的混沌状态”开始的。也就是说，初始之时仅有随机策略的存在。在这种混乱状态下，“永远背叛”策略总是会在早期占据领先位置：就像许多好莱坞电影中的情节一样，坏蛋一开始总是一幅自鸣得意的样子。到了100代左右的时候，“永远背叛”策略在我们的竞赛中占据了支配地位。生命的剧情似乎有着令人沮丧的序幕，而大自然则冷眼旁观，不予合作。但这一切之中，却存在着一线希望。面对这个冷酷的敌人，一小群被围困的“以牙还牙”策略玩家死死坚守在灭绝的边缘。还是像好莱坞式的英雄一样，属于他们的胜利终将会到来——当盘剥者将所有人盘剥一空之后，当全部的弱者都被清扫干净之时，博弈的进展方向突然出现了转折。卡尔和我满心欢喜地看着“永远背叛”策略的玩家逐渐被削弱并最终消失，为合作的成功兴起扫平了道路。

博弈策略 SUPER COOPERATORS

永远背叛 不论对手策略如何，总是采取背叛行为。

无条件合作 不论对手策略如何，总是与其进行合作。

当遭遇死硬派背叛者的抵抗之时，孤立的“以牙还牙”策略玩家的表现会比永远背叛的无赖要差一些，因为“以牙还牙”总是要在输掉第一轮之后才能尝到血的教训，转换到复仇状态。但当与其他“以牙还牙”策略玩家对战时，则会比“永远背叛”策略玩家和其他强硬派的表现好出很多。在由“永远背叛”和“以牙还牙”策略玩家组成的混合群体中，虽然后者占少数，但“友善”的态度会开始繁殖，并很快在博弈中居于支配地位。通常情况下，背叛者的表现十分糟糕，并最终销声匿迹，留下一群全部秉承“以牙还牙”策略的玩家。

但卡尔和我却满心期待着惊喜的出现。在我们的计算机竞赛中，“以牙还牙”策略玩家最终并没有获得胜利，而是输给了它们更加友善的表兄弟。这位表兄弟利用了“以牙还牙”的致命缺陷——对偶尔出现的失误不够宽容。在几代之后，进化过程就会垂青另一个策略，也就是我们所称的“宽宏以牙还牙”。此时，自然选择过程转向了最优的宽容程度：永远以合作的态度来回报对方的合作，而当遇到背叛时，在每三次背叛中采取一次合作（具体细节取决于所运用的回报价值）。你不能让对方知道你什么时候会表现出友善的态度，如果让对方知道了，就是犯了一个重大的错误（约翰·史密斯的“一牙还二牙”策略就会轻而易举地被交替性合作与背叛者所利用）。因此，为了不让对方知道，宽容与坚守行为是呈概率性的。这样一来，在对方作出背叛举动之后，我方是否采用既往不咎的态度，就要看运气，而并非必然。**可以这样理解“宽宏以牙还牙”：永远不会忘记对方的好意，但会偶尔谅解对方的恶行。**

博弈策略 SUPER COOPERATORS

宽宏以牙还牙 “以牙还牙”策略的变种。永远以合作的态度来回报对方的合作。当遇到背叛时，以某一概率与对方进行合作。

“宽宏以牙还牙”可以很轻松地取代“以牙还牙”，保护自身不受背叛者的盘剥，并且在很长一段时间内都处于支配地位。但由于竞赛的随机性，这一策略无法永远处于不可动摇的位置。我们观察到，一批“宽宏以牙还牙”策略玩家开始以几乎无法觉察的缓慢速度出现变化，并朝向更加仁慈的策略转移。最终，全体玩家表现出了一致的友善：全部采取合作态度。原因就在于，当每一个人都试图表现出友善的时候，宽容与谅解就会得到优厚的回报。玩家之间永远存在更快采取宽容态度的动机，因为最高的奖励来自于许多富有成效的（也就是合作性的）互动。现在，在适当的突变帮助下，背叛者们仍有再次崛起的可能。由永远合作的友善玩家组成的统一群体，在任何残留或新近出现的背叛者燃起的入侵火焰面前，就像枯草一般不堪一击。新的轮回便由此开始。

这些概率性博弈虽然在细节上多少有些差异，但总体上却遵循着同样的规律。卡尔和我发现，一些策略会逐渐壮大声势，而另一些则慢慢销声匿迹。总体来讲，这些周期与轮回的进化过程是可以预测的：从一成不变的"永远背叛"到"以牙还牙"，再到"宽宏以牙还牙"，之后会演变成为全部合作。最终，在一次毁灭性事件的作用之下，群体成员又再一次回到受卑鄙背叛者所支配的状态之中。

值得庆幸的是，在整场竞赛中，相对较为友善的策略占据主导的情况更多一些。当我们观察整场游戏的进展，并计算所有策略的平均出现时长时发现，最为常见的一种策略就是"宽宏以牙还牙"。而令人惋惜的是，在现实世界中，这种轮回可能会长达几年、几十年甚至几百年。无数事实告诉我们，人类历史也不乏这样的轮回：朝代不断更替；帝国兴衰更迭；公司崛起、占领市场之后，又在强大而富有创新精神的竞争对手面前土崩瓦解。

正如这些策略中任何一个都不会在竞赛中取得完胜一样，人类社会也将永远是合作者（守法公民）和背叛者（犯罪分子）的混合体。信仰也是同样的道理，某一种信仰的崛起必然伴随着另一种信仰的衰退。而正是这样的现实，激发了奥古斯汀（Augustine）的灵感，在罗马于公元410年被西哥特人洗劫之后，创作出了《上帝之城》（*De civitate Dei*）这部神学巨著。奥古斯汀希望能推翻罗马是因为接纳基督教而被削弱的说法，正如我们的计算机竞赛所证实的一样，伟大的帝国终将衰落。这就是那句名言"我虽跌倒，仍要再起"所要告诉我们的，"盛极而衰"也是同样的道理。

在过去几十年的发展过程中，我们可以看到，经济生活中同样存在着周期循环。虽然政府加强了监管，但人们还是能够随着时间的发展，想出妙计来加以规避。一段充满艰苦和辛劳的岁月过后，总会迎来舒适懒散的生活，人们便会在这时开始懈怠、偷懒，占尽体制的便宜。合作与背叛的轮回，是人生的主旋律。而我们的计算机模拟，是否能在无意之间发现对这一切的数学解释呢？

投奔牛津大学的鲍勃·梅

经过一年多的协作并发表了 4 篇论文之后，卡尔告诉我，我已经完成了所需要的研究，可以开始着手整理关于合作进化的博士论文了。于是，我立即开始整理工作成果。几天之后，我将论文递到他手里。他举起论文，从侧面仔细端详着这摞文件，摇摇头说："博士论文必须要再厚一些。"第二天，我将同样一份论文交给了他，只不过将字号调大了一些，改成了双倍行间距。卡尔一眼便看穿了我的伎俩，但他毕竟是一位实用主义者。他看了看我的论文，说道："就这么着吧。"

之后，卡尔建议我向领域内的领军人物——牛津大学的鲍勃·梅①申请一个职位。当时，鲍勃十分出名，因为他将数学的严谨注入到了生物学研究领域，以此来揭示生物世界中的深层秩序。针对稳定性是否是生态系统多样性的原因，以及反过来的多样性是否是稳定性的原因这两个课题，鲍勃进行了深入研究（研究发现，在生态系统中注入各种不同类型的生命体，并不能自动带来稳定性）。他还对昆虫及其寄生虫之间的关系进行了制图分析。利用数学模型，他揭示出了物种之间的联系如何引发个体数量的波动。通过这种方式，鲍勃将混沌概念引入生物学，并揭示出，看似随机而复杂的行为，其背后的规则其实很简单。我在家里写作这一段内容的时候，正坐在鲍勃提出这一发现时所用过的办公桌旁。这是他在帮我置办第一处房子家具时送来的礼物。

① 即前文提到的罗伯特·梅。在英文中，鲍勃（Bob）是罗伯特（Robert）的昵称。——编者注

卡尔认为，我得到牛津大学工作机会的胜算并不大，因此我又申请了伯克利和哥廷根。我未来的人生、事业和一切，似乎都仰仗于这几封不太可靠的航空邮件。就在这些邮件飞向世界各地之时，我自身也陷入了浪漫而伤感的境地。当时，我即将与厄休拉完婚，我们在维也纳的时光就要告一段落。即将离家的忧愁与就要展开新旅程的兴奋混杂在一起，百感交集。我们两个人谁也不知道，哪里会是我们的归宿。

卡尔最初的判断显然是英明的。鲍勃拒绝了我，说他并没有打算建立一个团队，而且也很少与博士后学生合作。我再次给他写信，告诉他我可以自己带资金过来，是埃尔温·薛定谔（Erwin Schrödinger）研究基金。那时，卡尔也在跟鲍勃为我争取机会。最终，我万分欣喜地接到了他的允诺。从某种程度上讲，我职业生涯的下一步规划终于明朗了，但我却完全不知道将会在牛津大学遇到些什么人、经历些什么事。

厄休拉和我在动身前往牛津之前的一个月于维也纳完婚。我们在婚礼结束后向众亲友道了别，之后便回到各自父母家中，直到我们踏上火车，离开家乡。没有想到，我们 1989 年这一走，便是长达 9 年的时光。离家时，我们俩拖着 7 个行李箱和两辆自行车。那一天刮着凛冽的冷风，天空是阴郁的灰色，一场汹涌的暴风雨即将来临。当晚，家人一直送我们到维也纳西站，依依不舍地道别。一位朋友还特意郑重地站在我面前，握着我的手。“别给我们丢脸。”他挤出一个笑容。火车徐徐开动，淹没在夜色之中，我的新娘也流下了忍耐已久的伤感的泪水。

第二天，渡轮将我们载到了海峡的另一端，那是我第一次将英国的景象收入眼底。这里并不像威廉·布莱克（William Blake）笔下描写的绿色田园一样景色宜人，而是泥土龟裂，干燥荒凉。地上的草和树上的叶子都已枯黄，整个英国当时正处于严重的旱灾之中。水库已经干涸，政府颁布了浇水管禁令，如果发现有人洗车，还会处以罚款。在普利茅斯，人们甚至在用处理过的污水浇灌花坛。在一处动物园中，人们用企鹅池中的脏水喷洒高尔夫球场焦干的草地。在我们的火车停车等候时，正有一群消防队员在前方的铁轨上扑救火灾。

当我最终走进新的办公地址——位于南公园路的牛津大学动物学系，看着这座毫无可爱之处的水泥建筑时，发觉现实再一次给我心中的期望以严重的打击。走廊上贴有鸟类和其他动物的海报，却四处也看不见等式或图表。不会找错地方了吧？我心中暗自疑虑。没有错，而且后来我还发现，自己能够来到这里是十分幸运的。在这里做学问，既不需要严格的礼节，也不用十分拘谨。这里和等级分明的奥地利学术体系完全不同。在奥地利，年轻的学子根本无法接近工作繁忙的教授先生们；而在这里，我可以边喝咖啡或下午茶，边与许多富有影响力的学术权威谈天说地，从开创了合作理论研究的伟大的比尔·汉密尔顿（Bill Hamilton），到理查德·索思伍德爵士（Sir Richard Southwood）、理查德·道金斯（Richard Dawkins）、保罗·哈维（Paul Harvey），还有约翰·克雷布斯（John Krebs）。这里有着美妙而浓厚的学术气氛。我逐渐对这里产生了深深的好感。

鲍勃·梅有时会跟大家一起踢足球——所有的学生和教授都像我一样对“游戏”十分痴迷。但这一点也有些令人担忧，因为他十分争强好胜。在英国的传统理念中，游戏的输赢并不重要，若是把足球的输赢看得太重，就会遭到人们的指摘。但这位肌肉紧实、动作灵敏的澳大利亚人可不管这一套。而对于我们其他人来说，幸运的是，他的球技十分一般。只有在天时地利人和的情况下，幸运女神才会偶尔对他笑一笑。记得我们初识没多久的时候，有一次踢球，比分 7 比 7 平，我是鲍勃对手一方的守门员。鲍勃在比赛最后一分钟凌空一脚，将球抽射入我的大门。他兴高采烈地喊道：“马丁，这对你的事业发展很有好处！”

鲍勃和我性格迥异，我们是一对颇为古怪的组合。他身材健壮，头发卷曲，俏皮话连篇，对宗教不屑一顾。我比他高出很多，是个秃头的天主教徒，有着施瓦辛格般的英国口音，而这样的天赋在录制电话留言时颇为有用——

“我现在不在，但我会回来的！”。鲍勃个性鲜明，他对精确性情有独钟，总是满口脏话，揶揄自己的研究领域和同行——“生物学家，就是想做科学家，又做不了物理学家的一群人”。从数学游戏到体育竞技，我们俩人都非常热爱博弈，也都非常好胜。记得有一次我对他说，我脑子里的德语词汇中，压根儿就没有“不可战胜”这个词，他听后着实困惑了许久。

我们之间的友谊与默契，对我的工作产生了强大的助推力。在诺贝尔奖获得者、德国学者曼弗雷德·艾根（Manfred Eigen）于瑞士克洛斯特斯组织的一次学术聚会中，我想出了一个点子。之后，我便在牛津大学的第一个研究项目中，顺着这个思路展开了工作。在那次聚会中，比尔·哈兹尔廷（Bill Haseltine）发表了关于人类免疫缺陷病毒（HIV）的讲话，那时我意识到，艾滋病患者的体内一定有一大群紧密相关、不断复制的病毒。这样的想法让我想起了与彼得·舒斯特共同在数学生物学领域进行的研究。

一天，我突然意识到，我应该开发出一个病毒感染的数学模型。但当时，我在解决这一问题时遇到了太多困难，几乎令我的努力前功尽弃。我很幸运，当时鲍勃已经与另一位同事罗伊·安德森（Roy Anderson）就这种病毒展开了研究。他们分析了病毒是如何在人与人之间传播的。不过，我却想另辟蹊径。我希望能建立一个模型，从不幸感染病毒的人类个体“内部”着手，分析病毒的发展情况。这就需要对病毒在面临身体免疫系统攻击的情况下如何在细胞间实现扩散进行解释。为了搞清楚 HIV 在人体内的一番遭遇，我需要利用与卡尔进行模拟程序竞赛类似的一种数学手段。

在感染 HIV 和出现艾滋病症状之间，通常存在着较长时间的潜伏期，而潜伏期长短在不同的患者身上也表现出巨大的差异，短则两年，长则十几年。我发现，我可以对这一令人迷惑的时间延迟及差异进行解释。有幸的是，我不需要对动物和患者重新做实验，而可以直接利用现成的数据来得出结论。我所需要的全部，就是计算机那强大的数据计算能力，并利用这一计算能力，探索出病毒在人体内部繁殖、突变的方式。

这一研究成果令鲍勃感到非常兴奋，他坚持要我将新发现展示给罗伊·安德森。没想到，当时在帝国理工学院（Imperial College London）工作的安德森也感到非常惊喜。我于 1990 年将研究成果首次发表于《艾滋病》（*AIDS*）杂志。一年之后，其他学者在我的理论基础之上进行了扩展，总结出了临床测试数据，并发表在《科学》杂志上。我还与巴里·布伦伯格（Barry Blumberg）一起，共同对乙肝病毒进行了研究。布伦伯格是牛津大学贝利奥尔学院（Balliol College）的研究生，因发现这种病毒并开发出病毒疫苗而获得诺贝尔奖。这些研究成果为一门新学科的诞生奠定了基础，这门新学科就是"病毒动力学"，其特点就是通过数学模型研究病毒在感染宿主体内的发展过程。

"宽宏以牙还牙"和"赢定输移"

还有许多类型的博弈尚待卡尔和我去展开，太多的变体和潜在的结果亟待我们去研究。1992 年，我们针对"宽宏以牙还牙"策略的研究成果发表于英国《自然》杂志上。这部杂志和美国的《科学》杂志一样，都是科学家最希望占有一席之地的权威刊物。卡尔和我都对进一步的研究工作有着许多新想法。因此，在来到牛津之后的第二个暑假，我便再一次回到奥地利，重新开展我们对囚徒困境的探索工作。

在我们之前进行的策略计算中，玩家决策仅仅依赖于对手的上一步举动。而这些计算，也仅仅揭示出了所有可能发生的结果中的一部分。现在，我们希望能在策略中加入对玩家自身举动的考虑。我来举个例子，以便人们能更准确地理解我的意思。请你将自己想象成竞赛中的一名选手。如果你选择了背叛，那么你就会比较容易理解并接受另一位玩家的背叛行为。同样，如果你选择了合作，就会对另一位玩家的背叛行为感到更加愤怒。

为了研究这样的假设是否会影响到获胜的策略，我带着新的笔记本电脑，和卡尔一起来到了罗森伯格城堡——位于风景优美的奥地利南部的中世纪建筑群，还有一处曾作竞技场之用的拱廊庭院。我之所以来到这处童话世界工作，是因为我必须要和卡尔在一起。而卡尔来到这里，是因为他要和他妻子在一起。他的妻子当时正在罗森伯格进行古建筑研究。

虽然并不知道新的计算机实验会出现何种结果，但我却心里有数。“宽宏以牙还牙”会再次获胜，就是这么简单。我跟卡尔二人观察着博弈的进展，想要证明事实的确如此。那时，只有一件事会让我们分心。城堡内有各种各样的猛禽，在特定的时间段，这些猛禽会来到宽敞的庭院进行表演。身着文艺复兴时期服饰的训练师会引诱这些猛禽掠过观众的头顶，作出精彩的俯冲动作。随着这些大鸟上下翻飞，卡尔和我的目光也完全集中在了它们身上。

我们一遍又一遍地进行着模拟运算，不时停下手来去观赏猛禽的精彩表演，惊叹于金雕作出的千尺俯冲。不得不说，这些神奇的鸟儿对我们来说是个难能可贵的调剂，因为我们的工作遇到了棘手的问题。我的最爱——“宽宏以牙还牙”策略，竟然在笔记本电脑上的角斗竞赛中遭遇连番打击。由于我一直以来非常自信地认为这一策略可以独占鳌头，这样的结果着实令人感到苦闷。那个时候的我，特别希望能有更多的鸟儿出现，将我的注意力从工作上移开。我编写的程序中一定存在漏洞和问题。我检查了一遍又一遍，却什么问题也没有找到。我一直对自己的能力抱有十足的自信，并为自己找了个永远站得住脚的理由：“漏洞永远存在于你没有看到的地方。”一番周折之后我才恍然大悟，原来这次不是漏洞的问题。

“宽宏以牙还牙”的衰落趋势向我透露了一些十分重要的信息，只不过那个时候我没有太在意。我找到了一种可以让问题消失的办法，但我没有办法拯救“以牙还牙”。几天之后，我不得不承认，结果是真实无误的。于是我潜心研究，终于发现了能保持获胜记录的新策略。这种新策略包括以下指令，乍一看不禁感觉有些古怪：

如果我们在上一轮中都保持合作态度，那么我会再次进行合作。

如果我们都采取了背叛，那么我会（以某一概率）进行合作。

如果你合作，我背叛，那么我会再次背叛。

如果你背叛，我合作，那么我也会背叛。

总体来看，这一策略是说，只要我们采取同样的行为，那么我就会合作；只要我们采取了不同的行为，那么我就会背叛。换句话说，这一获胜策略会作出这样的事情：如果我做得好[①]，我就会重复我上一步的行为；如果我做得不好[②]，我就会改变之前的行为。经过这样一番分析，我逐渐产生了兴趣，心情也大为好转。

回到牛津之后，我在动物学系的走廊上碰巧遇到著名生物学家约翰·克雷布斯，并将这一获胜策略讲给他听。他立刻进行了指认："这听起来很像是'赢定输移'（Win Stay, Lose Shift）策略，是动物行为学家的研究课题。"鸽子、鼠类和猴类非常善于利用这一策略。人们也会用这样的策略来训练马匹。其研究历史已经长达一个世纪。对"合作"进行的简单而理想化的计算机模拟，竟然能进化出这样的策略，令克雷布斯感到十分吃惊。听完他的讲述，我也有同样的感受。

博弈策略 SUPER COOPERATORS

赢定输移 如果我们在上一轮中都采取合作行为，那么我会再次选择合作。如果我们在上一轮中都采取背叛行为，那么我会以某一概率与对方合作。如果我们在上一轮中采取了不同的行为，那么我会选择背叛。

① 回报矩阵中的 Reward 或 Temptation。——译者注

② 回报矩阵中的 Sucker 或 Punishment。——译者注

现在，我必须要弄明白，为什么“赢定输移”策略比“以牙还牙”和“宽宏以牙还牙”策略更好。通过仔细研究计算机模拟中合作与背叛的轮回，我找到了答案。以前，我们可以依据无条件合作者的大批出现，来判定一个轮回的结束和另一个轮回的开始。只要在群体中加入随机突变，就总是会出现一位背叛者，来统治这群温顺的良民。于是，一场新的轮回就这样上演了。我发现，“赢定输移”的秘密就潜藏在这一阶段中——存在于合作达到巅峰，友善策略非常充裕的时候。原来，无条件合作者能够逐渐摧毁“以牙还牙”和“宽宏以牙还牙”，却无法击败“赢定输移”。

在具有现实随机性的博弈之中，“赢定输移”策略可以对无心或无条件的合作者加以盘剥。理由很简单：任何小错误都能揭示出这样的事实，合作者总是会继续在丑恶行为面前保持友善态度。而且，就像这一策略的名称一样，“赢定输移”会在不受到复仇行为惩罚的情况下，不断对其他玩家加以盘剥。或者用卡尔和我的说法就是，这一策略无法被心软的玩家所颠覆。而这一特征，正是其取得成功的关键原因。

“赢定输移”策略的成功还告诉我们一个更加深刻的道理：在直截了当的确定性博弈中，看似平淡无奇的玩家，一旦碰到现实随机性，就可能获得完胜。我们在翻阅现有研究成果的时候发现，已经有其他研究人员针对这一策略展开了工作，只是叫法不同而已。伟大的拉波波特曾对这一策略表示不解，称其为“傻瓜策略”。因为它看起来的确很蠢——在遇到背叛者的时候，这一策略会在合作与背叛行为之间轮换。他分析说，只有愚蠢的策略才会在遇到背叛者时每隔一步采取一次合作行为。

但事实上，这一策略与“傻瓜”之称相距甚远。我们的研究显示，现实随机性也是它取得成功的关键所在。当遇到背叛者时，这一策略会以某一给定概率，用无法预测的方式采取合作。这样就可以实现自我保护，免遭机会主义者的盘剥。同样的策略，被杜克大学和北卡罗来纳州梅瑞狄斯学院的大卫和薇薇安·克雷恩斯（David and Vivian Kraines）称为“巴普洛夫”策略。他们认为，这样的策略可以是有效的。而且，著名美国经济学家埃里克·马斯金（Eric Maskin）和朱·弗登伯格（Drew Fudenberg）的研究也表明，这样的策略可以在大约半数的囚徒困境中，实现一定程度的进化稳定性。但是，他们研究的对象都是确定性（非随机性）版本的“赢定输移”策略，而我们罗森伯格竞赛的赢家，却是在概率性环境中脱颖而出的。

在进化这场伟大的博弈中，卡尔和我发现，“赢定输移”是全胜的赢家。它虽然不是大举进攻背叛主导型社会的第一个合作策略，但只要建立了一定程度的合作基础,这一策略就能站稳脚跟。不过它也不会永远存在。就像“宽宏以牙还牙”一样，“赢定输移”最终还是会被削弱和取代。进化的过程中，永远存在着无尽的轮回。

许多人依然认为，重复囚徒困境中最为显著的策略当属“以牙还牙”，但从成功的角度衡量，“赢定输移”却更胜一筹。**“赢定输移”甚至比“宽宏以牙还牙”更简单一些：只要做得好，就坚持目前的选择，否则就采取行为转换，并不需要理解并记住对手的行为。**这一策略只关注自身的得失，以确保自己在博弈中占得先机。因此，人们就会很自然地认为，由于这一策略需要更少的认知技能，它就会更加普遍地存在。而事实上，与“以牙还牙”相比，“赢定输移”的确更适合用来分析米林斯基的棘鱼行为。

在囚徒困境的博弈中，我们是按照下面的逻辑进行思考的。如果你背叛，对方合作，那么你得到的收益就会很高。你非常开心，于是就重复了之前的行为，在下一轮中再次背叛。但是，如果你合作，对方背叛，那么你就被对方利用了。你很郁闷，于是转换到另一种行为方式上。你以前曾经合作过，但现在你决定要背叛。我们之前的实验显示，“以牙还牙”是合作演进的催化剂，而现在我们看到，“赢定输移”才是最终的发展结果。

这是否意味着我们已经彻底解决了囚徒困境这一难题呢？当然不是，我们还相距甚远。卡尔和我在1994年意识到，这一最为微妙的简单博弈中，还存在着我们不曾留意的另一面。所有的研究成果都建立在一个想当然的假设之上：当两位玩家在决定合作或是背叛的时候，他们会同时采取行动。我的意思是说，传统意义上的囚徒困境与孩子们常玩的“石头剪子布”有些相似——两位玩家会精准地在同一时刻作出选择。

卡尔和我认为，这样的限制多少有些牵强。我们可以思考一些例子，譬如吸血蝙蝠为饥饿的同伴贡献出富余的血液、黑猩猩互相梳理毛发等，在这些情况下，合作并不是同时发生的，伙伴之间要轮换着采取行动。于是，我们决定要实践一场囚徒困境的变体，我们称之为“交替型囚徒困境”，来看看这样的改变是否会产生影响，并导致不一样的效果。

我们所进行的交替型博弈，进一步确认了我们之前判断的正确性：进化的过程的确有朝向合作发展的趋势。我们也观察到了曾经出现在同步博弈中的合作主导型与背叛主导型社会的兴衰轮回。与过去一样，合作再次兴起，但一个重要的变化出现了。我们惊奇地发现，曾经在同步博弈中击败所有对手的“赢定输移”策略，如今却从胜者的宝座上退了下来。接替它掌握统治大权的，是“宽宏以牙还牙”策略。

朱·弗登伯格在多年之后向我指出，可以将交替型博弈与同步博弈当成是现实生活中有着不同限制的两种情形。如今，他也成为了我在哈佛的同事。在交替型博弈中，你先走，我后走。我在作出下一步决定之前，可以得到关于你的行动的所有相关信息，反之亦然。但是，在同步博弈中，双方谁也不知道在这一轮中对方会采取什么样的行动。而在我们的日常生活中，现实情况通常介于上述两者之间——我们总能得到一些关于对方意图的信息（他是否愿意采取配合态度等），但这样的信息并不一定是完整可靠的。

人们是如何应用这些策略的呢？曼弗雷德·米林斯基对此进行了研究。在瑞士波恩进行的一项针对大一生物学专业学生的实验中，合作行为主宰了同步和交替型囚徒困境。他发现，玩家坚持一种策略的倾向与博弈时间长短无关，总会有大约 30% 的玩家采用类似“宽宏以牙还牙”的策略，70% 的玩家采用“赢定输移”。正如我们在模拟博弈中所看到的一样，后一种策略在同步博弈中更为成功，而类似“宽宏以牙还牙”策略的玩家则在交替型博弈中获得了更高的分数。在人类合作的生态世界里，两种策略都占有一定比重。

背叛与合作的轮回

直到今天，重复囚徒困境依然吸引着众多科研工作者的好奇心。我们已经了解到，直接互惠是解决困境并促进合作的一种机制。整个过程中，两位玩家之间会产生重复接触，玩家可以是人，也可以是机构、公司或国家。一开始，“以牙还牙”策略似乎很容易获胜，在多数情况下还会导致玩家的获胜机会均等。但为了模仿失误带来的影响而加入一些随机性之后，我们发现，“以牙还牙”似乎太过严厉，有欠宽容，会引发血腥的复仇行为。

我们需要拥有一点点宽容的态度，才能和平相处。在“赢定输移”和“宽宏以牙还牙”策略中，我们找到了需要的东西，后者总能让我想起鲍勃·梅曾经给我的忠告：“你永远不会因为太过宽容而输掉游戏。”这样的观点令我感触颇深，因为他对输赢问题的思考和理解程度，比我认识的所有人都要更加深刻。而同时，争当第一对他来说又非常重要。他的妻子有一次曾开玩笑说，“他在家里和宠物狗玩耍的时候，也要赢过它才肯作罢。”

让我们来对比一下“以牙还牙”和“赢定输移”这两个成功策略。在上一轮博弈中，如果双方都采取合作态度，那么下一步也会继续合作。如此看来，两种策略都不会主动蓄意地背叛。只有出现错误、误解或心情不好的时候，才会引发第一次背叛。当这种情况出现时，如果对方也选择了背叛，那么我就被占了便宜，之后，两种策略都指导我要在下一步行动中选择背叛；另一方面，如果我选择背叛，而对方采取合作，那么我就会在“以牙还牙”策略的指导下转移到合作上来，或者在“赢定输移”策略的指导下继续背叛。

我们可以这样解释“以牙还牙”的思想过程：我现在有些后悔，希望能补偿上一轮作出的背叛行为。而“赢定输移”的思想过程则更加“人性化”：如果我在这一轮占到了他人的便宜，那么就会在接下来的几轮中继续这样做。这两种策略还存在另一点不同之处。如果两位玩家都背叛，那么“以牙还牙”只会背叛，而且不会尝试重新建立友好的关系；而“赢定输移”则会采取合作态度，并尝试恢复到更好的关系上来。

两种选择各有道理，但如果我们希望在所处关系中重新达成合作，那么“赢定输移”相比之下就显得更加现实可行。总体来看，“赢定输移”更能适应错误的发生，因为这一策略会主动寻找更好的结果，在双方均采取背叛行为之后，还能试图恢复合作的模式，虽然也会盘剥无条件合作者。相反，“以牙还牙”则不会盘剥无条件合作者，但在对方背叛之后，也不会试图恢复合作关系。

如果我们站在更高的角度，纵览囚徒困境多年以来的研究发展过程，就会发现，其中一项关键进展就是对概率性策略影响的研究。在这样的策略指导下，玩家会以某一种方式、在某一个时间采取行动，但不会在每种情况下都保持同样的反应。其中我们还加入了另一种真实元素，通过观察玩家相互交替采取行动的程度和理解对方行为的程度，我们可以认识到，现实生活中的情形介于同步型和交替型博弈两者之间。

这些更加真实的博弈也会产生轮回，其中的策略会从“永远背叛”发展到“以牙还牙”，再到“宽宏以牙还牙”，最后到无条件合作，然后又不可避免地回到最初的状态，经历背叛行为的死灰复燃。虽然“赢定输移”可以增加一个轮回中的合作时长，但我们发现，这样的策略最终也会土崩瓦解，为背叛者的复苏留出空间。

我们在竞赛中观察到的轮回，与强调稳定均衡关系的传统博弈论理论存在着很大的差别。用不着深入研究细节内容，我们就可以从古典进化与经济博弈论所使用的语言中略知一二，例如其中经常提到的理论就包括进化稳定策略和纳什均衡等。

我们已经从传统的“进化静力学”进入到“进化动力学”多姿多彩的世界。在过去，人们认为生命会逐步进化到一种稳定不变的状态；而如今，这样的想法则被一种更富动态的理论所颠覆。**没有一种策略是真正稳定的，也没有一种策略能获得永生。一切周而复始，循环往复。**幸运女神不会永远向一个人招手，合作的天堂终究会被充满背叛的地狱所取代。**合作的成功不仅取决于合作行为能维持多久，还要看多长时间才能出现合作的再次繁荣。**原来，合作与生命的进化，竟经历着如此美轮美奂而跌宕起伏的发展过程。

还有太多的未知等待我们去探索。迄今为止，我们仅研究了博弈中的一小部分，还有着许多尚待研究的变体。博弈论那巨大的蛮荒秘境在眼前一望无垠。虽然关于重复囚徒困境的研究文献有成千上万，但直接互惠模型和象棋一样，依然存在着各种各样的数学可能性，这跟井字游戏（tic-tac-toe）中封闭式的有限策略大不相同。关于如何解开困境这个谜题，我们的分析永远也不会完结。这一困境没有边界。

SUPER COOPERATORS

Altruism, Evolution, and Why We Need Each Other to Succeed

第 2 章

合作机制 2
间接互惠

“我给你挠挠背，就会有其他人来给我挠挠背。”这就是对间接互惠的最好解读。我们付出成本与某个人合作，不指望这个人给予直接的回报；相反，这种行为相当于购买了一个名声，确保将来你能从其他人那里得到回报。只要期望的未来收益超过所需付出的成本，利他行为就会产生。

一旦某人的动机遭到怀疑，他的所有行为就都沾染上了污点。

圣雄甘地

“你们要给人，就必有给你们的。”关于耶稣出生、传教和复活的《路加福音》中这句常被引用的名言，听起来很像是上一章中所讲述的直接互惠的另一个例子。但对这句话稍加思考，我们就会发现两者之间有很大的不同：对于你的慷慨行为，究竟是谁在作出回报，这并不明确。也许是一位家庭成员、朋友或同事，但也可能是一位陌生人，或几位陌生人。

许多人也许会对这句话给出这样的理解：如果你是慷慨的，那么在你的身后世界、极乐世界或天堂中就一定会存在着某种报答。但我最倾向于这样的解释：报答会在此时此地出现在你面前。友善会激发出友善。这样一来，人性、宽容和理解就能在我们的社会之中循环发展。无论怎样，这都是一种强大的合作形式，其影响力也十分巨大，不断塑造着我们的行为方式、沟通方式和思维方式。

甚至在两千年前的路加时代，这种“因果报应”的思想就已经非常普遍，而在福音作者间则显得尤为突出。《马可福音》（4:24）中这样讲道：“又说：你们所听的要留心。你们用什么量器量给人，也必用什么量器量给你们，并且要多给你们。”《马太福音》（7:2）中则换了种方式，说道：“你们怎样论断人，也必怎样被论断。你们用什么量器量给人，也必用什么量器量给你们。”值得注意的是，后来各种层出不穷的结果，都是从这样的观点中衍生出来的。

在一个小群体中，譬如一处村庄，我们所谓的间接互惠可以产生极大的优势，因为我可以从其他人与你打交道时积累的经验中受益——“厄格用工具交换食物的时候总是非常公平，而伊格则不值得信任。”这样一来，跟你打交道时，我要考虑到的就不仅仅是我们之间的交易。

直接互惠依赖于你对另一个人的切身感受，而间接互惠还将其他人的经验考虑在内。数学家会告诉你，间接互惠有着更加宽泛的定义，甚至可以将直接互惠的含义包括在内！但这两种机制的分析手法却截然不同：为了研究直接互惠，我们需要对重复博弈进行观察，上一章对此已有详述；而为了理解间接互惠的真谛，我们就要认清名声的力量。

对间接互惠进行探索十分重要，因为这类行为充斥于我们的社会之中。直接互惠，就是“我给你挠挠背，你也给我挠挠背”。对于一小群人或关系紧密的社区来说，没办法互相欺骗之后一走了之，因此直接互惠可以顺畅地运转。在这样的环境中，随着人们对日常生活这场戏剧不断地进行创作、观察和报告，间接互惠也同时存在。回顾基督时代，欧亚大陆的中纬度地带被罗马帝国、帕提亚帝国、中亚和印度北部地区的贵霜帝国以及中国的汉朝侵占得四分五裂，为了生存和扩张，这些不断壮大的社会体系就不能仅仅依赖于直接互惠。

如果民众能实现以间接互惠为主导的经济交换，那么社会就能发展出更大规模、更为复杂的结构，以及彼此间更紧密的相互连结。如今，间接互惠在我们处理事务、达成合作的过程中几乎占据了最中心的地位。在闲聊、八卦和玩笑的帮助下，我们能够对某人的名声进行判定，对某人的能力进行估计，以此来决定是否要与他打交道。这就同时解释了慈善活动的发展，以及名人花边新闻杂志的流行。

由于有了名声的力量，为一位陌生人送去礼物，之后再等着另一位陌生人给我们送来礼物，对我们来说就是平常之事。其中也有我们从未见过也不可能见到的各行各业人士的贡献，从帮我们包装礼品的售货员，到刷我们信用卡的结算员等。在我们所处的这个巨大的社会之中，通常的情况是："我给你挠挠背，就会有其他人来给我挠挠背。"我们都要依赖于第三方，以确保那些挠背的人最终也会找到人帮他们挠背。

在间接互惠的影响下，我们的社会不仅规模越来越庞大，而且结构也越来越复杂。这种日益壮大的规模支持对体力劳动与脑力劳动的进一步细分。间接互惠的网络可以让某人建立起擅长某一特定工作的名声，由此，社会中相互依存的人群就能进行劳动分工，也可以维持极度专业化的个体生存。如此一来，一些人就能花大量的时间思考如何以数学形式表达合作的精髓，而另外一些人则可以思考如何用简单直白的语言来描述合作的数学形式，并以此维持生计。这是多么神奇啊！

关于村落大小与居民专业化程度之间的联系，自古就有记录。雅典军人色诺芬于公元前 4 世纪时写道，村落的规模越大，其劳动力的分工就越细：

> 在一座小城镇中，同一个人必须要制作床、椅子、犁、桌子，还要搭建房屋。事实上，他的确非常希望能找到各类雇主，让他做各种活计。而要求一个人同时精于十几种手艺，这基本是不可能的。但是在大城市中，由于对每一样具体商品或服务都有大量的需求，因此只要精通一门手艺，就能够养家糊口，甚至仅仅精通这门手艺中的一个类别就足够了。有的鞋匠只做男士凉鞋，有的鞋匠专攻女鞋；有的鞋匠仅凭缝制鞋子就可以过活，还有人只负责裁减皮革；有人专门做鞋面定型，有人什么也不做，只管将各个部分连接为一体。

间接互惠与认知能力

间接互惠不仅是合作进化的机制，也为大脑的进化和发育提供了动力。为了对此进行解释，我要再次强调，合作就意味着为了让他人得到收益而付出成本。如此看来，从本质上讲，我们就是在购买一个名声。举例来说，当你为陌生人提供帮助的时候，就要耗费掉宝贵的时间，结果你因此而耽误了与客户的重要会晤。或者，当别人的车坏掉了，你去帮忙修理时，很可能在崭新的领带上蹭上了脏兮兮的机油。但关键在于，小小的慷慨之举给你换来了一个好名声，而从长期来看，这个好名声的价值很可能比你最初为此付出的成本要大得多。

正是因为名声力量的存在，我们在为他人提供帮助的时候，并不指望能立即得到回报。如果通过那些无所不包的闲聊和八卦，全世界都知道我是个宽厚的好心人，那么我在将来的某一天得到他人帮助的机会就会大大增加。反过来也是同样的道理。如果大家认为我从不给别人挠背，那么我就不太可能享受到他人给我挠背的待遇。这样看来，**间接互惠就更像是："如果我给你挠了背，我就树立起了一个好榜样，可以鼓励他人效仿这个做法，如果足够幸运的话，也会有人给我挠背。"**

同样，由于别人很可能会观察或发现我们的所作所为，这就对我们的行为产生了很大的影响。我们常常因为别人对我们行为的看法和态度而思前想后，困扰不已。这样一来，这些行为的后果就远远超越了任何善意的个人行为和任何恶意的卑鄙行为本身。隔墙有耳的可能性永远存在，当我们知道，自己今天的行为有可能波及未来之时，我们所有人的行为方式都会发生改变。

今天的行为会对未来产生影响，这是因为他人总有可能发现我们做过的事情，无论这位观察者究竟是何许人也：可能是村里的熟人站在小山上，无意间看到你在为一位老奶奶帮忙；或是与你擦肩而过的一位女子，注意到你帮妻子扛下了所有的超市购物袋；或是给邻居送东西的男孩；或是坐在邻桌的先生；或是从监视摄像头中观察你的保安。我们每一个人都希望我们的朋友、家人、父母和伴侣能看到我们善良、热心的一面。在为他人提供帮助或令他人感到失望的时候，你不仅是在树立自己的名声，同时也是在帮助维系和支持间接互惠这张错综复杂的大网。而这张大网，正是大规模复合型社会顺利运转所必需的组成部分。

为了让更多的人了解到你的无私行为，也为了让你美名远扬，我们不仅需要语言这种工具，还需要善于接收信息的聪明大脑。研究表明，树立名声的过程跟赚钱的过程一样，都动用了负责奖励和报酬的那部分大脑。通过为他人提供帮助，我获得了“友善、乐于助人、考虑周到”的美名。而我对你产生的行为，则依赖于你的名声，以及你与他人之间的交往：如果你是个流氓无赖，我就不太相信你能履行承诺。当我们对某人一无所知时，往往就会为了保全自己的名声而假定对方没有问题。

这种合作机制跟共情能力的进化有明显的联系。只有大概把握了他人心里在想什么，才能明白并理解他人的慈悲情怀——“虽然他着急赶回家看望生病的母亲，但还是停下来帮助了那个受伤的人”“如果换成我躺在路边，血流满地，我一定对前来帮忙的陌生人心存感激”“我能看得出来她很痛苦，我觉得我必须要帮帮她”，等等。借用一句心理学家常说的话，我们需要借助“心智理论”（theory of mind）这一非凡的工具，来理解他人的欲望、积极性和动机。这种读懂他人心理活动的能力，使得我们可以对他人的观点进行推断。这些观点既可以是某种情绪，也可以是某种理智的认知。

我们很容易想到，间接互惠的机制是如何刺激道德体系的进化的。本章开头引述的《路加福音》中的那句话存在一个直接推论，这一推论也被称为“黄金法则”，具有超越一切文化和宗教的高度：**“对待别人就像你希望别人对待你的方式一样。”**类似的说法也出现在希腊哲学（“你希望邻居对你怎样，你就怎样对待邻居”——毕达哥拉斯）、佛教（“将此身置于彼身，便无杀戮，亦不致彼生杀戮之心”）、基督教和犹太教（“爱人如己”）、印度教的《摩呵婆罗多》（“不要对他人做那些自己认为会伤害到自己的事情”）、穆罕默德的告别讲道（“不要伤害任何人，这样也不会有人伤害你”）以及道教（“齐同慈爱，异骨成亲”）中。

借助于间接互惠的强大力量，黄金法则同时将共情、互惠思想与坚定的信念融合为一体——如果我今天善待了他人，明天就会有别人善待我。由此可见，间接互惠在人类大脑的开发、记忆力的拓展，以及语言和道德准则的发展过程中起到了非常核心的作用。人之所以为人，也是因为掌握了这一关键的合作机制。

卡伦伯格的灵感

1996 年夏天，我在与卡尔·西格蒙德散步时，第一次体会到了间接互惠的强大力量。我们那时正在位于维也纳北部的卡伦伯格（Kahlenberg）葱郁的丛林间漫步。这一带山脉属于维也纳森林的一部分，爬到山脊上，就能俯瞰壮美的城市景观。我们一路穿过城市北部一连串丛林密布的小山，不时可以看到山间潺潺的溪流，多瑙河也流经此处。偶尔还能经过一些村庄，其中就包括贝多芬曾经生活过的努斯多夫村（Nussdorf）。村子里有许多小酒馆，走累了可以随便坐下来歇歇脚，顺便品尝一下当地的美酒。

虽然这样一处所在听起来完全不像是科学突破的诞生地，但有许多证据证明，维也纳森林茂密山坡上那纵横交错的小路之间，沉浸着巨大的创意魔力。奥地利音乐家马勒（Mahler）喜欢从卡伦伯格的山间一路走到城市之中，进行歌剧的创作。小约翰·施特劳斯谱写了华尔兹舞曲《维也纳森林的故事》（*Tales from the Vienna Woods*）。弗朗茨·舒伯特和贝多芬也在这美好的田园风光中有所感悟。高于城市的台地之上有一片豁然开朗的绿色草地，这里的天空一望无际，被冠以“天堂”的美名。就是在这里，年轻的西格蒙德·弗洛伊德终于完成了关于“梦的本质”的理论思考。

就在我们漫步于“天堂”之时，卡尔无意间提到了一件事，让我不禁停下了脚步。他提议，我们应该扩展关于合作的研究工作，并对间接互惠进行重点研究。在此之前，我从来都没听说过“间接互惠”这个词，但那一刻，太多的想法冲进了我的脑海，令我不由得激动万分。我对卡尔说，不要对我讲述太多的细节。我不想了解前人在这一领域所取得的成绩，这样我就可以沿着自己的思路一直走下去。我了解卡尔的想法，深知数学中那完美的明确感与清晰度可以将这一思想打磨得尖锐无比。我决定立刻停下手头其他所有的工作。我的脑海中仿佛看到了前方的另一番美景，其中充满了关于合作理论的各种全新可能。

我很快爱上了这项工作，感觉它可以将我们的研究引入新的方向。激情在胸，空气中仿佛都漂浮着热烈的爱的气氛。一方面，我那时正在读《英国病人》（*The English Patient*）。另一方面，卡尔和我徜徉于维也纳森林那苍翠繁茂的绿荫之中时，有了终生难忘的发现。我们无意间来到一小片墓地之中，看到草木深处的一座坟墓。墓碑上刻着诗歌和故事，原来墓主人是卡罗琳·特劳维塞（Caroline Traunwieser），1815 年维也纳会议中著名的美人。

在众多赠言中，有曾经为歌德搜集波斯诗歌的东方学家，奥地利科学院（Augstrian Academy of Sciences）创始人弗雷歇尔·冯·哈默尔 – 普尔戈什塔里（Freiherr von Hammer-Purgstall）为卡罗琳写作的颂辞。他回忆了第一次在沙龙中与她相遇时那令人心跳加速的一幕：“在那之前，从那以后，我一生中再没有为如此惊艳的美貌所倾倒。”从诗人到官员，再到维也纳瓷器厂的商人，所有人都爱慕着她。从墓碑上的记载中我们了解到，卡罗琳红颜薄命，年纪轻轻便与世长辞，也没有在世间留下一幅肖像。卡尔和我读完众人对她惊鸿之美的赞颂后，不知为何，心中都有些怅然若失。伴着淡淡的忧郁，我似乎依稀可以看到，当年的维也纳被卡罗琳流光溢彩的美丽所点亮时的情形。而我这淡淡的忧郁，也正是她美名远扬的鲜活证据。

名声的力量

宇宙中最不可思议之事，就是宇宙竟然如此可思可议。

阿尔伯特·爱因斯坦

在维也纳森林中灵感一现的刹那，让我对自己解决问题能力的信心也成倍增长。在我的头脑深处，似乎突然喷涌出一股强烈的思想之泉。我知道，一定要尽快着手工作。我父母的家就在附近，位于卡伦伯格山的北坡。在那间我从 8 岁一直住到成年的小小卧室里，我坐下来，展开了对间接互惠的研究工作。

通常，当我们开始着手一项新工作时，总会立刻遇到困难。无数问题纷纷从你看不到的地方杀出来，五花八门，令你眼花缭乱。你要花时间与各种问题展开搏斗，而只有在非常走运的情况下，才能将问题化解。通常，失败的可能性要远大于成功的可能性。但这次情况则有所不同。我尝试的每一种方法都是可行的，而且诸事皆顺。三周之后，我就基本完成了间接互惠的数学分析，更重要的是，可以通过这种方法来解释合作行为的发展。尝试新鲜事物并取得成功的激动心情，令我干劲十足。我用闪电般的速度，将直觉与数学理论成功地结合为一体，对此，我深感自豪。

三周之后，我再次与卡尔相约在森林中见面，与他讨论我的新发现。这一回，天空阴霾，空气湿漉漉的，带着阴冷的气息。在一家林中小栈的木桌旁坐定后，我迫不及待地将自己的研究成果展示了出来。虽然我们是朋友，但我还是有些忐忑，仿佛是头一次揭露一个不为人所知的秘密一样。卡尔很喜欢我的方法，立刻就看懂了其中的含义。

我从代表一群人的计算机模型开始起步。这群人中，每一次相遇都在两个人之间发生。其中一人有权利选择是否为对方提供帮助。每当乐善好施的我为对方做了件好事，这一利他主义行为便为对方增加一份收益，同时扣除我的一份成本。这样的行为可以引申到实际生活中，你为了帮助他人而牺牲掉自己的时间，无论是扶着步履蹒跚的老奶奶过马路，还是停下来为路人指明最近的停车场位置。

如果成本小于收益，而且这次帮助行为能得到回报，那么双方就都能从中获益。这让我们仿佛回到了熟悉的领域之中：可以将这一格局视为我们在前文中讨论过的囚徒困境的简化版本。合作，意味着付出成本的同时令他人有所收获；背叛，则意味着无作为。如果将其中一人视为贡献者，将另一人视为接受者，那么就组成了这个问题的一半，算是个“半困境”。

正如我们在囚徒困境中所看到的一样，理性的选择是背叛。但这只是单纯一轮博弈中的理性选择。如果玩家们会经常相遇，那么就会在过程中产生合作行为，因为理性玩家需要将第一轮盘剥其他玩家所获得的收益与之后各轮丧失协作所付出的成本相权衡。显然，同样两位玩家之间的重复相遇会产生直接互惠行为。而我现在想要研究的，是在更加综合、更加间接的环境中产生的合作进化。

我做了巧妙的设计，让其中的每一位玩家都能参与多轮博弈，但一般不会与同一位对手相遇两次以上。这样，选择不帮助的背叛者就不会被之前的受害者抓住不放。但尽管如此，背叛行为还是可以通过每位玩家的名声而被其他玩家所察觉：开始之时，玩家的名声值（卡尔和我在论文中将其称为“形象”）为零，只要玩家为他人提供帮助，名声值就有所增加。同样，当玩家选择不提供帮助时，名声值就会下降。这是博弈中的重要组成部分，意味着我们的玩家本没有好坏之分；我们只是为每位玩家的形象打出分数。随着博弈的发展，玩家们的形象分也会发生微妙的变化。

博弈中同样存在无条件合作者与顽固不化的背叛者。为了更加接近现实，我在模型中加入了另一个特性。如同八卦消息只在特定群体之中传播一样，玩家之间任何一次相遇的结果只会让一部分玩家知晓。由此，对于同一个人的名声，不同的玩家就会抱有不同的看法。

卡尔和我发现，如果合作的成本收益比足够低（收益较大），而关于玩家过去的信息也足够充分，那么基于识别力，也就是偏爱好名声的合作就会出现。除了我与某人的直接经验（直接互惠）之外，现在我还能从他人的经验中受益。我对你采取的行为不仅依赖于你曾经对我做过的事情，而且也依赖于你曾经对他人做过的事情。

这一不断进化的群体的底线就是：如果在人与人之间，关于谁对谁做了什么事的信息可以充分传播，那么，自然选择就会垂青于“看人下菜碟”的策略，即根据对方的合作（或背叛）名声来采取不同的措施。如果一个人的好名声能快速传播开来，那么他在社会群体中就会达成更多的合作机会。同样，如我们所料，臭名远扬的坏人也得不到那么多的帮助。

早在我们之前就有学者提出，名声可能是无私行为的重要因素。专注于研究蟋蟀、螽斯和蝉的专家，密歇根大学的理查德·亚历山大（Richard Alexander）在其著作《道德体系生物学》（*The Biology of Moral Systems*，1987）中，以语言描述的形式，而非数学形式，对这一理论进行了阐述。在书中，他首先提出了“间接互惠”这个说法，并提出了许多深刻的问题，譬如什么是道德；我们是怎样开始在思想中定义什么是好的、什么是坏的。他认为，这些问题可以用名声来加以解释。我们总是在不停地收集并回顾别人留下给我们的印象，更愿意为拥有好名声的人付出：此人在过去曾经为他人提供过帮助，不一定非是为了我，只要是为他人做过好事就行。间接互惠“与名声和地位有关，由此产生的结果就是群体中的每一个人都不断接受评估与再评估”。亚历山大认为，这一特质在人类社会中起到了十分重要的作用。

这一思想也体现在经济学家兼哲学家，东安格里亚大学（University of East Anglia）的罗伯特·萨格登（Robert Sugden）的作品中。他在《权利、合作与福利经济学》（*The Economics of Rights, Co-Operation, and Welfare*，1986）中提出了“信誉”的概念。理论如下：如果你背叛了拥有良好信誉的某人，那么你就会因此得到较差的信誉。但如果你背叛了信誉较差的某人，那么你还能继续保持良好的信誉。日本经济学家神取道宏（Michihiro Kandori）也用数学的方法对社会准则进行过阐述。在这些著名前辈们的支持下，我们关于间接互惠的新理论就拥有了更高的可信度。

间接互惠和直接互惠一样，与我们的日常生活息息相关。一谈到此，卡尔总是有讲不完的趣闻。他曾讲到，在拿破仑战争期间，著名犹太财阀罗斯柴尔德家族对其英国客户的投资予以了保护。由于时刻将英国客户的利益铭记于心，他们面临了难以想象的巨大压力。之后，罗斯柴尔德家族成了腰缠万贯的巨富。他们的财富，就是间接互惠的直接产物：由于他们在危难关头表现得无懈可击，现在每个人都知道，罗斯柴尔德家族是值得信任的。

以妙语连珠著称的美国棒球运动员约吉·贝拉（Yogi Berra）曾经说过一句话，可谓是对间接互惠的精彩概括："一定要去参加他人的葬礼，否则他们不会来参加你的葬礼。"贝拉深知，自己的友善行为虽然可能得不到接受方的回报，但旁观的第三方会因为他公开表达的悲痛而有所感触。

这一思想也得到了美国歌手、作曲家、讽刺作家、钢琴家兼数学家汤姆·莱勒（Tom Lehrer）的完美总结。在莱勒向童子军致敬的歌曲《时刻准备着》（*Be Prepared*）中，他唱道："小心，不要在没人看着你的时候做好事。"米林斯基指出，德国演说家们挂在嘴边的一句老话，也能体现出同样的主旨："做好事，然后大声宣传。"反之同理。所有这些说法，听起来都是显而易见的大白话。但如果没有一个数学模型，我们就无法对其真正的运转原理进行定量解释，也无法揭示出间接互惠的诸多微妙之处。时机已经成熟，是时候对这一思想进行理论体系建设了。

举例来说，卡尔和我将这场模拟设计得更加贴近现实，允许突变或错误在不断进化的玩家群体中出现。我们见证了合作与背叛行为随着时间发展的不断兴衰变迁，看到好名声的玩家在无条件利他主义者面前遭到削弱。之后，无条件背叛者便开始出来搭便车，直到有识别能力的合作者在周期循环的作用下重回战场。由于之前我们已经有了囚徒困境的研究经验，眼前的这一幕并不足为奇。但不熟悉这一领域的人士，几乎都会为合作水平呈现出循环往复的发展态势而感到惊讶。

重要的是，我们发现自然选择所偏好的策略——“识别力”策略，会对他人的名声予以关注。执行这些策略的玩家更愿意与拥有好名声的玩家进行互动。如此一来，在间接互惠框架下采取行动的自然选择，就会促进社会智力的发展：观察他人，了解他人，搞明白谁对谁做了什么，以及背后有着怎样的动机，等等。

卡尔和我也有了一项很有意思的发现：当人们坚持自身信念并采取行动时，很可能会为此付出成本。拒绝为搭便车或其他类型的背叛者提供帮助，有可能会降低有识别力玩家的分数。即使他们的行为有合适的理由，还是有可能被当作坏人。比如一位同事未能按时完成工作，令你倍感失望，于是你冲她大发雷霆。在安静的开放式办公空间中，你的怒火很可能令周围不知情的同事感觉你是个缺乏自我控制力的人。或者，你听到路边一个流浪汉在小声辱骂你，于是你决定不对他提供帮助。然而对于旁观的路人来说，就好像是你铁石心肠，对穷困潦倒、饥寒交迫的可怜人不理不睬。这样的印象也会减少你得到回报和帮助的可能性。

简而言之，我们的理论是说，只有期望的未来收益超过所需付出的成本之时，利他主义行为才会产生。同样，**这一思想也可以通过简单的数学关系进行总结：如果对另一方名声判断正确的概率高于成本收益比，那么合作进化便可能发生。**[①]卡尔和我将我们的研究成果提交到了著名的《自然》杂志，并于 1998 年得到了发表。文章一经问世，立即在间接互惠领域激起千层浪，其他学者还通过实验对这一理论进行了验证。

---

① 假设你的合作成本为 c，对方一旦回报，给你带来的收益为 b，而对方是否真能回报，对此你有 p 概率的把握，那么 b*p 就是合作带来的收益估算，当 $b*p>c$，也就是 $p>c/b$ 时，合作就能够发生。——译者注

如此看来，我们的卡伦伯格之行竟然促成了一次“灵光一现”的瞬间。这种感受，据说是人类研究记载中最为浪漫而著名的情绪。那稍纵即逝的瞬间之所以珍贵，不仅是因为奇思妙想带来的心跳加速，更是因为我们提出了能为学界和社会带来实质性影响与变化的重要思想，虽然在实践过程中，新科学思想的发展速度总是非常缓慢。卡尔和我真是十分幸运，因为通常情况下，“灵光一现”的瞬间总是姗姗来迟，常常要在多年之后才能锻造出完整而实质性的思想，有时甚至穷尽一生的时间都不足够。在读奥地利作曲家弗朗茨·舒伯特的传记时，我对其中的一句话颇有感触：“虽然他的一生取得了卓越的成就，但只能在身后的世界，才慢慢得到他应得的评价与荣誉。”

我们的新证据

科学家们总喜欢将一则笑话挂在嘴边，是说每一个新理论的“接纳”过程通常包括 3 个阶段：第 1 阶段，完全被人忽略；第 2 阶段，被认为是完全错误的；第 3 阶段，被认为是完全正确的，不过此时所有人都觉得道理是明摆着的显而易见。卡尔和我十分走运。我们的经历没有应验这则古老的笑话，至少这一次没有。

自从我们那一次散步之后，一晃几年过去了。一次，《科学》杂志刊登了一篇优秀的实验研究论文，文中的内容为我们在《自然》杂志发表的间接互惠论文提供了支持。我们应《科学》杂志邀请，为这篇实验研究论文撰写评论。文章作者克劳斯·韦德金德（Claus Wedekind）和曼弗雷德·米林斯基在瑞士的波恩大学工作。他们找来 79 位对互惠利他主义概念毫不知晓的大一学生，邀请他们参加一个游戏。游戏过程中，学生们可以选择为群体中的其他人捐钱。

游戏中，学生之间两两相遇，通过计算机网络进行联系。其中一名学生是“捐赠者”，另一名学生是“接受者”。如果捐赠者从账户中支付了 1 瑞士法郎，接受者将得到4瑞士法郎。这样看来，捐赠者的成本是1法郎，而接受者的收益则是4法郎。我们知道，要想获得卓有成效的合作，收益就要超过成本。除此之外，捐赠者也可以决定分文不出，当然，接受者也就一个子儿都拿不到。捐赠者为了决定是否出钱，会得到关于面前这位接受者在之前各轮中是否作出过捐赠的信息。举例来说，捐赠者能知道这位接受者是否在之前的几轮中一毛不拔，还是比较慷慨，三轮之中有两轮都出了钱。为了排除直接互惠带来的影响，实验之中，同样的两名学生不会再次相遇。

实验的结果非常有说服力。韦德金德和米林斯基发现，由于可以了解到其他玩家的行为方式，因此，虽然没有机会进行直接互惠，但玩家之间还是形成了慷慨的关系。人们会与名声好的玩家保持合作。这样一来，一开始就慷慨大方的玩家，最后得到的收益往往也很高。面对热心为他人解囊的好心人，人们也愿意为他掏腰包。只要付出，必有回报！

引发合作的8种好策略

现在，我们来研究一下计算机模拟间接互惠过程中的微妙之处。如果你遇到一个坏人，并拒绝为他提供帮助，那么你自己也可能树立起坏人的形象，并因此遭到他人的拒绝（虽然你当初走上这条路有着充分的理由）。更为巧妙的博弈规则应该能在事出有因的背叛和不正当的背叛之间作出区分，并将接受方的名声考虑在内。由此，不应该因为拒绝为“坏”玩家提供帮助，而有损自己的名声。

卡尔和我进一步开展我们的研究工作，包括研究更为复杂的博弈规则所产生的效果。为了使问题更易于驾驭，我们假设只存在两类名声：好与坏。在这个充满二元道德评判的世界里，“一阶评估”中存在4种评估捐赠者的方式：永远认为他们是好的；永远认为他们是坏的；如果他们付出，就认为他们是坏的，反之则是好的；如果他们付出，就认为他们是好的，反之则是坏的。只有最后一种选择可以引发基于好名声的合作行为。

“二阶评估”规则还会将接受者的名声考虑在内，这样，我们就能将视野进一步拓宽。前面已经讲过，拒绝帮助坏人可以被认为是好的行为。类似的二阶评估规则共有 16 条。另外还有三阶评估，在上述基础上额外考虑捐赠者的分数（毕竟，名声不好的人可能会试图通过对那些美名远扬之人表现出慷慨的行为从而“收买”一个好名声）。以此类推，三阶评估加总共有 256 条规则。

完成了对玩家的一阶、二阶或三阶评估之后，就要决定接下来的行动。我们是提供帮助，还是沉默地走开？这就要靠所谓的行动规则来确定了。行动规则依赖于接受者的分数和自身的分数（两者的分数有 4 种可能的组合方式，因此总共有 16 种行动规则）。举例来说，如果接受者的分数较高，或你自身的分数较低，你就有可能决定提供帮助。你或许会想，这样的行为可能增加你自身的分数，并因此提高在未来得到帮助的机会。

策略，就是行动规则与评估规则的组合。由上面的分析可知，我们得到了 16 乘以 256，也就是 4096 种策略。这个数目并不小。虽然如此，福冈九州大学一位睿智的理论学家大槻久（Hisashi Ohtsuki）还是在他的博士论文中，对这些数量众多的策略可能性进行了分析和研究。我们会在后面的章节里对此人进行更加深入的介绍。

大槻久的导师是日本著名数学生物学家岩佐庸（Yoh Iwasa）。记得我第一次访问日本的时候，几乎遇到的每一个人都自称为岩佐庸的学生和晚辈。这令我对这位桃李满天下的导师不禁充满了好奇，很想见识一下这位“日本第一”的教授。岩佐庸开玩笑时总喜欢说，大多数日本人名都带有“伟大”或“智慧”的含义，而他的名字却意味着“平凡”。他这样说，不过是一种谦逊的表达方式。事实上，这样一个名字正代表着“中庸之道”，是最令人渴求的完美平衡。他与他的学生，都是推动理论生物学发展的重要力量。

间接互惠之所以能让人与人之间保持和谐，也是因为其中蕴藏着某种“中庸之道”的完美平衡。大槻久与岩佐庸对全部 4 096 种策略进行了分析和验证，其中只有 8 种策略存在进化稳定性并能发展出合作行为。这些优胜策略有一些共同特征：**与好人合作被认为是好的，而背叛好人则被认为是坏的。**换句话说，正如我们所猜想的那样，这些策略可以在有理由的背叛和毫无道理的背叛之间进行区分与辨别，会排斥有不良记录的坏人。如果一位好的捐赠者遇到一位坏的接受者，那么这位捐赠者必然会选择背叛，而这一行动并不会降低他的名声值，反而会被认为是一种“合理制裁”。卡尔·西格蒙德与汉内罗尔·勃兰特（Hannelore Brandt）在维也纳也进行过类似的研究。

同时，间接互惠依然存在着许多谜团，等待人们一一解开。举例来说，在名人文化盛行的环境中，人们会为了出名而出名。如果我帮助别人的唯一目的就是提高我的声誉，那么会发生怎样的事情呢？我们不仅在观察他人的行为上下了工夫，也在理解他人的动机上花了许多精力。如果人们做事就是为了炫耀和引人注目，而不是真的关心他人，那么就一定是哪里出了差错。这一尚未找到答案的问题引起了我的兴趣，也将我们带回到本章开头引述的甘地的那句名言。

直接互惠看“脸”，间接互惠看“名”

> 如果有人偷了我的钱袋，他不过偷走了一些废物；
> 那不过是些毫无价值的东西罢了；
> 以前是我的，现在是他的，也曾做过成千上万人的奴隶。
> 可是谁若偷去了我的名誉，
> 虽然不能因此而富足，
> 但却令我一贫如洗。
>
> 莎士比亚，《奥赛罗》

卡尔和我在维也纳森林散步时，发现了关于合作进化的另一类机制，这类机制依靠名声而存在。对于直接互惠来说，我能做到的所有事情，就是在与同一个人不断打交道的过程中进行学习、掌握信息，因此，我的行为依赖于你曾经对我做过的事情。但对于间接互惠来说，人们是在一个群体内部进行重复互动，我现在对你所采取的行为，也依赖于你曾经对他人做过的事情。

这样的思想如今在电子商务中随处可见，衍生了各类应用。举例来说，网络中充斥着各种为人们的行为打分的方法，甚至在遇到陌生人时，也能通过别人之前与之打交道的经历来进行判断。如果我们想在网络上购买一台照相机，在各家网店比价的同时，也要考虑商家的信誉。每次交易之后，eBay 买家与卖家之间都要进行互评，表达对此次交易和对方的态度。好评加一分，差评则减一分。eBay 的评分系统将成员过去 12 个月的分数累计，并将这一分数公之于众。这种简单而粗犷的评估形式完全能够满足人们树立名声的目的，也能很好地防止买卖双方遭受恶意欺诈。

这样一来，通过关注你的名声，我就可以在与你打交道的过程中，从他人的经验中获益。如果你以前留下了不可靠的记录，那么我就会谨慎一些。而如果你一直都正直慷慨，那么我就会更愿意与你打交道。可见，间接互惠可谓是合作行为的强大促进力量。哈佛大学进化生物学家大卫·海格（David Haig）对此进行了精妙的总结：“为了实现直接互惠，你需要一张脸。为了实现间接互惠，你需要一个名字。”

为了得到这个名字，你需要语言的帮助。在人生这场伟大的博弈中，语言是用来在人与人之间进行区分与辨认的一种便捷的标志工具。由此，如果想让间接互惠发生作用，我们就需要一种彼此交流的方式，来探讨我们的希望与恐惧，学习他人的经验。我认为，通过间接互惠而产生的对社会合作的需求，极大地促进了人类语言的发展与进化。而为了掌握人类语言这种异常复杂的工具，就需要有一个高度发达的大脑。我与卡尔在林间漫步的同时，间接互惠的话题也渐渐将一幅关于合作理论的崭新而巨大的图景展现在我们面前。

SUPER COOPERATORS

Altruism, Evolution, and Why We Need Each Other to Succeed

第 3 章

合作机制 3 空间博弈

“空间博弈”很好地再现了生物的进化过程：不需要复杂的策略和聪明的思想，合作与生命仍可诞生。研究结果表明：在充满不确定性的混沌世界中，合作者的平均出现频率是 31.78 %。

世界像一张棋盘，棋子代表大千世界的种种现象，弈棋规矩就是我们所谓的自然法则。棋局另一边的对手则隐藏在黑暗之中，从未现身。

托马斯 · 赫胥黎

如果人们认为数学很不简单，那是因为他们没有认识到人生有多复杂。

约翰 · 冯 · 诺依曼

有生命的地方，就会有各种各样的群体组织。细菌附着在物体表面生长，形成生物膜；黏液菌聚集繁殖，形成类似墨西哥草帽的三维形状；野牛习惯于成群出没；蚂蚁整个群落共同行动；猿类喜欢结队而行；熊、乌鸦、鲸鱼和鹅，它们也都有自己的集体。当然，人类也有组织结构。我们有大大小小的村庄、乡镇和城市，我们在工厂、学校、剧院和酒吧相聚；人们还建立了不同类型、不同规模的团队和群体。

在刚开始研究如何利用互惠行为来破解囚徒困境时，我曾经特别想知道，能不能从人口结构中找出解决囚徒困境问题的新方法。请别忘了，前两章的计算都是基于这样一个简单的假设：困境中的各方都处于均匀混合的人口环境中，每一方与其他任何一方相遇的机会都是均等的。在这种均匀的人口分布中，我们发现，背叛者总是能胜过合作者。但我们又必须承认，现实中的所有人口环境都存在一定的结构。那么，这个现实情况有何意义呢？人口结构是否会影响到简单囚徒困境的最终结果呢？是否存在某种人口结构，使得合作者可以完胜背叛者呢?

人们之所以决定以聚居的方式生活在一起，而不是随机分散在各处，目的就是为了合作。那么，事情是如何发生的呢？例如，有一种观点认为，农业种植的成功为人类社区的出现奠定了基础，耕种产生的剩余食物为人们的定居叠分工合作提供了条件，部落中开始有了屠夫、烘焙师和蜡烛制造师。而另一种观点则将人类的聚居与古代信仰和宗教相挂钩。比如，位于土耳其的哥贝克利山丘（Göbekli Tepe，意为“大肚山”）就是一处有将近 11 000 年历史的圣所，采猎者在那里竖立了雕刻过的石灰岩石柱。这一重大发现说明，圣殿和神庙等宗教场所为之后的城市创建埋下了种子。

也许，城市起源于人类为谋求生存而进行的抗争。斯图尔特·布兰德（Stewart Brand）在其著作《地球的法则》（*Whole Earth Discipline*）中提出，与城市有关的最早的发明就是防御墙。之后又有了四方形的建筑，可以有效地将人们庇护在墙内。剑桥大学考古学家科林·伦弗鲁（Colin Renfrew）认为，现代思维方式的产生促进了聚居生存模式的形式。也就是说，在新型智慧头脑的帮助下，我们的祖先可以实现更稳定的分工合作。不过，通过计算机模拟我发现，其实不需要任何脑力帮助，人们也可以形成聚居形态并从中获益。

“上帝游戏”的启示

生命与其地理分布之间的联系可以用所谓的“空间自动机”来体现，而对这一领域的探寻，可以追溯到伟大的约翰·冯·诺依曼的一项研究。他认为，我们可以用信息处理系统来类比生物有机体。他无疑是正确的，如今，人们在实验室中可以像编写计算机程序一样，编写并合成生物体的遗传代码。冯·诺依曼发现，试验繁殖（如试管中的水晶生长）与生物体的智能繁殖相比，差异很大，他对此困惑不已。为了解开心中的疑团，他希望能设计出一款高度复杂的、具备自我复制能力的机器。

抱着这样的愿望，他设计出了“自我复制自动机”（self-reproducing automaton）。这个机器人“漂浮”于自身大量组件的“海洋”之上，就如同地球上的生物体一样，在构成生命的化学元素的簇拥之下繁衍生息。英国数学家阿兰·图灵（Alan Turing）以“通用图灵机”（Universal Turing Machine）的思想为计算机的发明奠定了逻辑基础，同时也给出了一个用来探索数学理论极限的绝妙的抽象设备，而冯·诺依曼则借鉴了图灵的研究成果。

冯·诺依曼向人们证明，还存在着一个通用自动机，可以对物质的通用组装进行抽象模拟。自动机内部的逻辑错误可以理解为“突变”，这样更加复杂的自动机变种就有可能出现。在资源有限的环境中，选择的压力——适者生存原则，会带来达尔文式的进化。但在数学上，还没有一种严密的方法可以对这一理论进行分析，更无法构建并模拟这一进化过程。

数学家斯塔尼斯拉夫·乌拉姆（Stanislaw Ulam）向冯·诺依曼建议，可以用他的方法对自我复制自动机进行简化。他的方法是，将冯·诺依曼的“机器”用纯逻辑的方式构建出来。乌拉姆提议用他命名的“铺砌机器人”（Tessellation Robots）来替代浮动的自动机。这个古怪的词汇其实指代着水晶的生长，因为水晶的生长过程就是靠单元模块“铺砌”完成的。现在，人们将乌拉姆的铺砌机器人称为“细胞自动机”（cellular automaton）。自动机由抽象的细胞阵列构成，它们有统一的进化规则。这些细胞如同棋盘上的一个个方格，统一进行计算，可以被认为是一类依据纯逻辑运转的有机体，但实际上，此处讨论的细胞与现实世界中的细胞并没有什么真正的联系。

阵列中的每个细胞在某一给定时刻都有其具体的“状态”。这种状态可能是某种颜色，如红色、绿色或蓝色等，可能是一个数值，也可能是“开”、“关”两种状态中的一种。对于自动机而言，时间不是连续的，而是离散的。因此，时钟每“滴答”一下，自动机就会向前发展一步，阵列中的细胞就会依据简单的规则，从一个瞬间到下一个瞬间改变状态。而规则的制定不仅仅要参考细胞自身的状态，还要参考周边细胞的状态。据此，可以预先设定一份对照表，从而决定细胞下一步的状态。因此，黑白自动机的规则就可能是：如果所有相邻的方格都是黑色，那么中心方格就是白色。这种安排看似简单，但乌拉姆的细胞系统却能够模拟出冯·诺依曼最初设想的自动机所要模拟的任何东西。

冯·诺依曼去世之后，细胞自动机的研究任务由后辈担了起来，密歇根大学心理学教授兼电子工程与计算机科学教授约翰·霍兰德（John Holland）就是杰出的一位。1960 年，霍兰德初步设计出了一款与细胞自动机相关的“迭代电路计算机”（iterative circuit computer），它能够模仿生物遗传的进程。虽然名字听起来索然无味，但这一研究却激发了公众的想象。有报刊评论说，“他就是那个教会计算机做爱的人。”这种看待生命逻辑的观点逐渐站稳了脚跟，并影响到其他实验室研究人员的思想。其中最著名的一位，就是英国数学家约翰·康威（John Conway）。

20 世纪 60 年代末期，康威“占领”剑桥大学数学系长达几个月的时间，以寻找一个可以进行自我复制的假想机器。各种扑克牌、外国硬币、贝壳等手头的小物件，都被他用来代表“有生命的”方格，按规则摆出各种图形。每次茶歇时，康威就会开始执行规则，这些小物件也从一张小桌开始，渐渐摆满了公共休息室的地面。而在那时，康威就已开始利用计算机对寿命超长的种群进行研究。

1970 年，他将研究成果“生命游戏”（Games of Life）公诸于众。在有些游戏规则之下，图形迅速增长，没有极限；而在另一些规则之下，图形很快便消失了。因此，康威为他的自动机精心选定了规则，在这两个极端之间找到了微妙的平衡。通过几种规则的结合，就可以创造出包罗万象的图形，有些不断扩张，有些改变形态，有些则出其不意地消失殆尽。而“生命游戏”这一令人回味的命名，恰恰反映出了康威对它深深的痴迷和兴趣。

因为玩家还可以把宇宙玩具放在手中摆弄，于是有些人也称之为“上帝的游戏”。参与到这场游戏中很容易，不需要见证任何奇迹，不用遵循任何宗教戒律，也不必阅读什么神圣的经典。只要想象有一张棋盘，其中几格放有棋子,然后遵循如下这些简单的规则。如果一个“空格”（无棋子的格称为“空格”）恰好有三个相邻“满格”（有棋子的格称为“满格”）——相邻包括对角线及前后左右的方向，这一“空格”就在相邻“满格”的帮助下“活过来”。如果一个格子有两个相邻“满格”，就维持原状。最后，如果一个“满格”有任意其他数量[①]的相邻“满格”，就会失去其中的棋子而变成空格。换用更加人性化的方式来表达这一规则就是：**由于极度渴望友邻的爱，追求相互合作而不得，这个棋盘格将孤独或拥挤致死。**

康威还提出了一个假想：最初以有限个体数量形式存在的群体，不可能发展到无限个体数量形式。他愿为首位证实或证伪这一假想的个人或组织提供 50 美元奖金。1970 年 11 月，这笔奖金颁给了麻省理工学院人工智能项目组的一个团队。这个团队发现了“滑翔机枪”（glider gun）模式，这一模式的行为就像一把枪，每隔 30 步的计时会自动射出一个由 5 颗棋子组成的“滑翔机”形状，滑翔机还会自行在棋盘上移动。因为每次射出滑翔机都增加 5 颗棋子，所以整个群体中的个体数量会无限增长。相互交错的滑翔机可以带来奇妙的效果，产生奇怪的图形，进而激发出更多的滑翔机。有时，冲撞会不断延展，直到吞噬掉所有的滑翔机枪。而在另一些情况下，大规模的冲撞会通过“回击”的方式毁掉滑翔机枪。

由生命游戏产生的图形十分复杂。事实上，我们可以证明，只要有一个足够大的棋盘，细胞自动机就等价于通用图灵机。因此从理论上说，生命游戏具有可与任何计算机相媲美的强大能力。不难想象，细胞自动机将成为一种研究自然界中各种模式和结构的强大工具。16 岁就发表了第一篇论文、17 岁即入读牛津大学的著名科学家斯蒂芬·沃尔夫勒姆（Stephen Wolfram），也

① 即 0 个、1 个或 4~8 个。——译者注

是流行的 Mathematica 软件以及新型搜索引擎 Wolfram Alpha 的发明者。他在其著作《一种新科学》（*A New Kind of Science*）中为这一思想注入了全新的意义。他认为，存在于生命、宇宙以及任何事物中的复杂性与随机性，都是细胞自动机的成果。世间万物都可以被视为一场空间博弈。

简单规则就可实现空间合作

大约是 20 世纪 90 年代初期，当我还在牛津大学的时候就开始思考：我的研究课题可以利用“空间”作出什么样的文章。那个时候，我设计的计算机博弈中的所有玩家都游荡于均匀混合的群体之中，玩家之间随机相遇。但许多生命起源理论都认为，生命最初都是从空间上某个精确的点开始的。在那里，无机化学无意间跨过了从死到生的临界点，创造出有机化学。

一个最广为人知的例子，就在查尔斯 · 达尔文于 1871 年写给他的朋友植物学家约瑟夫 · 胡克（Joseph Hooker）的一封信中：假设（这是多么了不起的一个假设啊！）在一个温暖的小池塘中，存在着氨、磷盐，还有光、热、电，等等。在化学作用下，一种蛋白质化合物形成了，随时准备迎接更为复杂的变化。在我们今天的环境中，这样的物质会立刻被吞噬或吸收，但在生命体形成之前的世界中，却不会出现这样的情况。

在第 6 章中，我将详细讨论达尔文在这封信讲到的情境，并将就“前生命系统”与生命本身之间的抗争展开讨论。在牛津大学时，我从另一个角度对生命起源进行了探究。我开始思考如何将地理空间因素纳入到博弈论中。我想知道，如果囚徒困境或其他任何类型的博弈在分布于同一景观之中的玩家之间展开，会发生什么样的事情。我开始思考达尔文所说的“蛋白质化合物”，或在生命产生过程中起到关键作用的化学分子，并将这些元素视为空间博弈中的玩家。如果它们之间形成合作，那么生命就会产生。

我们很容易发现，空间博弈与细胞自动机有着大致相同的运行模式。参加博弈的玩家被排列在与棋盘相仿的阵列之中（可以是三维排列，甚至更多）。每一轮中，各方格中的玩家与其相邻玩家进行博弈。一轮结束后，按输赢论定，该方格或保留在原先的主人手中，或是被其 8 个相邻玩家中的任意一个占领。换句话说，谁获得的回报多，谁就赢得这一回合，占领该方格。

在研究生命起源时，如果能将各类分子、细胞或其他元素在空间中的排列方式，以及它们彼此之间的关系考虑在内，就能在普通的起源理论基础上取得重大突破。很多关于生命起源的情境假设都认为，化学反应发生在一种均匀混合的介质中，无论是在富含矿物质的流动的超高温热水中，还是在达尔文所谓的“温暖的小池塘”中；反应并不会发生在边缘地带的泥沼中，或是在四处飘荡的浮渣中；这就是所谓的原生汤（primordial soup），几代理论家都曾尝试着找到其具体构成，并假设其质地是均匀的，无论你想从哪里下手舀一勺，勺中的物质都是相同的。

但是，也有一些起源理论认为，空间上的组织形态同样重要。有人提出，生命起源的早期阶段可能发生在岩石表面的某些点上，或是在黏土层之间。在这些位置上，分子聚合形成长长的链条。由于化学元素会以多种形式出现在岩石表面或黏土层之间，这样就会形成不同的合成物丛簇。著名进化生物学家约翰·梅纳德·史密斯所提出的“原生比萨饼”（primordial pizza）这个说法，是对这一思想的最好比喻。当我在牛津开始研究工作时，就成了一位比萨爱好者，一位制作“原生比萨饼”的厨子。

从前人早期的研究中，我们也可以看到关于地理空间因素影响力的见解。在 20 世纪 80 年代末，我的导师鲍勃·梅与帝国理工学院希尔伍德公园校区（Imperial College，Silwood Park）的迈克尔·哈塞尔（Michael Hassell）共同进行了一项研究，研究对象是在昆虫身上与体内产卵的黄蜂。结果显示，捕食者与被捕食者均呈现一定的斑块性分布[①]。两位学者都认为这是空间生态学

① 间断的块状集群分布。——译者注

上的重大成果，尤其是鲍勃，在联合论文的作者署名问题上，他提议用 25 轮槌球游戏的输赢来定出先后。（鲍勃在比赛之后伤心地说："很遗憾地告诉你，那篇论文的作者是哈塞尔和梅。"）他们努力探索地理空间因素给混沌理论带来的影响，而结果显示，生物种群的兴衰变化虽貌似随机，但从短期来看仍然可以预测。

在研究囚徒困境的过程中，我决定利用一种简单的方法。我通过棋盘模拟了一个呈斑块分布的生态系统，还编写了一个计算机程序，利用四种颜色组成的代码作为辅助工具，来探索"空间囚徒困境"的具体情况。其中，任一方格的命运由其自身策略、相邻 8 个方格的策略，以及每个相邻方格的相邻方格的策略来决定。也就是说，每个方格的命运限制在了一个 5×5 的阵列（25 个方格）之中。在每一轮空间博弈之后，可以通过每个方格的颜色看出其命运。

博弈产生了非常丰富的成果，既复杂又扣人心弦。其实，博弈本身就是优雅动人的，因为我已经将其设计得尽量简洁，里面没有"以牙还牙"，没有名声的影响，也不存在有条件行为。博弈中只存在两类玩家：单纯的无条件的（愚蠢）合作者与单纯的积习难改的（恶劣）背叛者。我将无数的可能性简化为一个只有好人和坏人的世界，是一个经过深思熟虑之后的决定。

我们知道，如果允许直接或间接互惠存在，那么合作行为就会产生，并发展出越来越多的复杂情况。而如果排除了这些互惠机制，就会局限于简单的一轮（非重复）囚徒困境，在这种情况下，如果又是一个充分混杂、平均分布的群体，群体中每一位玩家遇到任何一位玩家的概率都均等，那么，产生合作的可能性在理论上是不存在的。通过将模型简化到极致，我就能研究空间因素对囚徒困境产生的最纯粹、最直接的效果。

在这个最简模型的基础上，再改变几个初始设置和参数值，我就能开始对这个全新世界的探索之旅了。计算机行业有句老话，叫"输入垃圾，输出的一定也是垃圾”（garbage in, garbage out）。按照这个思路，我们很可能会认为“简单输入”必然带来“简单输出”。鉴于当时对充分混杂群体的了解程度，我并没有期待着奇迹的出现。然而，在我眼前却出现了多种多样的复杂图形。合作者与背叛者可以相安无事，共同存在。有些图形是静态的，而另一些则表现出震荡和摇摆，经历着兴衰轮回。

一天，在骑车回家的路上，我突然想到，原生比萨中一个特殊群体——漂泊在由合作者构成的汪洋大海中的一个类似四方形的背叛者群体，也许能另有奇功。这个群体构成的四方形，应该能从四角继续增长，而四边则不断收缩。我想，如果事实确实如此，那么电脑中的这场博弈将会呈现出非常复杂的发展变化。我一到家，便立刻将新想法编成程序输入电脑，准备观察接下来即将发生的事情。

结果令人震惊。我的眼前出现了最不可思议的图形——这些进化博弈产生了以不规则或规则形式移动的嵌合体。而在这一片永无止境、不断磨合的混沌之中，合作与背叛的策略并行不悖。仅仅一个背叛者，就能生发出万花筒般美妙绝伦的图形，令人不禁想到蕾丝纱巾或彩色玻璃。我不由得感叹，自己竟然是亲眼见到这一生机勃勃、美轮美奂的图形的第一人。图形不停地迁移，一直处于动态之中，由此令我意识到，这样一幅动荡的景象，似乎正是抓住了生命本身不断变化的精华所在。我既惊喜又激动，真希望立刻将这一发现讲给别人听。可惜当时却没人在身边。

当时，厄休拉和我住在剑桥大学沃尔森学院（Wolfson College）的一间小公寓中。那里堪称学术天堂，四处都是朝气蓬勃的年轻学者，洋溢着对研究事业的兴趣和热情。从我们的小公寓窗口能看到一处安静的港口，还有泰晤士河支流查威尔河上的一座桥。公寓只有两间小屋，面积都不大。我在卧室的床和窗户之间，勉强塞下了一张写字台。如此紧凑的格局，没想到却大为方便。每次完成一段工作，我就能直接卧倒在床上，好好休息一下。

我很走运。回到动物学院的办公楼，我还能借用进化生物学家比尔·汉密尔顿的计算机，用上色的手法对这些活跃的图形进行标绘和捕捉。这部机器是他在牛津动物学院尊贵地位的实物体现，而且计算机还配有当时非常稀有、价格极为高昂的先进硬件设备：彩色打印机。比尔对我很好，允许我在他那杂乱的办公室中用这部高科技机器敲敲打打。

我常常坐在计算机前，旁边就是那台价值不菲的打印机，而比尔则在我后面的办公桌上埋头工作。我们俩人总是禁不住被这些时而怒放时而凋零的图形吸引住目光，看着它们一次又一次地茁壮成长，然后又枯萎衰败。比尔认为，这里面肯定存在着某种新东西。我们甚至还一起讨论了标识计算机中各类形态最为适用的颜色代码：蓝色代表合作者，因为这是天堂的色彩；红色代表背叛者，因为它会令人联想到地狱。我选定绿色来代表之前曾经有过背叛行为、如今放下屠刀的合作者，并用黄色代表之前温顺合作、如今弃善从恶的背叛者。这样，蓝色和红色就标识出了静态方格，而绿色和黄色则表现出不稳定和变化的特征。

我看到，康威“生命游戏”中存在的超凡复杂性，在我布下的局中自然而然地出现了。一盘计算机博弈之中，诞生了一个由 10 位合作者组成的“L”型“漫步者”，能够毫无畏惧地在背叛者构成的腥风血雨中昂首向前。如果两个漫步者发生碰撞，就会出现一次合作“大爆炸”。随着背叛者不断被感化，逐渐接纳一种更加友善、乐于助人的生活方式，迸射出的代表合作的蓝色点状结构也会被绿色所包围。

神秘的 31.78%！

我发现，如果我从对称图形开始着手，最终就会得到不断变化的分形几何正方形图形，而且从哪个角度上都能看到同样的结构，就像云朵和花椰菜一样。因此，就算你将图形放大来观察，还是会看到同样一幅画面。我们可以通过让一位背叛者侵入一群合作者来埋下这一图形的伏笔。其中，背叛者的各角会不断增长，而各边则会不断缩小。由于图形永远处于变化之中，鲍勃和我将这部永不完结的影片称为动态分形——一张将混沌与对称进行混合设计的波斯地毯。这些合作者与背叛者构成的群集会不断增长。而虽然实际图形一直处于流动和变化之中，但合作者的相对丰度却永远围绕着同一水平上下浮动。这一水平，就是神秘的 31.78%。

为了对这一现象进行解释，我建立了一个简单的数学模型。我将事情的原委讲给鲍勃听。没想到在第二天清晨他一觉醒来之时，他脑海中就灵光乍现般地迸出了解决方案。鲍勃意识到，需要利用近似法和微积分来寻找答案，而他完全可以用心算来完成。最终，鲍勃的方法被提炼成为一个简单的积分问题（就是常用来计算坐标图中曲线之下面积的方法）。不费吹灰之力，鲍勃就算出了答案。他需要的全部信息，就是 2 的自然对数值。而对于鲍勃来说，这个数值早已深植脑海之中，他脱口而出：0.69!

一会儿工夫，他就得到了最终结果：31.78%！那是一个伟大的时刻。在这个充满不确定性的混沌世界中，我们终于找到了一个固定点。合作者的平均出现频率是 31.78%。而我们的计算也解释了为什么这一数值适用于对称图形。然而，对于不对称图形，也就是那些在参数组合之下产生出最富动感、最有趣行为的图形来说，这一魔法般的百分比数值同样适用。至于究竟为何，迄今为止仍然是一个谜。

我们的研究成果于 1992 年发表在《自然》杂志上。我至今依然清楚地记得，鲍勃在得知我们的论文被杂志采纳之后，脸上洋溢出来的那种喜悦的表情。为了庆祝一下，我到牛津大学新学院（New College）附近的一家小图片社，将研究中得出的图形印在了 T 恤上。我还曾傻傻地幻想，有一天，计算机生成的艺术会成为一个全新的产业，而其灵感来源，就是基于我的原生比萨程序所生成的千变万化的图像。整个世界将最终形成由一浪接一浪的背叛者与合作者构成的纵横交错局面。按说，这种表现光明与黑暗永恒抗争的完美艺术品，像纽约现代艺术博物馆这样的著名艺术展览场所都应收藏；无奈的是，差不多二十年过去了，在计算机生成艺术的领域，依然没有人意识到这一程序的巨大潜力。只有 Linux 利用了我的一种图形作为屏保程序，我也只能借此聊以慰藉了。

虽然我过于膨胀的艺术野心遭到了沉重打击，但还是有几点有趣的结论值得总结。**即使没有复杂的策略，当你把充分混杂的背叛者与合作者群体（汤）改成由合作者和背叛者群体所构成的非均衡群体（比萨）时，进化的走向也可能出现很大的差异，而合作也能得以出现并发展繁荣**。换句话说，在一个结构化的世界中，不需要聪明的思想也能促成合作的产生。事实上，根本就不需要有大脑。

如此一来，我的研究成果就可以对生命起源给出一些有意义的解释。通过图形我们可以看出，将地理和空间因素引入囚徒困境之后，合作者与背叛者可以和平共处。在自然界中，这就代表着，在没有策略指导的情况下，盘剥者与被盘剥者，骗子与善人，施虐者与被虐者也可以同时存在。在生命的空间博弈中，不存在赢家与输家，而是不同类型之间的动态相互作用。

这一模拟研究，对于宇宙起源理论来说是个好消息。在这一解释下，宇宙起源看起来简单了许多。在生命之初，如果在某种“比萨”、表层或结构的帮助下播撒出合作的种子，要比在充分混杂的原生汤中播撒合作的种子而更为有效。事实上，同样的道理也可以用来说明很多其他问题。这就是我从这次研究工作中得到的最大收获。就算身在背叛者的团团包围之中，成群的合作者依然可以繁衍生息。这就是合作进化的第 3 种机制。

为了在工作中对这第 3 种机制加以展示，我研究了一种更为细致的博弈。这一次，我的空间博弈有 3 种类型的方格：合作者、背叛者和空格。其中，只有合作者能占领空格地带，如果背叛者受到了孤立，就会死掉。这种局面给了合作者极大的优势地位。有人发现，如果合作者被背叛者吃掉，就会产生某种“焦土”效应：背叛者也会死掉。当这些博弈在计算机中进行时，就能看到一波接一波的图像效果：背叛者在合作者后面穷追不舍，而背叛者后面则是空格。之后，这些空格又会被合作者填满。

这次研究的成果对于分析后期进化阶段有着不言而喻的意义，甚至还能适用于我们日常生活中的点点滴滴。每天，我们都经历着各种各样的空间合作。我们更愿意对邻居抱有友好的态度。如果你发现家里的白糖用光了，或是急需一盒牛奶，那么去向邻居借用总比向陌生人提要求来得简单容易一些。就算你跟这位邻居之间除了共住一条街之外毫无共同话题，你还是会请他过来小坐一下，喝杯酒。记得我小时候在维也纳，小店老板都会给附近其他店铺的人一个优惠折扣价。我们生活在一个充满合作氛围的世界中。在本书第 12 章和第 13 章中，我会将空间合作的研究成果应用到日常生活的复杂互动中，包括志趣相投的人所形成的社会关系网络，以及精英圈子里友谊和人生的影响。

SUPER COOPERATORS

Altruism, Evolution, and Why We Need Each Other to Succeed

第 4 章

合作机制 4 群体选择

自然选择既能影响到个人，也能影响到由个人组成的群体。研究表明，只要群体中的个体愿意为群体利益而付出自己的代价，那么，这样的群体就会拥有生存优势。

我不过是看到了一个需要帮助的人，于是做了自己觉得正确的事。

“地铁英雄”韦斯利 · 奥特利

奥特利先生的直觉和无私壮举，救了我儿子的命。语言根本无法表达我们的感激之情。

拉里 · 何洛彼德，卡梅隆的父亲

韦斯利·奥特利（Wesley Autrey）冒着生命危险，救下了一位陌生人的性命，这让他成了平民英雄的典型。这位退伍海军士兵兼纽约市建筑工人，因其鼓舞人心的无私行为而得到了总统的嘉奖和来自街头巷尾的赞赏与崇敬。他用实际行动告诉我们，在生命这场博弈中，生存既要凭借自身的驱动力与卓越特质，也要依赖于他人的善意。他成为了合作力量的活生生的证据。

他的英雄事迹登上了世界各地的报刊和电视新闻，早已家喻户晓，但还是值得我们再讲一遍。2007 年 1 月 2 日，奥特利带着两个女儿在曼哈顿第 137 街百老汇站等候火车，就在这时，他看到卡梅隆·何洛彼德（Cameron Hollopeter）突发癫痫。奥特利迅速借来一支笔，将卡梅隆的牙齿撬开。过了一会儿，卡梅隆逐渐恢复了意识，站了起来，没想到却再一次跌倒，而这一次竟跌落到了铁轨上。此时，一列向南行进的火车已经驶近，车灯隐隐可见，还能听到火车的隆隆声。奥特利果断跳下铁轨，去搀扶跌落的卡梅隆。而他的两个女儿则吓呆在站台上，惊慌得不知所措。

跳下铁轨之后，奥特利意识到，已经没有时间将卡梅隆拖上站台了。于是他迅速扑向卡梅隆，将他按倒在铁轨之间。列车驾驶员及时踩了刹车，但由于为时已晚，还是有两节车厢驶过了二人头顶。火车距离奥特利非常之近，在他的棒球帽上蹭上了一大片油渍。有幸的是，两人安然无恙。此事过后的几周之内，奥特利收到了无数礼物，获得了纽约市长迈克尔·布隆伯格（Michael Bloomberg）授予的荣誉，并因其在“137街的奇迹”中英勇无畏的举动而广受赞扬。

虽然我们之中没有几个人觉得自己能勇敢到去尝试这样的无私行为，但很多人都希望能为身处困境中的陌生人伸出援手。对于大多数人来说，帮助他人几乎可以说是一种本能的条件反射，并不需要任何有意识的决策过程：当看到某人正处于危险之中时，我们就会产生紧张焦虑的感受，立刻就会产生前去帮忙的冲动。这种本能可以十分强烈，以至于人们会冒着生命危险去救他人一命。我们所有人都具有这样的本能，虽然不一定每个人都会因此而采取行动。对群体的共情会以某种方式控制住个人，其强烈程度甚至会超越个人本身的自利倾向，于是便产生了牺牲小我、成全大我的英勇事迹。

在进化和自然选择的研究领域，我们不禁会去询问，为什么会发生这样的事情。我们又一次拥有了囚徒困境中所有的组成元素。我们有一位愿意以自身为成本提供帮助的人。在奥特利的例子上，其成本就是生命和四肢。他就是一位合作者。那么，究竟是什么因素使得我们愿意伸出援手，而不是明哲保身，甚至背叛？这个问题在之前已经被提出过许多次。事实上，达尔文本人也对此困惑不解。他曾对此做过如下叙述：

> 更具同情心、更仁慈、对同伴更忠诚的父母，与同一部落中自私奸诈的父母相比，能否养育出更多的后代？这是非常值得怀疑的。那些像野蛮人一样随时准备牺牲生命而不愿背叛同伴的人，通常留不下后代，因而没有人去传承他的高尚品质。那些总是愿意亲赴战争前线

> 的最勇敢的人，以及那些愿意冒生命危险去帮助他人的人，通常情况下会比其他人更容易失去生命。

这一谜团的答案和间接互惠有一些联系。事实上，与人类生命有关的每一件事物，都与间接互惠存在某种联系！一位可爱的乐善好施之人，会在他所在的群体中树立起好名声，得到他人馈赠的礼物以及异性投来的爱慕与欣赏。但这就引出了另一个问题：为什么这个群体会产生这样的反应？为什么群体的社会规范会如此看重这类超常规的合作行为？间接互惠的社会规范很可能需要另一种合作机制。一个群体如果拥有意义深远的社会规范，就能在竞争中胜过其他群体。这样一来，间接互惠就可以与群体选择相配合，共同塑造人性的发展。

达尔文本人也相信第 4 种合作机制的存在。在 1871 年出版的《人类的由来》（*The Descent of Man*）一书中，他指出，个体为了群体利益而行动，群体就能在个体成本的基础上兴旺发展：

> 毫无疑问，如果某个部落拥有一批愿意牺牲自我、帮助他人、成全共同利益的成员，那么这个部落就能胜过许多其他部落。这就是自然选择。

这样一来，自然选择就鼓励了合作行为，并因此提高了群体生息繁衍的潜力。虽然这一思想很有说服力，但许多现代生物学家还是对此抱以嘲笑的态度。他们认为，有机体组成的群体因为享有某种有利特征，而比其他群体拥有更强生存优势，这样的说法甚为荒唐。就在不久之前，“群体选择”还曾被许多进化生物学家谴责为异端邪说。这一思想曾饱受学界的排斥、践踏和冷落。批评人士认为，“群体选择的谬论”产生于“外行对达尔文主义的错误理解”，有时甚至将矛头直指“不知好歹的职业生物学家”。而如今，这样武断的态度已经趋于弱化。

关于进化的数学解释可以提供一个清晰的思路，让我们很容易看清，自然选择既能影响到个人，也能影响到由个人组成的群体。选择甚至有可能在由群体嵌套而组成的更大的群体之间产生。最为简单的情形，也就是自然选择分别发生在个人和群体之上时，可以将其视为选择的两种层次。因为自然选择可以发生在由群体构成的群体中以及更多的层面之上，因此，这一现象现在常被称为“多层选择”。

达尔文提出“群体选择”

达尔文对群体选择的见解既有吸引力，又简单易懂。假设有两支敌对的部落。其中一支部落的成员都是自私的，只会为自己考虑。另一支部落的成员则会为了其他成员的利益而牺牲自我。达尔文认为，第二支部落拥有“勇敢、富有同情心、忠诚的成员，随时准备相互帮助、相互保卫，这样一支部落会不断扩张，并战胜其他部落”。借助群体选择的力量，这支部落最终一定会崛起。

英国动物学家、生态学家维洛·韦恩–爱德华兹（Vero Wynne-Edwards）针对达尔文的见解进行了具体的研究。他认为，对同一群体中的其他个体做好事，会对“整个种群有好处”。这一研究的首个里程碑出现于1962年，这位约克郡人以一部650页的大部头著作《与社会行为相关的动物扩散》（*Animal Dispersion in Relation to Social Behavior*），引发了一场关于群体选择的激烈论战。他在这本书中谈到，动物并不像达尔文假设的那样，总是为了增加自身数量而努力，而是为了更广泛的利益，其中必有一定的内在规范。

那些在繁衍和资源开采过程中有所节制的群体，会比过度放纵的群体拥有更长的生存期限。因此，子孙后代更少一些的群体，其生存概率会增加。由于有了群体选择这一机制，群体规模的自我管控能力就在进化的过程中得到了开发。群体选择理论与其他优秀理论一样，其影响力很容易被过分夸大。

有批评意见认为，韦恩–爱德华兹用这一思想来解释各种社会行为过于武断，而且缺乏恰当的评估。

的确，他的某些观点有些过于直接。举例来说，假设你观察到某一物种中的两名雄性发生争斗，却没有相互残杀。为什么会这样呢？如果你问到韦恩–艾德华兹，他就会告诉你，如果雄性之间相互残杀，就会威胁到整个物种的生存。从粗浅的层面来看，这样的回答不见得是错误的，但却略显草率。这一问题值得我们更加深入地思考。

在肢体格斗这个问题上，雄性之间必然存在能力上的差异。在多次争斗和残杀中获胜的雄性，就拥有了选择优势。如果种群中只有这一位反叛者，那么从理论上讲，与其他同伴比起来，他就更有可能获得生存和繁衍后代的机会。他的每一位子孙，都有可能遗传他自私的特质。经过这样自然选择的几代之后，种群中更加温和的雄性就会销声匿迹，取而代之的是带有杀戮基因的雄性。

韦恩–爱德华兹没有完全领会种群内部激烈竞争的道理。相应地，与他同时代的同行也不认可他的先锋性研究成果。在那动荡的十年中，群体选择理论是遭到学界轻贱和遗弃的概念，主要被用来作为反例，告诉学生们不要这样思考问题。当年盛行的观点是，个人的优点与善良具有超越一切的高度，甚至高于社会本身。可以想象，这一观点受到了 20 世纪 60 年代个人主义思潮的极大影响。在这一背景下，韦恩–爱德华兹的著作自然是当时学界最具争议的焦点，但批评家们一致认同的是，本书引发的争论的确促进了相关问题的研究。

在韦恩–爱德华兹掀起的这场知识界论战中，群体选择的反对者指出了这一理论存在的几个漏洞。进化生物学家乔治·C·威廉斯（George C. Williams）在 1966 年出版的著作《适应与自然选择》（*Adaptation and Natural Selection*）中提到，“事实上，与群体相关的适应并不存在”，他认为群体选择从理论上讲难以令人信服，因为总体来看，个人选择是一种更加强大的力量。当时的思想普遍宣称，群体之间的选择与群体内部的选择相比，顶多就是一个薄弱而次要的影响力。反对者还认为，群体之中两代交替的时间间隔要长于个体，因此，个人选择会进行得更快，从而限制了群体层面所产生的效果和影响。

绝大多数进化理论学家都坚持认为，所有的适应行为与现象都要用个体自利进行解释。他们认为，无论是精明的合作还是纯粹的自私，能够存留下来并流传到下一代的基因，一定是最终能够兴旺繁盛的基因。从这个观点出发来看，除非能为携带基因的个体带来利益，否则基因便无法传播得更多更广。就是这么简单。从达尔文提出“群体选择”这一尚处于萌芽状态的思想开始，整整过了一个世纪，这个词依然是学界的大忌。

由于韦恩对这一思想的坚守，他在学界的发展之路越走越窄，也越走越孤独。但尽管如此，他还是继续担任阿伯丁大学（Aberdeen University）自然史学钦定教授，他会抓住每一个机会，去说服他人接受群体选择理论。这样一个意志坚决的人，也是执着的跨国滑雪家和登山家。1986 年，他曾试图用《群体选择中的进化》（*Evolution through Group Selection*）一书来回答批评者提出的问题。在 87 岁高龄的时候，他为《理论生物学杂志》写完了毕生的最后一篇文章。四年之后的 1997 年，他在苏格兰班科里（Banchory）附近的一家养老院与世长辞。在那里，他还曾组建起一支团队，进行赤松鸡研究。韦恩在人生的最后几个月中，手边还总拿着双筒望远镜，随时准备眺望迪谷（Dee Valley），观察那里的动物。

只有为数不多的几位科学家接过了群体选择理论的火炬。其中最著名的是纽约宾汉姆顿大学（Binghamton University）的教授大卫·斯隆·威尔逊（David Sloan Wilson）。威尔逊坚信，进化生物学在 20 世纪 60 年代走上了歧途。他在群体选择领域进行了长达三十多年的研究。这位独行侠在他那被众人视为堂吉诃德式的探寻之路上，遇到了威斯康星大学麦迪逊分校（University of

Wisconsin-Madison）的科学哲学家埃利奥特·索伯（Elliott Sober），以及哈佛大学伟大的自然学家爱德华·威尔逊（Edward Wilson），这两个人选择与他一路同行（我会在第 8 章中重提威尔逊）。他们都认为，群体间选择与群体内选择同样重要。而为了说服同行接受这一理论，他们不能只靠文字和语言。空口无凭，他们需要进行野外考察和实验。

渐渐地，这些工作有了发展和起色。举例来说，20 世纪 80 年代早期，芝加哥伊利诺伊大学（University of Illinois）的大卫·克雷格（David Craig）用粉甲虫（一种吃小麦和其他谷物的害虫）群体来进行人工进化实验。他将粉甲虫群体置于玻璃瓶中观察，发现群体选择是奏效的。同时在物种的层面，也有证据显示出选择的存在。芝加哥大学（University of Chicago）的大卫·雅布隆斯基（David Jablonski）经研究发现，在过去的几亿年中，在某一局限的地理范围内生存的海蜗牛，与它们分布广泛的亲戚相比，更容易走向灭绝。如今，群组选择的支持者需要新的模型，来为他们的实验证据提供支持。

群体选择中的数学

我深入研究群体选择的动力能够一如既往，并不是来自于实验室或演讲厅之中的交流，而是来自于和卡尔·西格蒙德在奥地利劳瑞舍原始森林（Rauriser Urwald）中的漫步。我们两人都深知，之前曾经有学者进行过群体选择的建模，但我们认为，以前的那些模型都不是很有说服力，对于我来说也有些太过复杂。我相信必然存在一些基础的自然法则，指导群体选择进行合作进化，而过去的模型并没有对这些法则给出精确的见解。

在劳瑞舍森林的腹地，卡尔和我偶然间看到了一块刻着歌德诗句的小木板。歌德是我心中的偶像，他知识渊博，在德国文学史上占据着中心地位。同时，他也写下了几篇颇有影响力的科学作品，特别是在色彩和发展领域，而且还间接地影响到了达尔文。歌德的这首诗以这样一句话开头："Müsset beim Naturbetrachten immer eins wie alles achten.”翻译过来就是：“放眼自然，你要事无巨细，全盘考虑。”对于多层选择理论来说，我真的想不出比这句话更好的表达方式。虽然我知道，这一领域走过了漫长曲折而麻烦重重的历史，但我还是开始思考，这一理论是否能在真实世界中发挥作用。

直到多年之后，我才最终决定挽起袖子，在群体选择理论领域大干一场。那时，我的团队迎来了阿恩·特劳森（Arne Traulsen）。阿恩来自北德，是一名思想深刻、机智幽默的物理系学生。我们当时正在寻找值得接手的项目，而通过对一些小事的观察，我基本可以确定，群体选择建模是最适合他的工作。阿恩对自己所属的群体有着强烈的感情。从丹麦边境附近的石勒苏益格-荷尔斯泰因州（Schleswig-Holstein）[①]出发，在汉堡横渡易北河的一刹，阿恩立刻就产生了背井离乡之感，仿佛自己来到了一片陌生的国土，而他也居高自傲地称那里为“南德”。

我与阿恩一谈到群体选择的话题，就决定要把握时机，趁热打铁。我们共同开发了一个模型，并且每天都坚持做简化的工作，直到我们分离出了多层选择的精华。在物理学家阿尼尔万·森古普塔（Anirvan Sengupta）的帮助下，我们的第一部论文于研究的第二年完成，并于随后的一年里进行了进一步完善与精炼。在这些论文中，我们回到了最初的基本问题上。我们抛弃了所有与群体选择作用关系不大的因素，只留下了真理的数学核心。

我们得到了这样一个简化的布局，利用合作与背叛的语言进行表达就是：当个体在同一个群体之中进行互动时，他们往往会得到回报。个体繁殖后代的数量与他们所得的回报成比例，这样，那些经历合作的个体就能比经历背叛的个体得到更好的发展。他们的后代也会加入同一个群体之中。因此，合作主导的群体会以更快的速度发展壮大。

在模型的第二个组成元素中，我们假设群体能够解体，就像细胞分裂或

① 德国16个州中最北面的一个州。——编者注

社会中的敌对派系分道扬镳一样。当某一群体成长得过于庞大时，就可以通过这一规则分拆成两个群体。由于只存在有限的空间（某物种的栖息地被占尽），而且其他资源也并非永不枯竭（譬如公司因得不到足量的信贷而破产），某些分析出的群体也会偶尔出现灭绝的情况。于是我们加入了另一条限制，规定每当一个群体分拆成为两个时，就会有另一个群体消亡，从而让群体总数保持不变。

将这一模型在计算机中运行，你会发现，如果一个群体所包含的个体更具适应能力，这样的群体就会更快到达临界规模，因此也会经历更多的分拆次数。令人欣慰的是，虽然只有个体具有繁殖功能，但这一模型却引起了不同群体之间的选择。从低层次的个体繁殖，形成了高层次的群体选择。

引人注目的是，当从合作与背叛的角度进行两个层次的选择时，不同层次之间的结果却相互矛盾。背叛者能够在一个群体之内获得胜利，但在群体层面，由合作者构成的群体却能胜过由背叛者构成的群体。这样一来，虽然采取合作态度并不总能为合作的个体带来利益（因为其努力很可能被欺骗或被搭便车行为所利用），但我们观察到，合作群体比那些只懂得采取自私行为的群体有着更长的存在期限。

针对我们的模型进行的数学实验产生了一个简单却很有意思的结果。只要收益与成本之比超过群体成员数与群体数量之比加 1，群体选择就能促进合作的进化。这样看来，群体选择会在拥有许多小规模群体的情况下运转良好，而在大而笨拙的群体的情况下，其作用则会稍显逊色。

只要将模型简化到最为基础的核心之后，就能在此基础上加入其他因素，对其进行复杂化处理。举例来说，我们可以考虑个体在群体间迁移所产生的效果。如果存在迁移，会令合作者难以取得胜利，因为背叛者可以在凭借其盘剥行为毁掉了一个群体之后，来到下一个群体继续搞破坏。结果可以想见，迁移行为会打击合作。我们发现，只要收益与成本之比足够高，能够补偿迁移所带来的影响，那么群体选择就还是会偏好合作的。我们对迁移影响进行的研究，得出了一个简单的结论：**为了实现有效率的群体选择，各群体需要一定的机制，来阻止个体在群体之间太过自由地移动。可以将此机制称为部落忠诚度或群体黏性。**

如果想将这一新模型应用到人类行为上，我们可以从基因开始分析。举例来说，某些基因可能给人们带来慷慨大方、道德约束甚至虔诚信教的天性。而那些偏好群体凝聚力、抑制群体内部竞争选择的基因，也会偏好内在的道德感与群体忠诚度。由此类推，如果说良心与共情能力会妨碍自身利益的获取，那么我们就会进化成不辨是非、道德沦丧的群体，但事实上，我们没有。那些充满勇敢、坚强、创新、智慧和高尚个体的群体，总是会超越那些缺乏正义感与毅力的群体。

新墨西哥州圣达菲研究所（Santa Fe Institute）的萨姆·鲍尔斯（Sam Bowles）进行了一项研究，结果显示，早期人类群体之间的基因差异可能非常巨大，群体之间通过殊死的竞争来实现合作的进化。虽然在 10 000 年到 150 000 年之前的更新世晚期并没有多少人类存在，数量不多的人类群体彼此隔绝，靠采集野果和狩猎为生，但鲍尔斯认为，当时的气候变迁可能将这些人类群体集中到了一个局限的区域之内，使群体之间的频繁相遇成为可能。群体之间的相遇增加了冲突发生的概率。当被敌对群体消灭的威胁足够巨大时，个体为群体作出的牺牲将增加群体及群体中其他合作者存活的可能，从而使个体牺牲的成本得到补偿。

为了评估拥有合作倾向基因的人是否能在冲突过程中发展繁荣，鲍尔斯找到了古代战争的致死率数据，并将数据输入基本的进化模型。模型在拥有利他主义行为基因的群体与没有这类基因的群体之间做下一个局。在没有战争的情况下，繁殖丧失率为百分之几的自我牺牲基因，会在 150 代之后基本从群体中消失。但鲍尔斯发现，一旦出现战争，就能存留下多得多的自我牺牲基因。总体看来，许多群体中，在众多合理参数值的指导之下，“即使冲突非常少见，也足以实现高成本的利他主义的发展。”由此，他证实了某些看似矛盾的理论：许多人类美德都是在战争的严酷考验中锻造出来的。

我们很容易想象，利他主义行为能帮助群体抵御战争所造成的成本损失。举例来说，某人断了条腿，如果他生活在一个自私的群体之中，那么这样的伤势就是致命的，因为这位伤员无法去为自己寻找食物，很可能饥饿致死。但利他主义群体中的食物共享机制就会让这位伤员存活下来，并最终降低群体所面临的战争风险。分享信息与情报则是保护群体利益的另一种方式，同样也是鼓励合作行为的另一种强大的进化力量。

自然选择会对人类文化和基因产生作用。有些学者嘲笑说，以模仿达尔文进化论为目标的某种文化进化科学理论是不可能成立的，因为人类的信仰和行为根本无法预测，且极易受到历史意外事件、突发科技突破、重要学术发现与新兴思想的影响。然而，斯坦福大学的黛博拉·罗杰斯（Deborah Rogers）、马库斯·费尔德曼（Marcus Feldman）和保罗·埃里克（Paul Ehrlich）在太平洋地区进行的一项研究，就用一种新颖的方法揭示出，进化的力量的确能够对文化产生影响，起到为文化塑形的作用。

斯坦福大学的团队仔细研究了斐济和玻利尼西亚群岛中 10 座岛屿上的独木舟设计。他们从功能性和观赏性出发，对独木舟的特征进行了详尽的分类。从 3 000 年前这些孤立的岛屿第一次有人类定居，一直到第一批欧洲探险家发现玻利尼西亚，他们收集了这期间的所有独木舟设计，并对设计的变化进行了对比。历史上，对于生活在太平洋岛屿上的人们来说，远程海上航行是捕鱼、运输和岛屿生活不可或缺的组成部分，而或好或差的独木舟设计则有着关乎生死的重要性。使用拙劣设计的独木舟的群体，其灭绝的风险就比其他群体要高出一些。

总的来说，斯坦福团队研究了 96 个功能性特征，诸如船体如何建造、舷外支架如何与船体连接等。这些功能性特征都为独木舟的适航性作出了贡献，从而提高了捕鱼成功率以及移民或战争时的存活率。同时，他们以对比为目的，也对 38 个装饰性、宗教性或符号性特征进行了评估，整个研究覆盖了从公元 1595 年左右一直到 20 世纪早期的漫长时间段。统计结果清晰地显示，独木舟功能性设计元素的变化速度会随着时间的发展逐渐放缓，说明自然选择的过程淘汰了拙劣的新设计。

群体选择的实验证据

到目前为止，我都是在讨论由多人组成的群体。但一个人也可以被看作是由海量合作细胞所构成的群体。而在这个角度上，适者生存中的个体就成为了适者生存的合作细胞。同样，群体选择也能体现在细胞、甚至分子的层面。个体细胞结成群落或群体，类似地，分子则集结成为不断复制的细胞区室。

许多有趣的实验都证实，区室之间能形成竞争关系。我的哈佛同事杰克·绍斯塔克（Jack Szostak）最近刚刚获得诺贝尔提名，他认为，在生命起源之时，适者生存也许就是在以脂肪泡形式呈现的、充满遗传物质的早期细胞之间展开的简单决斗。绍斯塔克与加州技术研究所（California Institute of Technology）的艾琳·陈（Irene Chen）和理查德·罗伯茨（Richard Roberts）共同进行的研究显示，那些得以快速复制的遗传物质，很可能全部来自于某一个特定的原生泡。这个原生泡战胜了所有的竞争对手，开始进化成为更加复杂的细胞。

从研究结果中可以得出这样的结论，只要遗传物质存在，就能促进细胞（小膜囊）的增长。RNA 从这些囊状结构内部施加渗透压，形成对细胞膜的张力，使其不断扩大。如果周围的细胞囊因为遗传物质相对较少而拥有更小的内部压力，那么这个细胞就可以窃取周围细胞的细胞膜，从而实现增长。研究人员在实验中观察到，吞噬了遗传物质的膜囊长大了，而没有遗传物质的细胞则出现萎缩。由此看来，那些拥有强复制能力 RNA、并因此获得更多

RNA 的细胞，会增长的更快。同样，他们的实验也表明，繁殖（RNA 的复制成果）和细胞增长的速度存在直接的关系。获得成功的细胞长出毛发，最终形成丝状结构,而一经震动,便自发破碎成多个子细胞。“这是很好的一步，”绍斯塔克笑着说道，“因为我们第一次看到了基于物理现象的细胞间竞争。”

在细胞层面存在很多群体选择的证据，一些最有意思的数据来自于微生物研究。为了能停留在凝滞状态的液体介质上，一株荧光假单胞菌能制造出一种聚合物，从而在液体表面形成垫状结构。但生成聚合物的代价是高昂的。于是就出现了不愿自行生成聚合物的细菌骗子，占尽同伴们辛苦工作的便宜。当这些骗子越来越多，数量超过它们的同胞时，垫子就会下沉到液体表面之下。最终的结果是：生产聚合物的细菌种类成为群体选择的胜出者。

对大肠杆菌和噬菌体（一种细菌感染病毒）所进行的实验则显示出了迁移的作用。有两类病毒，分别生长于 96 个彼此分离的板孔中。其中有谨慎的噬菌体，当只有同类存在时，它们的繁殖效率更高；还有贪婪的噬菌体，当与谨慎的噬菌体共享同一个细菌群落时，会替代它们谨慎的同伴。任何贪婪噬菌体的突变体都会替代掉原有的谨慎噬菌体，但同时也会降低其所在板孔的总体繁殖能力，并由此导致更高的灭绝风险。因此，贪婪噬菌体的成功取决于是否能获得足够多的新寄主（迁移到新的板孔），以补偿其较低的繁殖能力。当可以毫无限制地进行迁移时，繁殖能力更低的贪婪噬菌体就会取代谨慎噬菌体。但在合理的生物学迁移环境中，谨慎的病毒株能够超越并胜过贪婪的同伴，即使谨慎者在每个群体中都有明显的选择劣势。

多层选择的兴起

虽然群体选择的课题一直是争议激烈的焦点，但我认为，现在我们已经找到了各种实验和理论证据可以证实，群体选择是一个基础的、颇具特色的过程，并且存在于所有类型的进化之中——从第一个细胞的出现，到人类等社会生物的行为等。群体选择并不假设个体是持合作还是自私态度，也不认定基因本身是不是自利的。群体选择只是表明，一些群体中存在某种机制，能使个体利益与群体利益较好地达成一致，如果这类机制能够提升整个群体的表现或适应性，那么在激烈的群体间竞争中，这些群体就能取得优势。

想要让群体选择发生，我们需要群体之间产生竞争和一定的凝聚性。不同的群体有着不同的适应能力，具体取决于利他主义者在群体中所占的比例。如果群体中 80% 的成员都是无私的，那么就会比仅有 20% 无私成员的群体要表现得更好。因此，**虽然群体内部选择偏好于自私的特性，但那些有着许多利他主义者的群体往往会更加优秀**。然而，群体选择的程度依赖于几个关键的细节，诸如迁移和群体凝聚性等。有了这个前提，自然选择就能在多个层面展开运作，小到基因、同类群体，大到物种，甚至还能超越物种的范畴。

这不禁让人联想到一个大群体套中群体再套小群体的俄罗斯套娃的逻辑。之前讲到过，由于这个原因，许多人（包括我自己）也将群体选择理论称为多层选择理论。只将目光集中于个体选择，就会错过更大的图景，忽略在更高层面进行的关键进化过程。这些过程发生在物种之间，甚至发生在整个生态系统之中，并帮助塑造出我们周围的这个世界。我与阿恩共同进行的研究，解释了如何得到任意数量选择层级的方法，并为这种方法提供了理论基础。

多层选择的强大之处就在于，它既能应用到文化意识之中，也能用来分析 DNA 和基因。当我们在分析相临部落或国家之间的竞争时，如果我们想要搞明白，为什么人们对部落、宗教或社区的忠诚度会超越对家庭或单纯自我利益的忠诚度，就需要考虑到遗传学和文化上的影响力。换句话说，我们要对文化与基因的“协同进化”进行建模。虽然群体选择有着漫长而曲折的发展史，但我认为，通过我的努力，已经在正确的学术环境中帮助树立起了一种态度，认为多层选择是另一种促进合作进化的机制。

跟我们上一章讲过的空间选择机制一样，多层选择机制能够帮助那些弃用复杂策略的无条件合作者。要了解人类的进化，以及为卓越行为的出现（譬如韦斯利·奥特利所表现出的勇敢壮举）铺平道路的种种因素，我们就需要进一步研究群体选择与直接、间接互惠之间的协作关系。值得注意的是，这些机制之间存在着一种协同效应，于是，总体协同就会强过各个部分的简单相加。多层选择能激发出直接与间接互惠，这也为合作的发展指出了新的路径。

SUPER COOPERATORS

Altruism, Evolution, and Why We Need Each Other to Succeed

第 5 章

合作机制 5 亲缘选择

与谁的血缘关系越近，我们就越愿意努力与谁达成合作。这种形式的合作关系之所以得到进化，是因为我们可以用这种方式增加传到下一代的基因数量，从而扩大我们未来的遗传规模。这就是第 5 个合作机制——亲缘选择。

为了两位亲兄弟和八位表兄弟，我可以不顾自己的生命。

J. B. S. 霍尔丹

血浓于水。家族关系、共同的祖先等等，常被认为是比友谊或相识关系更为强烈的纽带。与另一个人的血缘关系越近，我们就越愿意努力与他达成合作。这种形式的合作关系之所以得到进化，是因为我们可以用这种方式增加传到下一代的基因数量，从而扩大我们未来的遗传规模。这种机制被称为亲缘选择，也是合作的第 5 种机制。

亲缘选择的基本思想仅通过常识就能想明白；亲缘关系紧密的个体之间更容易产生合作。引导你与兄弟姐妹保持合作的基因能在自然选择的过程中得以发展、普及，因为你的亲属，也就是你利他主义行为的接受者，很可能带有与你相同的基因。关于这一机制的文献不胜枚举。有一些颇有影响力的著作流传于世，譬如理查德·道金斯的《自私的基因》（*The Selfish Gene*），就将这一思想在许多人之中普及开来。当然，针对亲缘选择理论也存在一些批评意见。而我自己，也加入了这一领域的近期发展过程中。

在我对自己的工作进行讲解之前，先让我们从历史说起。这一理论在多年的发展之中，谱写出了一曲动人的故事。亲缘选择背后的基本思想，是半个多世纪前由英国人约翰·伯登·桑德森·霍尔丹（John Burdon Sanderson Haldane）在酒吧中无意间想到的。霍尔丹是 20 世纪科学界最重要、最卓越的人物，在人们心中，他和英国的罗纳德·费雪爵士（Sir Ronald Fisher）与美国的休厄尔·怀特（Sewall Wright）一起，被视为人口遗传学领域的创新先锋；而他同时也有许多其他重要的贡献。

霍尔丹还是一名优秀的科普作家，创作了几百部文章和著作，包括《遗传与政治》（*Heredity and Politics*）、《代达罗斯》（*Daedalus*）、《科学与未来》（*Science and the Future*），等等。他的文字简明扼要，充满智慧："在激烈紧张的选择过程中，各种事物对环境的反应需要经常发生变化，才能适应自然选择。如果不是这样，世界就会比如今的现实情况要无聊得多。"在他的文集《可能的世界》（*Possible Worlds*）中，霍尔丹道出了不朽的名句："我怀疑，宇宙要比我们猜想的更为奇异，远远超出我们的想象力范围之外。"

可想而知，他的影响力甚大。霍尔丹于 1924 年出版的优秀著作《代达罗斯》是第一本谈到试管婴儿科学可行性的书籍，在书中，他称之为胚胎的"体外发育"。他的思想为奥拉夫·斯塔普尔顿（Olaf Stapledon）带来了灵感，由此创作了《最后的人和最初的人》（*Last and First Men*）。在这部著作中，斯塔普尔顿对未来 20 亿年中 18 种不同人类种族的命运进行了展望。这部著作后来又激发了约翰·梅纳德·史密斯对遗传学和进化学的兴趣，也影响了奥尔德斯·赫胥黎（Aldous Huxley）的小说《美丽新世界》（*Brave New World*）。在赫胥黎的另一部小说《滑稽的舞环》（*Antic Hay*）中，霍尔丹以书中人物谢尔沃特（Shearwater）的身份出现，"生物学家全神贯注在他的实验之中，甚至都没有发现他的朋友在睡他的老婆。"很多人也认为，C. S. 刘易斯（C. S. Lewis）的星际三部曲《沉寂的星球》（*Out of the Silent Planet*）、《皮尔兰德拉星》（*Perelandra*）和《黑暗之劫》（That Hideous Strength）中邪恶的韦斯顿教授，其灵感也源自于霍尔丹。作家刘易斯是一名基督徒，他担心对科学唯物主义的盲从会削弱理想化、道德与宗教价值观。

现在回到亲缘选择的话题。据说，1955 年时，在英国布鲁姆斯伯利（Bloomsbury）的一间小酒吧里，霍尔丹喝了几品脱啤酒之后，一场欢快愉悦的聊天突然转到了一个严肃的话题上，谈到某人为了拯救他人生命所能做的事。比如，霍尔丹会为了救一位落水之人而置自身的生命安危于不顾吗？霍尔丹埋头在一个信封背面写写画画，经过一段时间的思考之后，回答说，“不，但我会为了两个亲兄弟或八个表兄弟这样做。”

由此，霍尔丹开始树立并拓展自己的坚定信念，认为父母照顾子女是为了保护自身的基因。他向世界提出了关于合作的一种观点，让几代生物学家为此痴迷：**如果个体的关键目标是要让自己的基因延续到下一代，那么个体有理由付出成本，为携带相同基因的亲属提供利益。**

这一亲缘选择理论认为基因可以通过两种途径进行传播。第一种途径很常见：让基因所在的人体得以存活并繁殖带有更多复制基因的后代，从而让基因得以繁荣发展。第二种途径：增加带有同样基因的近亲属（亲缘）繁殖的概率。因此，身体中有半数基因相同的亲兄弟，与仅仅共享八分之一基因的表兄弟相比，前者就更有可能为对方伸出援手。

霍尔丹对这一思想进行了如下解释。假设，你身上有一种罕见的基因会影响你的行为，在看到一个小孩掉到河里的时候，你会奋不顾身地跳入波涛汹涌的河水中去救人，而同时你也有 1/10 的可能性会被淹死。而我没有这种基因，我站在岸边，眼睁睁地看着孩子在水中挣扎。如果这个孩子是你自己的孩子，或是你兄弟姐妹的孩子，那么孩子携带同样基因的概率就是 50%。这样，以大人淹死的概率来计算，平均来讲，大人每丧失一个基因，孩子身上 5 个同样的基因就能得救①。如果你救下的是你的孙子或侄子，那么大人丧

① 按照概率，淹死一个大人，可救回 10 个孩子。——译者注

失一个基因，只能换来孩子身上的2.5个基因。如果你救了一位堂兄，效果就会是微乎其微的。如果你救了自己的表侄子或表外甥，那么失去这种基因的可能性就会比传承的可能性更大。很明显，促成这种举动的基因只能在小范围人群中传播，因为这些子孙后代都必须是这位敢于献出生命的勇敢人士的近亲属。

乍看起来这一思想十分直观，但实际上却并非如此。想象一下，我们面前有一条水流湍急的河流，一位陌生人正在巨浪之中垂死挣扎。就算岸上的观察者与水中的遇难者既不是兄弟（或姐妹），也不是叔侄关系或表兄弟关系，我相信，还是会有相当多的人会像上一章中提到过的韦斯利·奥特利一样，二话不说跳进河里去救人，而不会去思考什么亲戚关系。霍尔丹本人也曾讽刺说："我曾经两次将落水之人救上岸（冒着对我自身非常小的风险），当时根本没有时间进行这样的计算。"对于此类利他主义行为，也存在着其他解释。根据前面几章的讲述，我们知道，间接互惠和多层选择的机制，也同样为这种无私行为提供了具有说服力的解释。

专家眼中的亲缘选择

> 他脾气火爆，对蠢人缺乏耐心，与他建立友谊非常难。但我们这些终于和他建立起友谊的人却发现，这份友谊十分难能可贵。我很爱他，却总是禁不住去想，不知什么时候他会以他的标准发现，原来我也是愚蠢之人。
>
> 约翰·梅纳德·史密斯，霍尔丹的学生

霍尔丹是梅纳德·史密斯心目中的英雄，后者称其灵感主要依赖于两条指导原则。其一，"生理或生物化学的解释，比形态学解释更为根本。"其二，"一盎司代数，其价值等于一吨口头争论。"然而，在亲缘选择这个问题上，霍尔丹却没有给出那宝贵的一盎司。后来，比尔·汉密尔顿在他的博士论文中为霍尔丹提出的观点添加了数学内容。他的研究成果于1964年以两篇长篇论文的形式发表于《理论生物学杂志》。其中也提到了梅纳德·史密斯。

汉密尔顿曾就读于位于布鲁姆斯伯利的伦敦大学学院（University College London）。他是个害羞、喜欢独来独往的学生，而他的学术事业也正是从那时起步的。当时，他看起来就是个典型的大学生——骨瘦如柴、头发蓬乱、声音柔弱、不谙世事。他喜欢在奇西克（Chiswick）租来的小屋中工作，或带着巨大的帆布口袋，装上纸笔、书籍、皱巴巴的毛线衫、雨衣和一条新鲜的面包，去往伦敦各处的图书馆。有时，他会突然对自己独居的小屋产生厌倦，转而跑到滑铁卢车站去工作。正如他写到的那样，“在那里露宿的酒鬼很渴望有我的陪伴，恋人们依依惜别，精疲力竭的母亲带着一群吵闹的孩子。”

年轻的汉密尔顿很渴望能利用数学来解开生物学中的主要问题，虽然他也在为心目中的“圣经”——罗纳德·费雪爵士的经典著作《自然选择的遗传理论》（*The Genetical Theory of Natural Selection*）而纠结不已。20 世纪 60 年代初时，他给姐姐寄去一张明信片，上面写道：“我开始觉得，就算抛开我拙劣的数学能力不谈，我想成为理论生物学家的志向也可能只是一个遥不可及的梦。”但在那之后，他开始对利他主义行为产生了浓厚的兴趣，从社会性昆虫，到社会性动物的警报叫声，等等。举例来说，从希腊早期开始就有人声称，海豚会拯救落水人的性命，甚至还会保护人类免受鲨鱼的攻击（汉密尔顿在为他教父的一本关于海豚的著作撰写评论之时，曾提到过海豚的这些非凡行为）。

于是，汉密尔顿为霍尔丹提出的思想开发出了一套数学体系。他引入了“内含适应性”（inclusive fitness）这个中心概念。他的想法是对适应性概念的扩展，以更为宽泛的形式进行重新定义。在生物学中，适应性是对个体生存和繁殖能力的衡量，是指某一个体比其他个体留下更多后代的机会。由此可见，拥有更高适应性的个体获得成功之后，自然选择就随之出现了。而**汉密尔顿的内含适应性理论认为，像蚂蚁、蜜蜂这种社会性昆虫的高度合作行为之所以能够实现进化，是因为合作行为能实现传递基因的自私目的，虽然这一机制是通过亲属而非个体本身来运转的。**

动物有可能会通过帮助其亲属进行繁殖而非自身繁殖，来将自身的基因传承下去，因为它们享有相同的基因。贝尔丁地松鼠是一种棕色的小动物，短尾短毛，耳朵呈圆形。单个松鼠在看到隐约可见的捕食者时，会发出警报的叫声。此时，它将自己置于更大的危险之中，因为它在帮助保护亲属及自身基因的同时，也泄露了自己的位置。松鼠之所以采取这类增加自我牺牲风险的行为，可能就是在考虑更大的内含适应性。给出警报的松鼠存在适应性成本，而接到警报的其他成员则享受到了利益，因为它们得到了在将来继续繁殖的机会。

简而言之，汉密尔顿对亲缘选择的构想是说，如果根据两只松鼠之间的亲缘关联度，对所得利益打个折扣之后，仍比付出的成本大，那么产生这类利他主义行为的基因就能够得到进化。汉密尔顿的规则可以写成 $r>c/b$ 的形式，通过这一规则可以判断，合作倾向将随着遗传亲缘关联度的变化而发生变化。如果采取利他主义行为而造成的成本 c 除以合作行为接受方得到的利益 b，小于两位个体之间的亲缘关联系数 r（两位个体都拥有同一种基因的概率），那么合作基因就能得到进化。

梅纳德·史密斯几乎在同一时间发表了与汉密尔顿相似的观点，并提出了“亲缘选择”的说法（汉密尔顿则一直更喜欢他提出的“内含适应性”的说法）。同一个十年之中，借用汉密尔顿的话，乔治·普赖斯（George Price）开发出了一种“更为优雅”的汉密尔顿数学方法。普赖斯是一位美国科学家，他在读过 1964 年的论文之后深受启发。他是个了不起的人物，因为他在没有受过人口遗传学或统计学培训的基础上，设计出了后来的“普赖斯等式”，用来对进化改变进行总体统计描述。用汉密尔顿自己的话说，从普赖斯等式中冒出来的数字，“就仿佛从魔术师帽子中蹦出来的兔子一样”。普赖斯认为，这一等式同样适用于群体选择，虽然汉密尔顿觉得群体选择是个模糊不清的概念，但他自己也认为，在普赖斯魔法般公式的帮助下，群体选择的理论也是讲得清楚的。

然而实践证明，普赖斯等式并不像他们希望中的那样有用，只不过是同义反复的一种数学表达方式而已。阿姆斯特丹大学（University of Amsterdam）经济学家马蒂斯·范维伦（Matthijs van Veelen）以一种精妙的方式形容了这种观点。他喜欢引述著名足球运动员约翰·克鲁伊夫的话。克鲁伊夫曾三次为阿贾克斯队赢得欧洲冠军杯，并代表荷兰国家队出场48次。克鲁伊夫说过许多简短有趣的话，其意义似乎总在睿智与平庸之间漂浮不定，有些人称其为"克鲁伊夫风格"。马蒂斯曾说，普赖斯等式与克鲁伊夫为足球成功奥秘而道出的妙语有些相似——"你必须要保证比对手多进一个球。"和普赖斯等式一样，这句话也完全正确。但如果你真想搞明白成功的足球究竟是怎么踢出来的，这句话帮不了你。如果使用普赖斯等式而非真正的模型，那么论题本身就会被挂在半空之中，如同撩拨人心的海市蜃楼一样。真实的意义永远存在于好奇的生物学家触手可及的范围之外。

这样的海市蜃楼既充满诱惑，又容易起到误导人的效果。普赖斯等式会让人错认为自己已经建立起了一个系统的数学模型，但事实却并非如此。虽然答案的确像兔子从魔术师的帽子中蹦出来一样，从等式中华丽诞生，但实际结果却一无所获。

尽管如此，普赖斯的确为这一领域作出了一项重大贡献。他在1968年初与汉密尔顿的通信之中得到灵感，并于同年8月在《自然》杂志发表了一篇论文。梅纳德·史密斯引用了这篇论文之后，两人开始合力将博弈论分析方法引入动物行为的研究之中，尤其是用来解释如下现象：同一物种成员之间展开格斗时（比如阿拉伯大羚羊），更像是仪式化的遭遇，而非你死我活的战争。梅纳德·史密斯认为，普赖斯是将冯·诺依曼开创的传统博弈论观点——大脑在利益冲突发生时会作出理性决定，扩展为自然选择而得出决定的第一人。这篇于1973年发表的重要论文可谓是一座里程碑，标志着进化博弈论研究的开始。

普赖斯的传记作家奥伦·哈尔曼（Oren Harman）曾这样描述他："一位天才、无神论者兼化学家、流浪者，摇身一变成了有虔诚信仰的进化论数学家、我行我素的玩主。"比尔·汉密尔顿则用另一种很有意思的方式对他进行评价。汉密尔顿在一封信件中讲到了自己的这位老朋友，说普赖斯的一生就像一本小说一样，"直到最后一页，都充满了激动人心和令人意想不到的情节。"这本"小说"的最后一章开始于 1970 年。当时，普赖斯有了一次宗教神启的经历。当时还在伦敦大学学院念书的史蒂夫·琼斯（Steve Jones）讲述了他的一段经历："一位胡子散乱、发型古怪的驼背中年美国人走了过来，神情高度紧张，跟我说，他与耶稣通了话。接下来的几个月中，他的行为愈发奇怪，后来竟然开始在走廊中大嚷，宣传着他与救世主之间的联络。"

普赖斯又从圣经学习走向了社会工作，常常邀请无家可归的人到自家来，和他共同生活。在这个充满背叛者的社会中，他用实际行动，令自己成为了利他主义危险性的悲剧牺牲品，让人心酸扼腕。普赖斯贡献出自己所有的能力，为酗酒者提供帮助。可悲的是，就在他为酒鬼们奔忙之时，这些家伙却偷了他的东西。最终，他自己也成了无家可归之人，在尤斯顿路附近的托默斯广场（Tolmers Square）一座废弃建筑中苟且生活。一方面，普赖斯因自己未能在减轻人类痛苦方面取得重大进展而懊恼不已。另一方面，他也因自己的利他主义，即"人类善良本性是否真诚纯粹"这个问题而倍感困扰。难道说，真实无私的利他主义不过是场不切实际的幻象吗？

普赖斯的烦恼很快就得到了终结，他在 1975 年 1 月 5 日深夜到 6 日凌晨的某个时间选择了自杀。汉密尔顿指认了他的尸体，后来又到普赖斯的栖身之处整理他清贫的身家。汉密尔顿在回忆当时的一幕时，曾这样讲道："我在收拾他的东西，将值得留下的物品放入行李箱中时，只见我脚下的油布上，他的血液已经风干开裂。"

1975 年 1 月 22 日是个阴雨天。汉密尔顿出席了在尤斯顿举办的普赖斯追悼会。公墓教堂中，几位流浪汉聚在一起，来向普赖斯道别。人群中还有梅纳德·史密斯的身影。他与普赖斯共同撰写并发表于《自然》杂志的论文，也是进化博弈论领域的里程碑。在这篇文章的结尾，有一段深刻的感想。文中讲到，一位名叫约翰·普赖斯（John Price）的医生将这些思想扩展到了“人类精神病行为”的分析上。约翰·普赖斯是位于南伦敦的莫兹利精神病医院（Maudsley Psychiatric Hospital）的一名精神病医生，曾在乔治潦倒之时帮助过他。如今，乔治·普赖斯已安睡于圣潘克拉斯公墓（St. Pancras Cemetery）的一处无名墓碑之下。

汉密尔顿也是英年早逝。理查德·道金斯曾将汉密尔顿描述为“可爱的事故多发之人”。这是指他一连串险些丧命的经历：小时候在一次爆炸物实验中，汉密尔顿多处指关节骨折。还有一次，他在牛津埋头狂蹬自行车时，被一辆汽车撞飞。他在卢旺达内战爆发之时，突然决定去那里徒步旅行。除了这些之外，还有许多其他令人汗毛倒竖、手心出汗的惊险事迹。道金斯说的好，汉密尔顿就是一只有 9 条命的猫。但最终，他也未能躲过命数用尽的那一天。

20 世纪 90 年代，一个颇具争议（现在已遭摒弃）的观点认为，艾滋病的产生是由于非洲在 20 世纪 50 年代时使用口服式小儿麻痹症疫苗。汉密尔顿当时对这一观点深信不疑，他投给主要杂志的稿件纷纷被退回。于是，为了给这一激进思想收集更多的证据，汉密尔顿与两位同伴深入战乱频发的刚果丛林腹地。几周之后，他患上了严重的疟疾，急忙赶回伦敦。就是这一回，他没能拣回这条命。汉密尔顿在伦敦的米德塞斯医院（Middlesex Hospital）住了六周，终因脑出血治疗无效，于 2000 年 3 月 7 日去世，享年 63 岁。

汉密尔顿是一位毫无争议的昆虫爱好者，从打架的鹿角虫到法老蚁，他无一不抱有浓厚的兴趣。在他离开人世的十年之前，曾写下这样一段深刻而令人惆怅的文字：

> 我最后的遗愿，就是希望有人能将我死后的肉体带到巴西，带去

这片森林之中。在我的身体周围拦起篱笆，防止负鼠和秃鹰的侵袭，就像我们保护家禽那样。然后，会有巨大的巴拉圭蜣螂前来埋葬我。它们会进到篱笆里来，将我掩埋，并以我的肉体为生。我会转化成为它们和我的子孙后代，逃出死亡。不会有蠕虫或肮脏的苍蝇来打扰我。我会像一只大黄蜂一样，于黄昏时分嗡嗡鸣响。我会由一化十、由十化百，仿佛大群摩托车一样高声嗡鸣，在我们背上美丽翅鞘的舞动之中群起高飞，朝向那星空之下的巴西荒野而去。就这样，我终于也能闪闪发光，好似石头下面的那只紫罗兰色的步行虫。

他的遗体永远也不会享受到巴拉圭蜣螂的光临了。追悼会在牛津新学院的教堂举行。之后，他被葬在了威萨姆森林（Wytham Woods）。而这处长眠之地，竟也未能逃脱亲缘之间的联系。

“内含适应性”的衰落

自然情感的流露，使人们更加亲近。

莎士比亚，《特洛伊罗斯与克瑞西达》

20 世纪 90 年代时，我曾在牛津的动物学实验室与比尔·汉密尔顿共事。我对他充满了崇敬与仰慕。记忆中的他是一位和善而安静的人。每逢下午茶时间，他走过来坐在我身旁时，我都非常开心。因为我可以抓住这个宝贵机会，给他讲讲我的新想法，并汲取他深厚的专业知识。那个时候，他是所在科学机构的栋梁。他身材高大，非常引人注目，借用他自己的话说就是有着“两条无与伦比的大浓眉”，鼻孔中“鼻毛绽放出来，仿佛破旧的爱德华时代沙发中露出的马毛一样”。

我在维也纳、牛津求学之时，和许多理论家一样，都曾听说过亲缘选择的理论。我认为，这是有着众多实证支持的重要理论，许多针对像蚂蚁和蜜蜂等非凡社会性生物进行的研究都证实了这一理论。亲缘选择理论激发出了许多实证生物学家的灵感，在野外研究中对亲缘关系进行测量分析，并对社群互动的成本与收益进行权衡。同时，我发现研究亲缘选择的数学方法大都晦涩难懂。这些研究成果并不像鲍勃·梅在数学生态学和流行病学领域进行的工作那么简明清晰，也不像卡尔·西格蒙德在研究进化博弈论时所使用的方法，更不像传统人口遗传学领域中许多优秀研究曾经走过的路径。

不知道从亲缘选择理论的哪个角落，蹦出了许多等式。在不存在精确的基础数学模型的情况下，就有人试图进行计算。而这些等式，竟被用来获取基本思想，并对其加以定型。这简直就是在酝酿一场灾难。甚至连“亲缘性”的概念似乎也随着时间的发展而不断变化。于是，在生物学的其他领域中，诸如生态学、流行病学、进化博弈论和人口遗传学等，亲缘选择理论也逐渐停止了发展。由于这些理论构造上的偏移，亲缘选择理论离开了主流，成了带有自身神秘数学解释、与世隔绝的子文化系统。

如果汉密尔顿知道他的追随者会对内含适应性的思想作出如此的拓展和稀释，一定不会持赞同的态度。内含适应性理论最富热情的支持者，开始宣称这一理论是进化论的通用原则。他们认为，社会行为进化过程中的各个方面，从怨恨到合作，都要从内含适应性理论出发来进行解释。

他们试图重塑竞争思想的举动让我深感震惊。早期的亲缘选择理论家，实际上是反对群体选择理论的。但许多现代的亲缘选择理论家则改变了他们的想法，将群体选择视为与亲缘选择无二的理论。上述两种态度都不合理。“亲缘性”存在于所有合作进化之中的思想也说不通。汉密尔顿的规则成了教义。每当发现规则不适用的领域，最为热情的一批亲缘选择理论支持者就会认为，他们在理论上有充分的自由，可以用任何新模型对成本、收益和亲缘性进行重新定义，从而让汉密尔顿的规则继续保持适用。著名人口遗传学家，包括斯坦福大学的萨姆·卡林（Sam Karlin）、马库斯·弗里德曼和卢卡·卡瓦利–斯福扎（Luca Cavalli-Sforza）在内，很早以前就指出了这种方法的局限性。

后来，我无意间遇到了哈佛大学伟大的自然学家爱德华·威尔逊。这次相遇之后，我颇有感触，决定深入亲缘选择理论一探究竟。威尔逊是为汉密尔顿的研究工作提供支持的第一人。在他那典型的南方风格和优雅举止之下，隐藏着对学术争论的强烈渴望。几十年前，威尔逊曾大力推崇亲缘选择理论，认为这一理论是“真社会性”的一个强大阐释。真社会性，是用来描述社会性昆虫和其他动物在照料幼虫和幼崽时所采取的合作行为。

事实上，亲缘选择理论在威尔逊于 1971 年出版的著作《社会生物学》（*Sociobiology*）中，被推崇为一类主要原则。书中的思想仿佛一张地图上的闪亮标注。威尔逊之所以一开始就对亲缘选择理论予以大力支持，是因为单倍二倍体假设（关于这一话题，我会在第 8 章中进行详述）。威尔逊的这本著作产生了巨大的影响力。在此书中，威尔逊对汉密尔顿研究成果的引用有一些错误，而其他许多文章对汉密尔顿的引用也都跟着错了。可以看出，当时没什么人愿意费力去寻找汉密尔顿的原版论文，《社会生物学》的影响之大由此可见一斑。而随着时间的发展，这一假设中的一个证据被推翻了。于是，威尔逊开始遭到人们的严重质疑。

记得在我第一次与威尔逊讨论亲缘选择理论时，我们有了一个很有意思的发现。威尔逊告诉我，他一直认为亲缘选择是一个优秀的数学理论，又补充说，20 世纪 70 年代时他曾对这一理论甚为迷恋，但因为真实世界中的证据越来越站不住脚，他也越来越感觉到梦想的破灭。许多研究都得出结论，认为社会性昆虫群落的成员，实际上无法识别出共处一个巢穴的同伴与自己的亲缘关联度高低。回到霍尔丹的困境之中，如果你无法分出面前这个人是你的亲兄弟还是表兄弟，那么就很难证明亲缘选择在实际生活中的作用。这一思路令人震惊。我告诉威尔逊，相比之下，我一直认为，在社会性昆虫中得到的关于亲缘选择的实证支持是十分充分而强大的。而我的困惑是，这一理论的数学解释过于晦涩。就这样，我们的相遇，令彼此之间都产生了相见恨晚之感。

我们开始定期会面。后来，科琳娜·塔尼塔（Corina Tarnita）也加入了我们。科琳娜是一位优秀的数学家（我们将在第 13 章再次提到她），她有着坚忍的耐力与耐心，能出色地完成亲缘选择研究中所有的计算工作。整整一年时间，她在一片从未有人涉足的数学与生物学秘境之中，探索出了一条道路。每天早上，她都怀揣着乐观与希望醒来，认为自己一定能从这些计算工作中找到崇高的意义，找到一个简洁而美妙的数学结构。她虽未能实现自己的梦想，但却有了另一个激动人心的发现。这一发现，标志着从内含适应性思想向旧式自然选择思想的思维模式转型。

在亲缘选择理论的这片秘境之中，居核心地位的基本思想，就是由汉密尔顿提出的内含适应性的概念。我们从汉密尔顿自己给出的定义开始讲起。这一定义是说，内含适应性可以视为一种个体适应性。实际上，这种适应性体现为个体所繁殖的成年后代的数量，而且需要先把个体适应性中受社会环境影响所致的因素去掉（即环境对个体施予的益处或伤害均不计算在内），然后再将个体对邻居施予的益处或伤害乘上一个系数，加到个体适应性上面，最后的结果就是内含适应性。而定义中的这个系数，指的是个体与它所影响到的邻居之间的关联系数。如果对方是自身的克隆，关联系数为 1；对方是亲兄弟姐妹，系数为 0.5；半同胞关系，系数为 0.25；表亲关系，系数为 0.125；最后，关联无限小到可以忽略的邻居，系数就为零。

我们需要对汉密尔顿的思想与标准的自然选择方法做一个对比。在每一种进化动力学模型中，无论是生态学、进化博弈论还是人口遗传学，我们通常都要在考虑到群体中发生的所有必要互动的基础上，去计算个体的适应性。这种常识性的方法针对群体中每一位个体的适应性进行计算，再评估这种适应性会如何影响那些引发某种行为的基因的生存，譬如引发解救落水兄弟冲动行为的基因。之后，我们就能看出，像解救亲兄弟或解救陌生人这种遗传编码策略是否得到了自然选择的偏好。这就是基于“适应性”和“自然选择”的常规方法，也是霍尔丹自己本应该采纳的方法。

但是，内含适应性理论提出了另外一种方法。我们可以将这种方法想象为一种“会计”工作的替代方法。这种方法不计算个体适应性，而是只考虑一方的观点，也就是所谓“行动者”的观点。这位“行动者”在我们的例子中，就是跳入湍急河水中的勇士。我们计算，他的行为会如何影响他自身的适应性，以及两位亲兄弟、八位表兄弟，或不幸落入霍尔丹危险之河中的任何人的适应性。这些人是接受者。但如果被救的亲属与其他亲属因繁殖后代而产生竞争，那么他们的适应性就会受到影响，也需要考虑到内含适应性的计算之中。如此看来，内含适应性并不是一个简单的思想。最后，我们将所有这些适应性元素加总在一起，再乘以行动者与接受者之间的亲缘关联系数，所得到的结果就是行动者的内含适应性。请注意，这里仅考虑到行动者自身的行为所产生的结果，并不包括其他人给行动者提供的帮助。

现在我们了解到，这类“会计”工作并不是直截了当的。通常来讲，不太可能对一位个体的适应性进行解构，并拆分成多个组成部分。因此，总的来看，适应性是关于其他人行为的一个更为复杂的函数，而我们不可能对内含适应性进行实际计算。出于这方面的原因，这并不是一个通用的思想，也不是一个稳健的思想，只不过停留在特定的数学假设上而已。

关于这些假设，我在此略作讲解。例如，只有当群体中所有个体的适应性几乎完全等同，仅存在微乎其微的差异时，才能对内含适应性进行定义。它也只有在生物学家所谓的“近似中立性”条件下才能发挥作用。在这种条件下，几乎不存在任何选择机制。但我们发现，即使我们到达这种近似中立性的边缘，内含适应性也不是总能发挥作用，尚需要具备更多条件。

内含适应性发挥作用的限定条件之中，有一个条件是，所有的互动必须是递增和成对发生的。但举例来说，在蚂蚁群落中，许多工作需要多位个体的协作行动，而不仅仅是成对行动。可以想象一下巨大食物的运输工作，或是对另一个蚂蚁群落入侵行为的联合抵御。而且，内含适应性理论只会在非常简单、相对静态的群体结构中发挥作用。对于内含适应性的计算公式来说，需要将所有这些假设考虑进去。同样，如果这些假设不成立（当然，这些假设很少会成立），那么内含适应性的概念就没有任何意义。

亲缘选择是合作进化的一种“有条件”机制

关于内含适应性理论成立的条件，我们还有了另一项发现。先暂且假定内含适应性理论成立（我们从讨论的角度出发，假设所有这些高度限制性的假设全部有效）。我们现在所在的位置，是一处名叫“内含适应性之国”的世外桃源。在这里，个体之间结成对子，共同构成一个特别的群体结构，其中几乎不可能出现选择的事件和现象。我们发现，在这个内含适应性理论可以起效的特别世界中，计算结果与标准的自然选择理论所做的预测完全相同。如此看来，内含适应性理论也没有给出任何新颖的预测或见解。从内含适应性的角度看问题，无异于为了加入一家精英俱乐部而不得不办理繁琐费时的入会手续，而办好后才发现，自己根本没有享受到什么特权。

这就引出了这样一个问题：现在我们掌握了一个在所有情况下都适用的理论（古老而优秀的自然选择理论，其重点也在基因上），同时也掌握了一个仅在一小部分假想情况下才能适用的理论（内含适应性理论），而如果对于这一小部分情况来说，两种理论会得到同样的结果，那么我们为什么不坚持更加简单、更加通用的理论呢？

还是让我们再给亲缘选择最后一个机会。也许这一理论中最吸引人的思想，就是汉密尔顿的规则。他对利他主义的理解依赖于这样一个观点：你可以为近亲属而牺牲自己的生命，同时还能延续你自身的基因，因为近亲属和你有许多共同的基因。汉密尔顿的规则是说，如果“亲缘关联性”大于成本与收益比，就会产生合作行为，并由此来预测在遗传亲缘关联度的作用下，合作程度会有多大。而问题在于，即使我们生活在内含适应性假设全部成立的世外桃源，上述汉密尔顿规则也不成立。内含适应性理论学家意识到了这个问题，曾尝试重新修订汉密尔顿规则中的成本与收益参数，从而令规则起效。但这种形式的修订需要付出沉重的成本：你会因此而丢掉规则的预测能力和数学品质。

内含适应性理论的实验测试也存在问题。如果实证学家在实验室或野外考察时对遗传亲缘关联性进行测量（这种测量非常有用，可以用来理清群体结构），那么他们并不是在对内含适应性理论进行测试。为了对这一理论进行测试，他们需要设定好内含适应性等式，将群体结构的所有复杂细节考虑在内，并对成本和收益进行权衡。据我所知，没有人做过如此规模庞大的测量工作。

常有人说，内含适应性理论是以基因为中心的方法。然而事实上，这一理论却是以个体为中心的。举例来说，我们来思考一下包括蚁后和工蚁的蚂蚁群落。这就是“真社会性”的典型案例：工蚁并不繁殖后代，但会帮助蚁后进行繁殖工作。内含适应性理论将工蚁作为关注中心，对工蚁为什么会表现出利他主义行为并为蚁后抚养后代的问题进行研究。为什么工蚁不离开这个群落，与其他蚂蚁交配并抚养自己的后代呢？为了回答这个问题，亲缘选择理论家认为，他们需要超越传统自然选择的范畴，去分析个体行为的内含适应性，譬如某一只工蚁帮助蚁后抚养后代的行为。他们认为，在内含适应性理论诞生之前，并不存在一个令人满意的答案。我不同意这种观点。

如果你开发出了一种模型，能够真正以基因为中心，你就会发现，根本不需要利用内含适应性的概念。我们需要提出的问题是，与社会行为相关的基因，是否能最终超越并胜过与独居行为相关的基因。现在，我们就有了如下这个核心问题：这一社会基因，究竟是得到了选择过程的偏好还是反对？为了弄清这个问题而进行的计算过程，完全基于标准的自然选择理论。

这样一来，科琳娜·塔尼塔、爱德华·威尔逊和我共同开发出了一种新颖的替代性方法，用来解释真社会性的进化，而不用诉诸复杂迂回的内含适应性理论。我们利用自然选择理论，加上对群体结构的认真考量，来对像蚂蚁等昆虫社会超乎寻常的合作进化进行解释。我们完全不需要借助内含适应性理论，就能得到满意的成果。我会在第 8 章中详细阐述这个话题。

由于我在内含适应性理论分析过程中表现出来的否定态度，你可能会感觉，我将亲缘选择理论视为死路一条。实情并非如此。虽然汉密尔顿规则存在一定的局限性，但却是一种宝贵的启发式理论。过去几年中，在内含适应性思维方式的激励下，出现了大量的理论研究成果，并鼓励实证生物学家在许多野外考察工作中对亲缘相关性进行测量。但在我看来，现在应该放下过去向前看。很明显，对进化动力学的数学理解已经达到了相当的高度，可以将社会生物学理论扩展到汉密尔顿规则之外的领域。我们现在已经有能力问出更加具体、更加准确的问题，并继续获取对进化过程更加深刻的理解。

只要得到恰当的定义，亲缘选择依然是合作进化的一种机制。我能想象，只要在亲缘识别的基础上产生有条件的行为——我可能会为了我亲兄弟而奋不顾身地跳入河中，却不会为了一个陌生人这样做，亲缘选择理论就能够适用。这样的话，我会根据自己面前的这个人是我亲兄弟还是陌生人而采取相应的行动。让我深有感触的是，在霍尔丹说出那句名言半个多世纪之后，这一情形的具体情况依然有待人们进行研究。如果想让亲缘选择理论继续向前走，我们就要回归到霍尔丹最初那火花般迸发的精彩而深刻的思想上。

SUPER
COOPERATORS

Altruism,
Evolution,
and Why We Need
Each Other to Succeed

02
合作在生命进化过程中居功至伟

SUPER COOPERATORS

Altruism, Evolution, and Why We Need Each Other to Succeed

第 6 章

生命起源于合作

进化动力学中心（PED）聚集了一批优秀的数学家和生物学家，他们在这里探索生命的奥秘。遗传信息的载体 RNA——核糖核酸的出现，预示着生命的诞生。没有背叛者的细胞繁殖得更快，也更有生存优势。

这种生命观认为，生命及其若干能力最初是由“造物主”注入少数类型或一个类型中去的，而且，在这个行星按照既定的引力法则继续运行的时候，最美丽和最奇异的类型，从如此简单的始端，过去、曾经而且现今还在进化着。这种生命观是极其壮丽的。

查尔斯 · 达尔文，《物种起源》

几个世纪之前，苏格兰植物学家罗伯特·布朗因观察到花粉粒中碎屑的之字形运动而感到迷惑不解。那是在 1827 年，布朗通过原始的显微镜，进行了这项具有先锋意义的观察实验，发现了随机运动现象。令他感到困惑的是，这样的连续运动不是从液体流中出现的，不是在蒸发的过程中出现的，也不存在任何清晰明确的原因。他以为，自己似乎发现了一种生机勃勃的力量，发现了“生命的秘密”，并因此而激动兴奋。

布朗是一位优秀的科学家，他知道自己还需要更多的证据。那个时代，布朗名声在外，享誉欧洲各地，还在牛津获得了名誉博士学位，举办了和伟大的物理学家迈克尔·法拉第（Michael Faraday）以及化学家约翰·道尔顿（John Dalton）同样规模的庆祝仪式。而且，他还领导了对澳大利亚的探索工作，并在达尔文搭乘贝格尔号进行著名的航海探险时，为后者提供所需设备的建议。后来，布朗在金属粒中也观察到了同样的运动，而金属很明显是不具有生命的。于是，他放弃了之前认为自己发现生命精华的想法，他当时的失望心情可想而知。

然而，从某种角度讲，他的确看到了一种生机勃勃的力量。将布朗观察到的现象转换为理论形式的关键一步，是在75年之后才迈出去的。爱因斯坦提出，微粒保持之字形运动，是因为周围存在肉眼不可见的微小分子，由这些分子组成的“海洋”形成了冲击力，才表现出如此的运动状态。在1905年的科学氛围中，许多重要人物都对分子的存在持否定态度。爱因斯坦预测，液体中随机运动的分子向更大的悬浮粒子施压，会造成粒子的不规则运动。这种运动的幅度很大，可以用显微镜直接观察到。从这种运动现象着手，爱因斯坦还研究出了分子的体积。虽然布朗运动并非一种带有生命的力量，但布朗的观察和发现的确为我们现在对早期生命的理解和解释奠定了基础。

拥有生命、呼吸的生物，并不需要某种生命的推动力或者生命精华来完成进化，而只需要分子之间保持非凡的合作水平。其中一些分子源于原始地球的大气，在紫外线和其他辐射的作用下，分解、融合，形成了简单的有机分子，譬如碳氢化合物。闪电所提供的高能量，能够进一步增加分子的种类。碳氢化合物为单氨基酸（连在一起形成蛋白质）和碳水化合物（单糖）等更为复杂的有机物提供了给养。这些分子以某种方式结成形体，构成了细胞的祖先，它们有着确定的形状、统一性和各种属性，带有生命的特征。

如果我们透过表面看本质，看到我们身边生机勃发的生命体之中的细胞，就会发现强大的分子复制因子，也就是我们生命传承的信使。至今发现的最为常见的一类因子，就是DNA（脱氧核糖核酸）。除了少数几种病毒之外，如今地球上的所有生命都要依靠DNA来存储生息繁衍所需要的信息。但是，最初的生命游戏之中最有可能出现的玩家，却是与此相关的遗传物质——RNA分子。这种分子比DNA更富有灵活性，因为它既能将信息传递给子孙后代，又能对化学反应起到催化和加速的作用，非常便捷有效。而且，RNA还带有DNA在生物体中的所有关键职责，包括人类也是如此。

1986 年，哈佛大学诺贝尔奖得主沃尔特·吉尔伯特（Walter Gilbert）提出了“RNA 世界”的说法，他认为在蛋白质加入到生命这场游戏之前，是 RNA 以某种方式主宰了生命的起源。

我在一处岛屿胜地游览时得到了灵感，为生命起源问题找到了新的探索方向。优秀的科学方法，就是要问出正确的问题，而关于生命起源这一话题的另一种问法，也催生出我心中一个很有意思的新想法。传统思想往往认为，更为成功的有机体能继续繁殖更多的后代，并将基因传递给这些后代。如此，就有了繁殖在先，选择在后的逻辑。到目前为止似乎还说得通。

我们也知道，通过自然选择的过程，进化塑造了地球上所有的生命，我们能够用数学的方式抓住其运转原理，并将其精华浓缩成为数学等式。借此，我设计出了一个通用的数学理论，研究对象并不仅限于进化自身，也涉及进化的起源。我和同事一起，展示出地球在“婴儿期”如何形成由相互合作的分子所构成的复杂生态系统。成百上千万年来，这就造就了由以分子形式表现出来的“干柴”，等待着我们今天所知的“生命复制”燃起的熊熊“烈火”。

自然选择的过程，将从细菌到老虎等各式各样的生命连接为一体。而生命复制是指制造各种自身重复版本的能力，无论是以卵的形式，还是以子孙后代或分子的形式。**我认为，自然选择过程实际上早于生命复制现象本身。**通过思考这一理论对生命起源的意义，我也能得出合作比生命本身的历史更为悠久的结论。

生命奥秘在 PED 揭开

记得我在普林斯顿高等研究院（Institute for Advanced Study in Princeton）工作时，一天电话突然响了起来。电话那头是一位名叫杰弗里·艾普斯坦（Jeffery Epstein）的陌生人，希望我能为他讲述一下自己的研究工作。后来我才知道，原来他是一位华尔街阔佬。第二天，他的办公室给我的行政助理汇来了一大笔慷慨的研究资助金。而后，他又邀请我去纽约拜访他。于是，我来到了一座由旧校舍改建而成的富丽堂皇的建筑。没想到的是，我竟是他晚宴上的唯一客人。我们相谈甚欢，不知不觉几个小时过去了。他对我在合作领域进行的研究工作非常感兴趣，迫切希望了解更多细节内容，尤其对“赢定输移”策略痴迷不已。他也经常用新思想挑战我的观点。这是一次令人难忘的交谈，也是我们长期交流的开始。

杰弗里希望我能组织人们召开一次以“语言的进化”为主题的会议。于是我们开始着手准备，会议终于在一年之后于高等研究院召开。艾普斯坦本人也出席了会议的开幕式。他的私人飞机就停在普林斯顿机场随时待命，虽然没过多长时间，他就起身告辞，乘飞机去了巴黎，但会议却进一步提升了他对我研究课题的兴趣。一段时间之后，他再一次邀请我去拜访他。

杰弗里公馆的一位女性工作人员给我打来电话，安排拜访事宜。电话中她告诉我，会给我寄来一张飞往波多黎各圣胡安的机票。到了那里之后，会有直升机来接我。她不经意间提到，她就是负责接我的直升机飞行员。我突然感觉，自己仿佛是詹姆斯·邦德电影中的临时演员。后来，计划果然如期而至，我乘上直升机，一路上俯看着下面一望无际的温暖的深蓝色海水。我们来到加勒比海中的一座小岛，又被引到一处有柱廊的庭院，在石桌旁坐下。杰弗里的热带小岛面积只有约 0.45 平方公里，被珊瑚礁包围。小岛上面建有一处奢华豪宅，房顶闪烁着铜绿色的光彩，还有长达 1.6 公里、长满棕榈树的海滩，而这些棕榈树都是从佛罗里达州专程运过来的。为了让海盗敬而远之，还特地竖起了一道有星形图案的横幅。

我的客房装有蓝色百叶窗，房间内饰由专程从法国飞来的设计师打造。几处这样的小房子围绕着一座喷泉、一处庭院和一池湖水建成，四处点缀着沙发和躺椅，但我还是喜欢在石桌旁工作。每天，我都在晨光的沐浴下与杰弗里共进早餐。在科学方面，关于我的研究课题，我们总有说不完的话，讨论着这些研究的意义和发展方向。

杰弗里是无可挑剔的主人。一次，我无意间问到，在小岛周围温暖透明的海水中潜水会是什么感觉。没想到第二天，一位蛙潜教练就出现在我面前。当英国宇宙学家斯蒂芬·霍金造访这里的时候，曾提及他从来没有潜到水下过。于是,杰弗里专门给他租了一艘潜艇。我此次行程的最后一天,杰弗里说,他会为我设立一个研究所。

2003 年，在他与我们当时的校长拉里·萨默斯（Larry Summers）谈判达成一致之后，我终于成功创立了“进化动力学中心”（PED）①。萨默斯后来成为了奥巴马总统的首席经济顾问。那时的他就如何利用有限的资源办好进化动力学中心这个问题，给了我直率的建议：“该花就花，钱永远够用。”我们占用了剑桥布拉特广场（Brattle Square）一座崭新的智能写字楼顶层。写字楼地处中心地带，周围有各式餐厅和精品小店，到了夏天，还有街头艺人在路边卖艺。加入中心的是一群我亲自挑选的优秀数学家和生物学家，以及希望对合作的强大力量进行探索的各界优秀人士。有的学生将我的中心称为“诺瓦基亚”。对于我们来说，诺瓦基亚就是学术天堂的所在。埃雷兹·利伯曼（Erez Lieberman）是哈佛最优秀的毕业生之一，他曾开玩笑说，PED 就是“天天派对”（party every day）的简称。

访问学者时多时少，一般情况下，我会有 15~25 名研究人员，在各类新颖酷炫的项目上开展研究工作。我们也有许多本科生。我们将他们称为“罗马人”，因为他们之前曾经属于一个名叫“数学进化研究机会”（Research Opportunities in Mathematical Evolution—ROME）的研究小组。埃雷兹·利伯曼称呼自己为“什长”（Decurio），这是古罗马十人小队的队长头衔。他还总用这个称呼当作插科打诨的借口。如果某个项目上来了太多的学生，埃雷兹

① Program for Evolutionary Dynamics, 简称 PED。

就会告诫大家，“条条大路通罗马”。如果某位学生的研究项目遇到困难，他就会这样安慰：“别担心，罗马不是一天建成的。”

我的“王国”听起来仿佛是马克思兄弟老电影中的某个场景。我梦想着成为其中的鲁弗斯·法尔弗莱（Rufus T. Firefly），那位拥有格拉斯顿式政治家风范、林肯式谦逊以及伯里克利（Bericles）式智慧的传奇独裁者。而事实上，我的目标十分简单：我希望 PED 的常住民能在理解大自然的过程中找到充实与快乐。我希望他们能有所选择，而不用背负职责。他们并不为我工作，是我在为他们而工作。

生命是怎么一回事儿

杰弗里在他那天堂般的小岛上，有充分的时间进行思考。几年之后，当我们再次坐在同一张石桌边上时，他又回归到了最为宏大的问题之上：“生命是什么？”但是，他也将这个大而又大的问题转换为一种更有意思的说法。他补充道：“生命是解决办法，那么，它解决的问题是什么？”毕竟，行星围绕太阳运转的轨迹就是这些天体用来“解开”牛顿引力定律方程的答案。电子围绕轻原子核所做的运动，就是“解开”量子力学方程的答案。那么，生命究竟是用来“解答”哪一个方程的呢？

我很欣赏他讲述这个问题的方式。很遗憾，我给不出答案，所以避开了他的问题。我说过，生命一直在不断地进化中，因此，生命就是解开进化这个方程式的答案。但这就引来了另一个问题：“什么是进化？”这又是一个宏大的问题，因为生物学就是围绕进化展开的。之后我意识到，关键的课题实际应该是——进化从何开始。我们知道，生命体能够进化。进化将一套生命体系转化成为另外一套，但进化本身是如何出现并形成的？这似乎就是我们想要探索的整个领域之中的核心议题。

虚空之中，是怎样的一股力量，将曾经令罗伯特·布朗倍感兴奋的混沌的无机分子，改变成为像布朗本人这样聪明、活生生、有组织的生物化学奇迹？在想象中各种可能性的煽动下，我立刻开始着手设计一套化学反应实验方案，从中，我能看到非生命体逐渐转化成为生命体的过程，也就是从单纯的“无生命”化学到生物学的转变。我想到，两个化学单元可以通过“聚合”的方式,形成新的序列。我们可以将两个子单元想象成二进制代码中的0和1。在我的脑海中，清晰地闪现出这一聚合反应凭借简单的二进制子单元，激发出了无数可能的代码组合。就是这样，我坐在天堂小岛的石桌边，构思出了一个全新的概念——“前生”。

下面简单介绍一下我思考这个问题的过程。我利用简单的单元代表生命最初的化学建构，可以是RNA，也可以是其他类型的分子形式。这一基础建构以随机和自发的方式，组合成为信息串，就像字母拼出单词一样。我对生命之初这一活动的发展速度很感兴趣。或者，换一种说法就是，我的研究重点在动力学上，研究拥有不同序列的信息串能以多快的速度生长。有着不同编码的信息串会以不同的速度越变越长，其中一些接受化学结构的速度比另一些更快。生长速度之间的微小差异，会导致信息串总量的不同。

从数学中我们可以看出，由于更长的信息链需要更多的装配反应，因此就不会像较短的信息链那么常见。但如果一些装配反应速度更快，那么这些快速装配的结构序列就会更加庞大，就好像以更快的速度转动压面条机的手柄，就能制作出更长的面条一样。这种长寿面胜过刀削面的结果，就是选择的一种表现形式。用这种方式看待这碗“原生”面条汤，我发现，选择的过程先于复制的过程是可能出现的，而且能以一种自然而然的方式表现出来。

有些信息串也会发生突变（想象一下各种不同形状的意大利面，有管状的空心粉，还有螺纹状的等），而这种新型的突变成果也可能发展得更加成功。有时，某一个信息串会比其他序列有着更快的反应速度，标志着一种特定形式的合作。而进行全盘考虑就会发现，所有的可能性加总在一起，就形成了这栩栩如生的化学系统，随时可能孕育出动态的进化过程。如此来看，受制于选择和突变力量的分子，依然缺乏生命所需的最后一个条件——复制。而这些分子也在不可逆的力量驱使之下，朝着这个方向发展。

到目前为止，我们还没有考虑过复制，仅仅研究了形成基本分子所需的反应。现在，如果某些信息串的确具有复制的能力，那么我们就能研究复制过程中是否存在选择的机制，从而去探寻生命从“前生”中脱颖而出所需的精确条件。更为简单的单元——单分子结构，是构成“前生”的主要物质。生命是在“前生”中诞生的。但这之后，前生和生命之间，却就单分子结构这种基本原料展开了竞争。最终，这场竞争会发展成为对具有复制能力的分子的选择。

从繁殖的起源到选择的起源，我们的关注点发生了改变，而这一改变也具有重要的意义。普遍的观点认为，大约在40亿年以前，我们的星球到达了“奇点”，这标志着生命多样性的最终诞生，并由此发展成为我们今天周遭可见的一切。这场生物学“大爆炸”，从一群采取合作态度的分子跨越无生命化学和生物化学分水岭的一刹那开始，便铸起了繁殖链条中的第一道连结环，进化成为各式各样或蠕动、或游动、或爬行、或行走的生命体。

在对生命起源的传统理解中，第一个复制基因横空出世的一刹，是极为珍贵稀有、稍纵即逝的瞬间，并由此引导出了随后发生的进化。这一刹那如此幸运，转瞬间的电光石火便造就了所有生命熔融的奇迹。就像希腊宇宙论中所讲的一样，从“茫茫无边的黑暗”虚空与混沌之中，主管原生大地的盖娅女神诞生了。但从我们就“前生”进行的研究中可以看出，这样一个神奇的时刻可能根本就不存在，没有“奇点”，也没有生物学“大爆炸”。我们能看到的，只是一个循序渐进的转化过程。在化学与生物化学，“前生”与生命之间，其界限本身就是模糊不清的。生命并不存在确定的起始点，而是从一片昏聩黑暗之中，逐渐显现的一股生机。

在那漫长的远古时期，前生的内涵越来越丰沛。如此丰沛的“前生”，就为生命的勃发奠定了良好的基础。换句话说，有了丰富的化学发展环境，再加上充分的时间与空间条件，一定会出现有复制能力的适宜分子。这样，地球上这一片混沌的无生命化学物质，便开始对各种复制分子进行测试，这就使得某一个分子最终跨过生命门槛的可能性大大增加。

可见，生命的起源也许并不是开始于创世纪的一个偶然的火花，而是地球上酝酿了数十亿年之久的化学物质。在前生的化学反应过程中，存在着合作的契机。有些序列出现催化反应，这意味着加快了某种前生化学反应的速度。从这个思路出发，我们可以想到，两种互为补充的前生化学序列，会利用催化反应来进一步彼此完善。某一种分子增加了另一种分子的形成速度，反之亦然。前生中相互合作分子的存在，是一种非常可信的假设。事实上，可以这样理解单串 RNA 的复制：一串 RNA 制造出了起补充作用的另一串，以此类推。如此看来，合作行为的确比生命本身的历史更为久远。

这样，我们就掌握了关于生物初始的一种更为微妙的观点。几个基本单元串最终发展出了自我复制的能力，而如果周围有足够多的化学单元，就还能够进行繁殖。可以复制的分子串与无法复制的分子串相比，能更加快速地吞并基础单元。因此，在前生与生命本身之间，就存在着如此的竞争关系。通过我们的计算，只有当复制的速度超过一定的临界值时，前生才会被拥有复制能力的分子串所压倒。最终，生命会战胜首先占领这个星球的前生分子。这样看来，生命就好像是前生患上的一种传染病，并摧毁了其分子形式的祖先。或者换一种拟人的说法就是，前生遭到了生命的盘剥。

这一思想还有着更加广泛的意义，值得我们在这里稍微跑一下题。随着计算机资源越来越丰富，互联网将遍及整个星球的越来越强大的电脑连接为一体，这个世界将会因此而发生些什么，我们拭目以待。想象一下，当拥有进化能力的软件，或称软生命，能形成以计算机为基础的生命形式，并自发地以40亿年前地球上出现第一个生命体相类似的方式产生进化行为时，又会发生什么样的事情。

遗传物质点亮生命之光

一旦出现了像遗传物质RNA等拥有复制能力的分子串群体，接下来又会发生什么？我们下了很大工夫，用数学方法来描述RNA聚合物等分子聚合体在化学反应的作用下，会随着时间的发展而发生怎样的改变。根据RNA聚合物中的遗传“字母”排序的不同，自我复制的速度也有着多样化的特征：有些RNA排序产出“子孙后代”的速度会更快一些。换句话说，这些以更快速度繁殖的RNA，更具有“适应性”。

然而，复制是很容易出现失误的，因此必须将这一因素考虑在内。由于繁殖过程中错误不断，因此，后代的序列不需要与父母保持一致。如此一来，繁殖时随机出现的化学事件，就能够创造出拥有不同序列的全新RNA分子，虽然这些RNA分子与父母之间仍保持着亲缘关系。这一系列拥有紧密亲缘关系的RNA，被称为“准种”。德国的诺贝尔奖得主，化学家曼弗雷德·艾根（Manfred Eigen）曾与维也纳大学的彼得·舒斯特共同就生命之初存在的各种分子复制的现象和结果进行了研究。

为了着手进行研究，他们需要对进化的各种可能性进行构思。1932年，美国遗传学家休厄尔·怀特（Sewall Wright）提出了“适应度景观”（fitness landscape）的思想。这一理念为艾根和舒斯特所接纳并加以拓展，用来描述RNA进化和生命的起源。首先，他们构建出了所谓的序列空间，将同样长度的RNA链条置于栅格之中，令彼此相邻的RNA仅存在一个化学字母（基）的差别。现在，任意两条RNA序列之间的距离，就等于突变的数量（字母之间的差异）。令序列产生差异的突变数量越多，两者之间的距离就越远。

每条 RNA 序列都有特定的繁殖速度，也就是这条序列的“适应度”。相对适应度较高的序列，其繁殖速度会更快，随着在竞争中逐渐胜过适应度较低的慢速序列，这些高适应度序列的数量也会越来越多。如果将每条给定 RNA 序列的适应度用纵轴表示，而序列空间用横轴表示，那么我们就得到了具有 RNA 进化特征的“适应度景观”。

将上述信息纳入脑海，我们就能想象出，快速复制的序列会形成山脊般的图像，而速度最快的一条则是那最高的山巅。在适应度景观之中，复制速度最慢的序列在最低的山谷中憔悴衰败。而当临近的 RNA 序列拥有相似的适应度时，就会形成地势平缓的平原图像。这样一来，寻找拥有最佳复制能力 RNA 序列的工作，就相当于在一片宏大而波澜起伏的适应度景观之中，找到那座最为壮观的波峰。

不断进化的群体会在一系列小规模遗传变化的作用下，在适应度景观之中不断向上攀升，直到抵达巅峰的位置。而进化的微妙之处就在于，这一给定的巅峰并不一定就是最高点。这样一来，群体很可能会被困在这一点上，直到偶发的突变打开一条通往更高适应性巅峰的全新道路。否则，去往更高巅峰的道路就会从低谷间穿过，这也可以说是“以退为进”这个古老策略在“准种”领域的体现。

适应度景观是多维的。如果你想要画出这样一个栅格，里面是长度为 2 和 3 的二进制序列，那么所需要的维度就要和序列的长度相等。如果想要画出人类免疫缺陷病毒的序列空间，就需要 10 000 个维度。对于人类的整个遗传互补——人类的基因图谱来说，需要大约 30 亿个维度。与此相比，生命之初的遗传物质串就要短上许多，但尽管如此，还是超越了人类对其所在的多维空间的构想能力。

我希望读者能开始理解，进化的各种可能性处于很高的多维空间之中，实际上，这些空间比宇宙本身更为“辽阔”。这些空间如此浩瀚，在一片高维度“喜马拉雅山脉”之中，拥有独特而奇异生命形式的“香格里拉”，很可能如绿洲般存在于适应性景观之中，而穷尽我们宇宙的整个生命周期，进化的机制也很可能无法发现这些绿洲的存在。

生命的博弈

艾根和舒斯特于20世纪70年代后期提出“准种”理论之时，他们也创造出了理解生命和进化的新契机。准种可以在高维度的适应度景观中四处游走，寻找巅峰，而这些巅峰代表的正是拥有高度适应值的区域。但艾根和舒斯特认为，自然选择的目标，不是最具适应性的序列，而是最具适应性的准种。这是一个很重要的区别，因为最具适应性的序列可能仅代表准种之中非常小的一部分。事实上，这些序列甚至很可能并不时刻存在。而且，最高的巅峰也许并不与最具适应性的准种相符，随后我会作出进一步解释。

我们很容易想明白，为什么关于一群彼此之间略有不同的亲缘RNA分子——“准种”思想，会如此的强大。你也许认为，任何单一RNA复制因子的成功，仅取决于其自身自我再造的能力，并因此也取决于其自身的复制速度。但这种观点并不成立。实际上，其成功还要取决于临近突变体的复制速度。原因在于，在适宜的突变之后，这些临近的突变体也能产出原始的RNA复制因子，而相邻的不同序列就能通过突变实现相互“合作”。

如此一来，自然选择就会挑中最具适应性的一群RNA序列（准种），而非最具适应性的RNA序列本身。在涉及生命的博弈问题上时，其结果很可能是反直觉的。我们来假设有两条RNA序列，A和B。假设A的复制速度比B快，因此A就具有更高的适应值。传统观点认为，A会在生命这场博弈之中获胜。是否正确？请先不要急着下结论。

我们假设A周围布满适应度很低的突变体。这样，A就位于高耸的顶峰之上。而B周围的突变体则具有相对较高的适应度，更像是处于一座平顶山上。平顶山的高度要低于 A 所在的尖峰。从彼得·舒斯特在维也纳大学与乔格·斯维蒂纳（Jörg Swetina）共同得出的数学研究成果中可以看出，随着突变不断加速，A 会在与 B 展开的竞争中败下阵来。因此存在一个关键的突变速度，在这一速度之下，A 就会获胜，而超过这一速度，B 及其邻居们就会受到追捧，而这一数据可以通过“准种等式”得出。

准种理论还有其他一些重要结论。生物学专业的学生从学习专业课的第一天起，就要将突变的随机性深深植入脑海：突变没有指定的方向，其发展是盲目的。但正如我们了解到的一样，进化完全不是盲目而随机的。这就意味着，最适合环境的突变体更倾向于繁荣发展。现在我们知道，选择可以作用于准种的结构，并指导准种沿着山脊来到最近的巅峰。这种现象之所以会发生，是因为更加成功的突变体与稍为逊色的突变体（离巅峰距离较远）相比，能产出更多的子孙后代。

在这一思想诞生之前，人们很可能会以为，进化的过程就是在适应度景观中完全随机的游荡。换句话说，就是在多维序列空间中的一系列步伐，而行进到空间之中某一区域的可能性不会比其他任何区域更高。但研究证明，由于选择和准种的力量，在行进于生命遗传可能性之中时，进化过程是会出现偏好的。

艾根悖论，自我复制的分子链不能太长也不能太短

进化所衍生出来的无数奇妙的可能性，是复制过程中出现失误的结果。突变是十分关键的。如果 RNA 的复制臻于完美，没有失误，那么就不会出现突变体，而进化也会停止前进的脚步。一切都不会再发生变化，也没有生命的多样性。因此，生命的出现是以突变为条件的。同样，如果复制的失误率过高，进化也不可能成为现实。原因在于，只有一些突变能引发适应性的

提升，而绝大部分突变则会带来恶化和负面影响。

通过计算我们不难发现，如果在某一次复制过程中出现了太多的失误，那么随着遗传信息的混乱，RNA 分子群体就无法维持足量有意义的信息，以传递给下一代。因此，当突变率超越某一个精确界定的临界值时，遗产和传承就会土崩瓦解。于是，对于适合某种环境的 RNA 准种来说，一旦逾越了失误率的临界值，就再没有任何对该环境的适应性可言。艾根和舒斯特发现，有办法可以找到这一失误临界值的具体位置，并用在任何突变率下都会兴旺发展的可能的最大序列长度，来表示这一临界值。

假设在 RNA 序列繁殖之时，存在发生拼写失误的某一给定概率。可以想见，RNA 序列的长度越长，其中包含的错误就越多。就好像你想要手写出越长的一句话，写出错别字的可能性越大一样。这样，我们就能将失误临界值确定为传承遗传信息能力过于退化的 RNA 长度。对于拥有 100 个“字母”（被称为“基”的化学单元）的 RNA 来说，想要完成信息传承的工作，那么每 100 个字母中，发生突变的字母数量必须小于 1。而对于有 1 000 个字母的 RNA 来说，每 1 000 个字母中的突变量也要小于 1。因此，突变率的最大可能性必须小于基因组长度的倒数。这样，就能拥有足量携带正确信息的后裔，并继续将信息传递给子孙后代。

美国圣地亚哥索尔克研究所（Salk Institute）的莱斯利·奥格尔（Leslie Orgel）对 RNA 的自发复制进行了实验（没有使用生化酶）。结果证实，失误率大概在 1/20 左右。这一数字指出了原生基因组的上限在 20 左右。如果幸运的话，这一数字可以高达 100，越高越好。因为 RNA 越长，利用 RNA 自身减少突变率的机会就越多。

单链 RNA 常常因为单元基相互配对、形成发夹结构，而纠缠打结。由此产生的复杂形状就使其有了作为生化酶的能力，能够加快化学反应，帮助修正失误。在生命初始之时，由于失误率很高，遗传复制的发生速度通常非常缓慢。而原始 RNA 生化酶成了“复制游戏”中妥善安排各位化学“玩家”的模板，也许正是因为 RNA 生化酶的出现，才使得复制工作能够更加准确地进行下去。维持生命延续的生物化学环境是如此的复杂，在创造这一环境的过程中，RNA 生化酶的出现给我们带来了希望。

然而，我们还是要记住艾根在失误问题上的研究成果。是否可能出现足够长的 RNA，能够制造出具有失误修复能力的酶？RNA 在自发复制过程中，其失误率介于每 20 个字母拼错 1 个到每 100 个字母拼错 1 个之间不等。假设后面这个数字为实际失误率（保持乐观态度）。这一失误临界值说明，能够得以进化的最长 RNA，有 100 个基那么长。艾根认为，对于能作为复制酶的 RNA 生化酶来说，这样的长度还是太短，无法进行充分编码。复制酶，就是提高 RNA 复制速度并降低突变率的一种酶。

那么，如何才能生成足够规模的 RNA，使从中得来的 RNA 生化酶能够确保复制的准确性？有些人将这一问题与艾根提出的悖论联系在一起：失误临界值的概念限制了自我复制分子的大小，而生命却需要长得多的分子链，才能容纳得下遗传信息的编码。艾根认为，如果不考虑修正失误的酶，那么复制分子链最长可达 100 个字母左右。但为了让复制分子链能容纳下失误修正酶的编码，则必须要比 100 个字母长出许多才行。这就是为什么失误临界值的概念对于生命原初的时刻具有如此重要的意义。

1989 年，彼得·舒斯特跟我一起，针对我的硕士毕业论文展开了研究，那时我关注的重点是失误临界值理论。舒斯特与艾根利用无限大的群体作为研究对象（虽然听起来有些吓人，但实际上却相对更容易进行分析），而我的工作则是对他们的研究成果进行精炼，以适应规模有限的群体。结果，我得出了一个简洁的短式，希望能借此博得一些专家的肯定。原来，在规模有限的群体中，突变率的最大可能性比在无限大的群体中要小。因此，在有限规模群体这个较为实际的条件之下，失误临界值的问题就显得更加尖锐。对于给定的突变率来说，能够实现适应性（在适应度景观中寻找巅峰并占领山头）的基因组的最大长度就更短了。这就意味着，克服艾根悖论变得难上加难。

然而，我们知道，这样的限制是能够克服的。如今，这个星球上充满了包含巨大分子链的各种生命。在我们的身体中，生化酶是体型完美而庞大的蛋白质，能够异常精准地以某种特定的方式来加速化学反应，从而确保复制过程中的失误率能够维持在最低限度。地球上每一个生命体的存在，都告诉我们，进化的过程已经找到了办法来绕开这一难题。

“超循环”合作机制

实际上，在生命的“22 条军规”中，合作给出了解决办法。在这个问题中，合作以所谓“超循环”的形式出现。这是一个由相互依存的 RNA 分子组成的循环，每一个分子都在进行自我繁殖的化学反应，并同时帮助循环中的下一个分子进行繁殖。

这是一个充满活力的模型，对超循环中各个组成部分如何相互协作给出了概略性的描述。每一个复制因子都足够小，不会达到失误限制，这样就可以保持复制工作的高保真度。而且，任何一个复制因子都无法独占鳌头，因为在整体的组合结构之中，RNA 分子之间必须相互依存才能取得成功的结果。通过组建一个由独立 RNA 序列所组成的超循环，而其中的每一个 RNA 序列都低于信息失误的临界值，就可以存储下更多的遗传信息，还可以有能力制造出检查失误并修正失误的蛋白质。

超循环与真实世界有什么关联呢？如今的地球上，生命体以 DNA 的形式存储遗传信息，也可以转化为 RNA 的形式。RNA 用来当作 DNA 编码信息的工作副本，亦可发挥生化酶的作用，从而指定生物体的建构单元——蛋白质。在 RNA 的世界中，所有这些工作都由 RNA 来完成，但我们也可以对超循环的思想进行扩展，去覆盖一系列的可能性——RNA 超循环，DNA 蛋白质超循环，在其他循环内部运转的循环等。所有上述循环都有着同样的数学性质。

超循环以生命体之间相互依存关系的形式，在我们周围的生态系统之中存在并运转。达尔文用下面这段优雅的文字表达了这一思想：

> 不妨想象一处杂乱的浅滩，上面覆盖着许多种类的植物，鸟儿在灌木上歌唱，各类昆虫在其间飞翔跳跃，蠕虫在湿润的泥土中爬行，而这些结构精致的生命形式，彼此之间的差异如此之大，并以如此复杂的方式相互依存，它们都是由我们身边的规律和法则制造出来的。

合作为王，没有背叛者的细胞胜出

> 科学家不是给出正确答案的人，而是问出正确问题的人。
>
> 克劳德·列维–施特劳斯，《生食与熟食》

超循环也许能解决失误的问题，但却遗留了一个更大的问题。这个问题是由约翰·梅纳德·史密斯最先发现的：超循环最初是如何进化形成的？当有分子寄生虫存在时它们又是如何保持稳定的？对这一研究不太熟悉的人也许会觉得困惑，不明白分子也可能是寄生虫的思想，也不明白这些分子如何“决定”采取合作或背叛行为。这是一个拟人化的说法。一个分子可能拥有恰当的形状或化学结构，从而拥有了加速有用化学反应的能力（“合作者”），也可能拥有某种特定的结构，将其他关键元素拆散，从而中断或转移细胞资源（“背叛者”）。

同样，“自私的基因”这一思想并不意味着基因拥有真实的动机，只不过它们产出的影响可以被冠以这样的描述罢了。能够传递到下一代的基因，就是享受到满足自身利益成果的那些基因，而与此同时，基因的传递并不一定能满足这些基因所在的社会或组织的利益。当谈到梅纳德·史密斯所谓的分子寄生虫时，我们所讲的，就是在复制过程中得到了帮助、却没有提供帮助作为回报的RNA，因此将其视为背叛者。这样，我们就再一次回到了囚徒困境之中，回到了合作与背叛之间永恒存在的紧张关系之中。

我们在第5章中讨论亲缘选择时，曾提到过约翰·梅纳德·史密斯。这位和蔼可亲、目光炯炯的学者，就是进化博弈论之父，在我研究的领域中拥有非凡的影响力。同时，他也激发了我个人对理论生物学的热情和兴趣。

梅纳德·史密斯在事业开始之初是一名工程师，在第二次世界大战期间曾奔赴战场，站在飞翔的机翼上计算军队的规模。如此锻炼数学能力的方式的确令人瞠目，而且长官还让史密斯在测试新型飞机时与飞行员共同试飞，认为这样他就能自然而然地快速从自身的错误中学到经验教训。二战结束后，他来到伦敦大学学院学习生物学，因为他的偶像，伟大的J.B.S.霍尔丹就在这所大学里担任教授。从传统角度来看，数学是属于年轻人的游戏。但梅纳德·史密斯却在53岁高龄时，创作出了自己的第一篇伟大的学术论文。

在20世纪90年代，我曾到苏塞克斯大学（Sussex University）拜访他。那个时候，他依然在使用古怪而古老的解释型编程语言Basic编写计算机程序。他从来没能掌握制图程序，只能用笔在纸上画出结果，而且我还亲眼见证了他这样的工作过程。他会带我去酒吧，叫上一品脱啤酒，再点一盘炸鱼和土豆片，这可是英国对世界美食行业所作出的重要贡献。晚上，我们一起回家，他会领着我来到附近苍凉的山岭、沙丘和盐沼地散步。我们一聊起来就没个完。我总是抱着万分的敬仰倾听他的讲述。他常常在悉心组织和思考之后提出问题，从而为全新的思维方向打下基础。

梅纳德·史密斯最为重要的贡献之一，就是将生物学引入由约翰·冯·诺依曼开创的博弈论之中。据说，梅纳德·史密斯曾经在研究一本包含深邃数学内容的博弈论著作时遇到了难题。于是，在翻看了几页之后，他决定放弃教科书，沿着自己的思路继续思考下去，从而总结出了“进化稳定策略”的概念：一旦成为普遍现象，便不会被替代策略所超越。针对如果一群采用同一策略的玩家遇到采用另一策略的个体会发生什么情况这一问题，史密斯思索良久。他发现，如果突变体能够比群体中的典型成员获得更高的收益，那么普遍策略就是入侵并占领整个群体。

如此，梅纳德·史密斯在群体博弈的思考过程中偶然发现了一种方法，而这种方法对于进化领域的思想来说，具有基础性的重要意义。值得玩味的是，如果他当初没有放弃那本教科书，而是继续读下去的话，他也会在几页之后发现一个称为“纳什均衡”的非常类似的概念。这一概念是以约翰·纳什（John Nash）命名，我在普林斯顿曾与他有过一面之缘。而如果真的是这样，也许梅纳德·史密斯就会感到气馁，可能永远也不会提出进化稳定策略的思想，而梅纳德·史密斯的大名也就不会像今天这样家喻户晓。有时，太多的知识也许未必是件好事。

梅纳德·史密斯还有另一项重要的贡献。他曾提出，超循环，也就是分子复制因子组成的利他网络，可能存在一个很大的问题。他很想知道这些因子是如何应对寄生虫、搭便车和欺骗等现象的。举例来说，超循环中的一位参与者在接受了催化的帮助之后，却并不为网络中的其他单元伸出援手，一旦出现这样的寄生虫，那么整个超循环链条就会断掉。这种盘剥超循环并分散其资源的欺骗现象的存在提醒了我们，虽然超循环能够解决失误的问题，但我们现在却还要为一个更深层次的问题找到答案：这些复杂而相互依存的社群究竟是如何进化的？

我们现在应该对问题的答案耳熟能详了——我们需要合作进化的机制。艾根曾提出这样的观点，认为如果超循环以细胞的形式打包存在，那么合作就是可能的。如果我们假设，拥有最为成功的复制（合作）超循环的细胞能以最快的速度进行分裂，那么这些细胞就会比那些被欺骗行为所困扰的超循环细胞拥有更强的生命力。通过引发细胞之间更高层次的选择。超循环就能够摆脱寄生虫。这也是多层选择的一个完美案例。其中的每一个细胞都作为一群复制因子：在细胞内部，背叛者可能会获得胜利；但没有背叛者的细胞却可以胜过拥有背叛者的细胞。合作者为王。

梅纳德·史密斯也认识到，在进化的过程中，遗传信息从一代到下一代的组织和传输方式发生过几次重大改变。他对亿万年以来的进化过程，从基因到染色体、细胞，再到著作《进化中的重大转变》（*The Major Transitions in Evolution*）中所使用的语言，都一一进行了讲述。这是他与来自匈牙利的生物学家伊厄斯·斯扎特马里（Eörs Szathmáry）共同完成的著作，堪称天作之合。匈牙利是个神奇的地方，许多伟大而富有影响力的科学家、数学家都来自于这里，譬如冯·诺依曼，以及最具合作精神的数学家保罗·埃尔德什（Paul Erdös），他曾在组合数学、图论、数论、经典分析、近似理论、集合论、概率论等诸多领域与几百位同行共同取得卓著的研究成果。而且，PED 也有一位常驻的匈牙利籍研究人员蒂伯·安塔尔（Tibor Antal），他曾经帮助我们解决了一些最为棘手的难题。就像那句老话说的一样："如果我看到了更远的地方，那是因为站在了匈牙利人的肩膀上。"

梅纳德·史密斯与斯特扎马里制出了图表，显示出从无形的虚空到现代生命的转化过程中，需要无数次在复杂性和设计结构上的飞跃。在最初的几步之中，基因开始连接为一体，组成名为"染色体"的结构。在细胞分裂的过程中，染色体也出现整齐均衡的分裂，制造出包含完全一致染色体与完全一致遗传物质的子细胞。

染色体就是由相互依存的基因组成的社群：这些基因的命运错综复杂。每一个基因通过与其他基因相连，在复制上达成协作，从而确保所有的子细胞都能获得全部的合作基因补充。自私的利益驱动却促进了合作的产生。我们自身的细胞中包含着成千上万个基因，遍布于 46 个染色体之中。从中可以看出，个体基因如何在同时包含有各种其他基因的细胞中茁壮发展。细胞中的所有基因都以维持细胞活力为共同目标。事实上，有些基因产出的元素，只有在与其他基因产出的元素一同作用时，才能发挥意义。因此，我们体内的蛋白质种类就比基因的种类还要多出许多。

所有基因与染色体相连接，其相对优势会随着基因数量的增长而愈发明显。因此，以这种形式达成合作的基因数量越多越好。一旦众多基因连接成为一体，失误修正机制就能在自然选择的作用下出现。连接的方式不仅能确保互为补充的基因能在子细胞中找到对方，而且降低了背叛行为发生的概率，因为以这种方式打包为一个整体的基因会同时进行复制：只要一个基因完成了复制工作，所有其他的基因也都保持同步。

然而，仍然会有自私的基因跳出来充当背叛者，对此我们应该表示担忧。举例来说，有可能是因为某些基因在独自工作的情况下，比在染色体中与其他基因合作时能更加快速地完成复制。因为在染色体中，基因需要耐心排队等待。那么，基因为什么要忍耐染色体的约束呢？为什么不摆脱束缚，放手单干呢？为什么一开始就选择了合作？为什么不选择背叛？当然，并不是所有的基因都会因为心怀牺牲小我、成全大我的精神而采取合作行为。一项重要的发现表明，由于“基因组内部冲突”使然，整个人类遗传代码——基因组，都挤满了自私的元素。

遗传寄生虫、世代相传的自私的“自我复制”指令，都对我们的传承产生了极大的影响，甚至可以说是塑造了我们。这些寄生虫的名称听起来毫无意义（Lines、Sines、Ltr 逆转录转座子，以及 DNA 转位子），但却是我们遗传代码中很大的一部分（分别占 13%、20%、8% 和 3%）。有些像 Lines 一样，为蛋白质合成编码，并在我们的遗传代码中加入新的 Lines。其他一些，特别是被称作 Alus 的基因，利用 Lines 制造出来的蛋白质来完成自身的复制工作。事实上，自私的基因自从大约 40 亿年以前生命原初之时，便充斥在DNA之中。由此来看，自然选择的过程还是对某些特立独行的遗传基因存在偏好的。但特立独行也要适度，太过自私的基因最终会害死寄主，而同时也失去了自身的生存环境。

存在外星人吗？可能存在，也可能曾经存在过

到目前为止的讨论，都是在讲合作机制是我们这个星球上进化过程中的重要组成部分。从逻辑上讲，这个道理在其他有生命的地方也同样适用。宇宙无边无际，从前生向生命的转化，很可能在许多地方发生过许多次。从这一点来看，天体生物学家不断寻找外星生物迹象的行为也是可以理解的。

有些人为了寻找远在天边的生命，利用强大的望远镜，在太阳系中与地球类似的遥远星球上搜寻带有生命特征的化学迹象。还有一些人就在眼前的这个星球内部展开了探索工作。地球本身很可能拥有一个“影子生物圈”，其中有另一类微生物生命体，代表着第二次、第三次创世纪等。为了寻找证据，科学家们不断探寻着异常干燥的沙漠地带，挖掘埋藏在冰盖之下的湖泊，向高空大气层或其他不适宜已知生物生存的极端环境释放探索气球，并不断寻找新的方法，去探究另类生物化学体的存在。

虽然我们就生命原初之时所发生的事件已有了很多的了解，也取得了很大的进展，但地球上的生命故事之中，依然还有一些问题令我心驰神往，渴望找到答案。生命为何能如此迅速地形成？很可能在短短两亿年之间，整个星球就从一片死寂变成了无数细菌的乐园。虽然两亿年听起来是很长的时间，但是想想，从细菌中创造出第一个复杂细胞“真核生物”花了20亿年时间，两亿年与之相比，就短暂得不值一提了。从“一无所有”发展到细菌，似乎比从细菌发展到更为精致的真核生物更为艰巨而困难。

我们不能排除这样一个可能性：第一个生命种子很可能是从其他地方播

撒到地球上的。我的意思并不是说生命来自于附近的星系。一个更有说服力的猜测是这样的：构成我们太阳系的分子云、星尘和物质，很可能带有许多死去星系中的残留物，而其中一些星系很可能曾经出现过生命。在这一片宇宙垃圾和碎屑之中，也许就有携带细菌孢子的早期行星的残骸。一块蕴藏着细菌孢子的陨石，就有可能为日后地球上的所有生命埋下种子。即使这些外星细菌的基因组被辐射所破坏，但我们知道，其中一些完全有能力在水中进行自我重建，并再一次开始复制工作。

在依稀而久远的过去，在围绕另一颗恒星旋转的遥远的行星上，很可能有一些分子首先赢得了生命这场游戏，而我们则是这些分子遗留下来的碎片的产物。天文学家总是喜欢说我们是星尘，以此说明我们的身体依赖于曾经在星球内部制造出来的重元素。但生命出现的时间进程则说明，我们很可能也是分子之间合作的成果，而这些分子则来自于外星系中某个久远之前曾经存在的布满岩石的星球。

如果正如我的理解一样，生命是一种充满活力而强健的现象，那么就会时常在我们的宇宙中诞生。同样，如果智慧生命是一种充满活力而强健的现象，那么也会频繁出现。可是为什么到现在为止，我们还没有与外星人建立联络？我认为，智慧生命所处的独立绿洲之间的相遇会极为罕见，因为智慧生命非常不稳定。拥有智慧是转瞬即逝的一刹，智慧本身就具有自我毁灭的特性。为什么呢？因为智慧生命总是不能解决所有问题中最为宏大的一个问题，那就是合作的问题。

SUPER COOPERATORS

Altruism, Evolution, and Why We Need Each Other to Succeed

第 7 章

细胞社会

一般情况下，我们身体里的许许多多细胞都能和谐相处，成为多细胞有机体的一部分。但是，总会有细胞站出来反抗主体，破坏细胞间的合作，这时医生就会告诉你说：你患上癌症了。治疗癌症的新思路，就是让细胞恢复彼此间的合作。

我们都是人性这部巨大躯体之中的细胞。

“和平朝圣者”米尔德里德 · 莉塞特 · 诺曼

它们是所有化石中最为重要的一种，是地球上最初形成的有机体遗留下来的神秘遗迹。它们被称为叠层石，有些比手指还要纤细，而另一些则比一座房子还要庞大。其中最为壮观的一些叠层石，位于澳大利亚西部的皮尔巴拉（Pilbara）地区。那里酷热难耐，却极其讽刺性地被取名为“北极顶”（North Pole Dome）。在那个地方，草丛中点缀着白色、红色和黑色的石头。人们认为，这些叠层石形成于 34.3 亿年前的细菌和微生物环境之中，而现在的形态与当初成型之时，并没有多少变化。

有些叠层石看起来像是圆形的屋顶，或倒转过来的冰淇淋蛋卷。还有一些小型圆锥状的叠层石紧挨在一起，仿佛装鸡蛋用的硬纸板。有些呈冠状结构，还有一些酷似米老鼠的耳朵。对其微生物后裔——蓝藻细菌进行的研究显示，这些岩石逐渐形成于微生物大量繁殖、将沉积物和沉淀的碳酸盐固定下来的过程中。这些叠层石年代十分久远，代表着合作兴起的最初年代，也是在地球上最早出现的古微生物群落的遗迹。

叠层石是大自然杰出而不朽的作品。但随着进化的大手不断塑造着新的合作方式，而且合作以更富创造力的手法，设计出了新型有机体，新颖的破坏手段和背叛策略也应运而生。从远古时期传承下来的所有单细胞遗迹之中，叠层石可谓是合作的有力证据。正是因为这些远古的单细胞生物开始共同协作，才逼退了远古生命中各种强大而原始的力量。渐渐地，我形成了一种看法，认为这些令人震撼的石头，既是生存合作兴起的里程碑，同时也是那些曾经存在的威胁力量的墓碑。

虽然这些单细胞生物看似与现代生活有着天壤之别，但从各种意义上讲，它们如今依然和我们息息相关。它们的子孙后代无处不在，聪明机警、不可阻挡。从冰点之下的严寒地带，到滚烫的强酸性水塘，它们都能在各种严酷的生存条件下维持生命。它们欢乐地游荡于死海的高盐碱环境中，舒适地沉浸于苏打湖的腐蚀性液体中。甚至还能在阿塔卡玛（Atacama）那样极度干燥的沙漠地带尽情徜徉。在海洋的极深之处，水温远远超过了100℃，而它们却能在那里茁壮成长。它们居住在海床之下很深的泥浆中，周围全是有毒的污物和放射性淤渣。一路走来，细菌发明创造了生物化学的方方面面，也营造出了后来造就我们人类的整个大氛围。

它们还进化出了合作的方式。大约在35亿年前，出现了多细胞的细菌链。比如丝状细菌就因其链状结构而得名，它们会为了兄弟姐妹能更好地生存而用自杀的方式释放出宝贵的氮元素。每10个细胞里面，就会有一个细胞以自身来祭祀这段共有的细菌生命链。

马萨诸塞大学（University of Massachusetts）的琳·马古利斯（Lynn Margulis）通过不懈的研究，发现了另一种不同的微生物合作形式。她提出这样一个观点，认为“更高等”的复杂细胞是生态共生的产物，其中，单细胞生物之间形成了紧密的关系，以合一的方式共同生存。很有可能，大约在18亿年以前，当一种蠕动的细菌侵犯另一种细菌时，便注定了这一刻的重要意义。

也许侵犯者是在寻找食物，但这一特定的寄生性侵染为双方同时带来了好处，使参与双方形成了长期、和谐而成果丰硕的停战关系促进了进化。这就是马古里斯所谓的“共生起源”，它引发了更高等细胞——真核生物的形成。

由于有了这样的合作关系，地球上出现了一种更为复杂的新型细胞。被称为“原核生物”的细菌细胞相对简单，而被称为“真核细胞”的新型细胞联盟，才是植物和动物的基础构件，其中也包括我们人类本身。这些细胞包含细胞器，这些细胞器负责细胞生命的维持和运转，就像身体内部的脏器一样。在细胞器中有一个细胞核，其中储藏着细胞的 DNA。这些细胞器是之前微生物合并大潮的遗留产物。

如果我们探究到自身细胞的内部，就会发现像俄罗斯套娃一样的合并形式。“共生起源”最明显的表现形式，就是被称为线粒体的菱形结构。这些线粒体不仅看起来像小虫，而且还有自身母系传承的独立 DNA。我们的细胞得到了这些远古细菌祖先的驱动，在那个时候，细菌祖先们曾用化学能量交换得来了舒适的家园。如今，这些细胞器依然在为我们的肌肉、消化系统和大脑提供着动力。

大自然用同样的方式，亘古不变地将简单的生物体匹配为一体。由此也可以看出，合作与建设是一个并行不悖、共同发展的过程。花盆中的绿植、花园中的绿树、超市中绿色的花椰菜，其远古祖先，都是在大约 20 亿年之前出现了绿色，这种苍翠的色彩的。当时，植物的祖先与更小型的绿色生物结为团队，因为这些绿色生命体能抓住阳光，并将其转化为食物。事实上，研究人员还在海滩上发现了一种微小的海洋生物——哈提那（在日语中意为“神秘”）。这种海洋生物当时很可能也参与到了植物变绿的过程之中。

当这些更为复杂的细胞本身结成团队，并形成小社会之时，就掀起了合作进程的第二轮浪潮。结果就形成了像狗、猫，或者你我这样的多细胞有机体，而我们也都从细胞原件的合作与劳动中得到了丰硕的收获。在 6 亿多年前，栉水母，这种带有完善组织的常见的柔弱海洋生物，很可能是在多细胞生命开始分化时，首先脱离出来的生命种类。另一个单细胞生物通过合作形成复杂机体的例子，就是海绵。它们有着不同类型的细胞——消化细胞。这类细胞能形成海绵蛋白质材料的针状体（身体骨架的一部分）等物质。细胞之间相互联络，将生命运转的工作进行分工，以单一个体（整体）的形式展开合作。从其中一个品种——大堡礁海绵（Amphimedon queenslandica）的基因组序列中可以看出，遗传机制使得个体细胞能形成相互合作的关系，有些机制能帮助细胞相互连结，而有些机制能抑制细胞为了繁殖而牺牲整个机体的利益。

事实上，将复杂细胞凝结为合作型集体社会的机制是非常优秀的策略，在发展过程中实现了多次进化。动物、陆生植物、菌类和藻类，都加入到了集体生活之中，而且集体中不仅仅包括自身的物种。珊瑚礁是地球上体积最大的生命结构，形成于一种动物（珊瑚虫）和一种植物（藻类）的长期合作关系，这两者在石灰石构成的骨架上永远地依偎在一起。另一个水中生物的例子就是葡萄牙僧帽水母，从气鳔到触角的尾部，可以长达 46 米。许多人都认为它是水母的一种，但实际上却是一类管水母目动物，是由众多微小个体构成的群落。

由于多细胞结构体的进化发展非常频繁，很难对其起源给出唯一的解释，而其中不变的基本策略——合作，则是可以用来解答各种问题的正确答案。虽然群落之中的细胞依然会独立进行复制，但细胞彼此聚集成为同一群落并为群体带来某种益处的行为，或许正是转化为多细胞特性的第一步。细胞之间和谐相处，可能是为了排除寄生虫等背叛者；也可能是因为这样的结构有助于发展出四处移动、开采食物和能量资源的更好方式；或者，还可能是因为群落结构能形成一种更加有效的防御工事。

在朝向联合繁殖的进化过程中，下一步发生的事件很可能是同一群落中细胞之间资源的交换。我们可以通过一种名叫黏液菌的怪异生物了解到这一事件的原委。黏液菌代表着单细胞生物向多细胞生物发展过程中的中间地带。我的一个普林斯顿的同事约翰·邦纳（John Bonner），以前总会讲述“社会阿米巴虫”这种常见的土壤微生物的奇特生命周期，令我为之痴迷不已。社会阿米巴虫会以个体阿米巴虫的形式独自游牧，而当环境变得恶劣之时，就会团结在一起，形成多细胞有机体，具有移动和自我定向的非凡能力，甚至还能从顶端由细胞构成的杆状结构中释放出孢子。为了成全整个集体，这些顶端细胞能够作出自我牺牲。

黏液菌之后便是全细胞分化的进化过程，其中一些细胞专门从事生命运转中的某一部分工作，而另一些细胞则从事另外一项“职业”。举例来说，在人体的架构之中，整个组织的发展从早期胚胎的“空白”细胞——胚胎干细胞开始。之后，这些细胞逐渐繁殖并分别形成各种类型的细胞。总体来看，人体细胞共有 200 多种类型——脑细胞、心脏细胞、肌肉细胞、皮肤细胞，等等。

多细胞性令这个世界变得如此丰富多彩。不妨看一看存在于我们这个星球上的各种美妙的生物，从蝴蝶到鲸鱼，再到成百上千万的其他各类物种。但是，和所有美好事物一样，如此丰富的多样性也是要付出代价的。如果说囚徒困境给我们上了一课，那就是在合作的每一个阶段都面临着背叛的风险。合作永远不会处在稳定的状态中。在童年和早期发展过程中，细胞的合作会出现激增的趋势，但随着年龄的增长，我们的细胞也会开始出现反叛倾向。

我们来重点讨论一个大家都很熟悉的细胞背叛的例子。我们的身体由许多能够自行复制的单元构成，这些单元能够返回到自身最初的自私程序上，开始像自利的微生物那样行事。这种现象教育我们，不能忘却“囚徒困境”教给我们的核心知识。虽然细胞的长期发展要依赖于作为多细胞有机体的一部分，但总会有细胞站出来反抗主体。

这些背叛者中的一类，就是对抗机体利益的癌细胞。当这些走上歧途的细胞发现如何破坏合作机制的时候，死亡就成了最终的代价。2004 年，约有 700 万人因癌症去世，占全球死亡人口总数的 13%。据预测，癌症的威胁会越来越大，到 2030 年，一年之间，将有约 1 200 万人在癌细胞的折磨下离开人世。这种恐怖的疾病只不过是合作机制瓦解、我们的单细胞传承重塑权威地位的后果之一。癌症，就是在非凡的合作层次下构建起复杂机体所需要付出的代价。

癌症就是细胞间合作失败的结果

分裂则亡。

马修·沃克

我们每天的日常行为，从吃饭到喝水到说话，都依赖于身体中大量细胞的完美协作。从眼睛中的视觉细胞，到下颚处的肌肉细胞，再到大脑中负责传输电脉冲的神经细胞，等等。为了维持这些协调性活动，我们的身体必须拥有自我生长和修复的能力。我们的器官需要不停地进行细胞更替。每天，我们都要产生几千亿个新的血细胞。皮肤的外表层也需要不断地替换，这样一个人体中体积最大的器官，是处于不断的修复状态之中的。同样，肺衬里、肠以及女性乳房的乳导管细胞，也处于不断更替之中。而当这些结构之中的细胞决定散伙的时候，就会在细胞层面出现合作的瓦解。

当细胞突变对其运行程序作出更改之时，以癌症为表现形式的反叛行为就会出现。我这里所说的“突变”是指细胞内部 DNA 发生的变化。导致这种变化的原因很多，比如细胞分裂时出现的“拼写”错误，缺少某一段 DNA，或者是 DNA 携带了病毒，也可能是染色体出现了混乱。绝大多数突变都不会产生任何影响，但有些突变可能非常危险——这些突变可能引诱细胞在不该分裂的时候进行分裂；可能会在人体指示细胞为了集体的利益牺牲小我采取自杀行为的时候，阻止细胞采取相应的行动；还有可能会干预细胞停下来休息并完成自我修复。如果细胞不正常进行自我检查工作，就会不断增殖，去完成自身的自私企图，而不再为了整个组织而服务。癌症，就是在个体动机回归主导地位时所表现出来的疾病。

传统生物学十分关注生态系统中的有机体进化。现在我们就来研究一下，同样的过程如何创造出了癌症。从肿瘤科诊所中，总能找到关于进化的典型案例。肿瘤细胞在人体这个极端复杂的环境之中，不断进行着突变和各种变化。在人体的组织和器官中，肿瘤细胞面临不同的选择压力，而这一过程会偏好更具生存能力的突变细胞，譬如那些以更快速度进行分裂的细胞，以及那些不容易凋零的细胞。

癌症起源于一步简单的背叛：这个独立的细胞出现了危险的突变，不断繁殖，形成了一个小的病变。后来，几千个细胞也出现了同样的突变。几年过去了，很可能一切如常，什么也不会发生，或者一生都能平安度过。但如果另一个突变为这种背叛行为提供了发展环境，就可能导致所谓“腺瘤”的出现。腺瘤可以长得很大，能容纳多达 1 000 亿个细胞，但依然在周围组织的作用下受到束缚和封闭。

从始至终，背叛行为随时可能积聚出更多的突变。其中许多突变都是有害的，令背叛行为产生更加严重的后果；而更多的突变是中性的，不会对细胞的行为造成改变；这些变化中只有一小部分，能为细胞注入更大的活力。最终可能出现一类突变，为细胞赋予“侵略”的特性。此时，腺瘤就转化成为了癌瘤。癌瘤不断增长，侵入周围的组织，但依然会在一段时间之内被束缚在身体的某一部分之中。此时，可以通过外科手术将癌瘤摘除。但如果没能被彻底根除，就会产生一类能去往身体其他部位的癌细胞。这就是癌症最致命的一部分，被称为肿瘤转移。

在转移阶段，癌细胞会在身体的各个部位安家落户。举例来说，结肠癌通常会转移至肝脏。实际上，并不是所有的继发瘤都可通过外科手术方法摘除。如果不能手术的话，化疗就是唯一的希望。按照传统的治疗理念，化疗的有效性建立在这一基础之上：因为癌细胞的分裂速度比普通细胞快，因此，癌细胞更容易受到化学物质的毒害。但化疗并不完全只针对癌细胞，无论癌细胞还是普通细胞，只要它们的分裂速度快，都会受到化疗的攻击。因此，化疗往往会带来其他一些损害，也就是副作用，比如恶心、脱发、耳聋，等等。

我们的身体本身天生就存在抗癌机制，但这些机制并不完善。进化机制会用尽各种办法，确保我们能活着完成繁殖的工作。事实上，繁殖才是整个进化过程中最重要的一场博弈。一旦某人成功地将自身的基因传递给下一代，这些基因就不再那么在乎主人是否继续存活了。由此看来，得到偏好的基因，就会为促进繁殖适应性并维持卵子与精子细胞——生殖细胞系的机制，而投入更多的稀缺资源，而非人体本身，或称体细胞。这种现象反映了一个古老的思想：斯多葛学派哲学家埃皮克提图（Epictetus）曾写道，如果我们活着是有用的，“正如我们现在所做的一样，那么在该离开的时候离开人世，是否会对人类的发展更加有用？”

既要确保癌症不会过早地出现，同时也不让我们拥有永生的能力，如此的机制面临着强大的选择压力。自然选择对于年迈之人的命运持相对冷漠的态度，因为他们与进化过程之间的相关性越来越低（除非，长者能利用他们的智慧来帮助家人更好地形成合作，更好地生存）。而还未能将基因传递下去的年轻人的过早去世，就是对自然选择的一个磨砺过程。当然，那些幸存下来，将基因传给子孙后代的人，也是对自然选择的一个塑造过程。

对于我们的祖先来说，将基因传递给下一代的机会非常稀缺而珍贵。在人类进化的历史发展过程中，人们的寿命并不像现在这样长。虽然在我们 80 多岁高龄之时，体内存在的帮助阻击癌症侵袭的遗传性变型，与我们的祖先并没什么两样，但我们的祖先常常会因为饥饿、感染性疾病、野兽的攻击或竞争对手的斧头而过早夭折。

这也是在如今日趋老龄化的社会中，癌症问题越来越严重的原因之一。随着年龄的增长，癌症发生的概率就会越来越高，而我们体内存在着多种不同的机制，可能正导致了这种现象的发生。设想有这样一个基因，在孩童时期能帮助阻止癌症的发生，但却会增加老年时期患上癌症的风险。更有可能的情况是这样的：一个基因能够提高生育更多后代的能力，但需要以日后患癌症风险增大为代价。自然发展的过程，令女性的身体结构能生养更多的后代，但同时却降低了女性长寿的概率。

癌症也与生活方式有关，而生活方式在人类进化的过程中，发生了根本性的变化。其中一个案例，就是人类日趋暴露于污染物和致癌物质之中。根据牛津统计学家理查德·多尔爵士（Sir Richard Doll）及其同事的研究结果显示，吸烟已是人尽皆知的风险因素，与肺癌和其他几类癌症有着很强的相关性。烟草中的某种化学物质能直接损伤到我们 DNA 的一部分，包括那些保护我们免受癌症侵袭的关键基因。其他一些化学物质会干扰我们身体内部的防御系统，阻止系统对受损 DNA 进行修复，这样，受伤的细胞最终演化成为癌细胞的可能性就大大增加。

在生活方式中，肥胖排在吸烟之后，是一项重要的致癌因素，也是最具预防可能性的一种癌症风险。我们的身体不能长期适应过多的能量。而由于工业和农业的飞速发展，我们现在可以想吃什么就吃什么，而且想吃多少就吃多少。如今在西方社会中，存在着非常普遍的肥胖现象。因此，人体的进化方式和癌症的产生之间，存在着深层次的联系。由此产生的合作瓦解，也正是我想要通过数学手法进行探究的问题。

我希望能帮助医疗工作者构建起对癌症形成和发展过程的量化理解，从而为治疗方式提供指导。事实上，除此之外，我还希望我们能够将癌症的治疗变得像工程学那样可以预期，只不过这一次，我们设计的是一个鼓励合作，抵抗欺诈、分离和细胞独立运动的人体。终归会有一天，我们能根据一位癌症患者的基因组成来制订治疗计划，从而摧毁癌细胞的运转机制，恢复合作，同时不会导致正常细胞的附带损害。我衷心希望这一天能够早日到来。

细胞的突变

接受了纽约城洛克菲勒大学前校长阿诺德·莱文（Arnold Levine）的邀请之后，我对癌症的兴趣逐渐升华成为一种痴迷。莱文校长希望我能找到办法，用数学语言对癌症进行描述。莱文于 1979 年与大卫·莱恩（David Lane）同时发现了一种被称为 p53 的癌症“诱发”基因，并成为业界知名人物。一开始，人们认为 p53 是一种致癌基因，也就是加速细胞循环周期、促成更多癌细胞的基因。但此后十年研究所总结出来的遗传和功能性数据却显示，这样的观点是不正确的。

1989 年，在位于巴尔的摩的约翰霍普金斯大学工作的伯特·沃格尔斯坦（Bert Vogelstein）作出了重要的奠基性成就。他的研究显示出了 p53 在人体之中起到的作用，以及它为何在癌症病发中扮演着如此重要的角色。基因是制作蛋白质的原材料，而 p53 这种基因制作出来的蛋白质，是一种肿瘤抑制剂。沃格尔斯坦发现，这种基因会尽自身所能来防止癌症的发生。但一旦发生突变，无法继续抑制肿瘤，那么细胞就会疯狂滋长。染色体的损伤不再能得到修复，而受损的细胞也不再能执行程序性细胞凋亡（细胞自杀）。因此，影响到 p53 正常工作的突变具有很大的危险性。

沃格尔斯坦和其他研究人员还发现，在所有患癌症的人类之中，大约有一半患者体内的这种基因都发生了突变（即不再活跃）。这一基因被人们称为“染色体卫士”，负责制作出一种蛋白质，而这种蛋白质处于监控遗传损伤的控制系统的核心位置。通常，只要遇到一点干扰，细胞就会停下来进行自我修复。如果有太多的干扰，那么细胞凋亡程序就会启动。但当这种基因及其制作的蛋白质出现故障时，细胞就会在存在遗传损伤的时候依然继续分裂。

这一发现对癌症研究的进展具有重要意义,《科学》杂志于 1993 年将由 p53 制造的蛋白质命名为“年度分子”。

我逐渐迷上了沃格尔斯坦的研究工作，于是决定放下当时手头的所有其他工作，专注于癌症研究。我想要从生物学中一个非常合理的角度——进化，去加深对这一致命“杀手”的了解。我认为，如果我能从达尔文的视角，看出一个为人体服务的正常细胞是如何转化为一个对抗人体的突变细胞的，那么我就能计算出一些对癌症研究有价值的东西，而不是去凭空猜想为什么这种被称为“人类”的由细胞构成的社会组织，会随着年龄的增长而长出越来越多的肿瘤。

我给伯特发了一封电子邮件，询问我是否可以去拜访他。第二天，一封来自巴尔的摩的电子邮件出现在了我的屏幕上：“我很高兴能与你见面，希望你能为癌症研究作出与你在语言研究上同样重要的贡献。”得知他对我在语言进化上的研究成果（详见第 9 章）也有所了解，我很吃惊。不久之后，当有人告诉我“每个人都想见沃格尔斯坦”，而他工作繁忙，通常都对访客予以谢绝时，我更加感到惊喜。带着这样的心情，我还得知，他的研究成果是全球被引用次数最多的——每当学者引述或借用其他研究人员的论文或研究成果时，都会表明“引用”的来源，来加以说明。沃格尔斯坦是地球上所有已故和现存的科学家中，被引用最多的一位，可谓是科学界的灵感之源。

后来，在约翰霍普金斯大学举办的一次研讨会中，我对自己在癌症研究领域的一些想法进行了公开介绍。沃格尔斯坦当时就坐在我的面前，戴着一顶棒球帽，佝偻着背。我注意到在演讲厅的墙上挂着电吉他。原来，他实验室中的几位成员组成了一支摇滚乐队，经常在巴尔的摩附近的各处夜场举办演出活动。沃格尔斯坦本人是键盘手。他们的乐队名叫“野生型”（Wild Type）这个名字非常适用于遗传学家，因为“野生型”意指自然条件下出现的有机体、菌株、基因和特性，换句话说，“野生型”就是突变的对立面。曾经有几位实验室成员在会议室中玩吉他解闷，而由此便促成了这支乐队的诞生。他们的排练过程非常可怕，以至于隔壁的诊所抱怨说，这些噪音严重影响了药物滥用者的康复治疗。

沃格尔斯坦潇洒的举止和敏锐的思想，令我有一种似曾相识的感觉。我认定，他就是癌症领域的鲍勃·梅。我的想法在后来得到了进一步的确认。一次，我讲了一个笑话，这个笑话我时常挂在嘴边，用来总结生物学家对数学家研究工作的看法。

> 故事是这样的。陌生人走近牧羊人和他的羊群，问道："如果我能很精确地告诉你，你一共有多少只羊的话，你能给我一只吗？"牧羊人同意了。于是，在看了一眼之后，陌生人毫不迟疑地宣布道："83只。"他挑了其中的一只，转身准备离开。这时牧羊人也提出了一个挑战："如果我能猜出你的职业，你能把我的东西还给我吗？""当然。"陌生人说道。牧羊人道："你一定是一位数学生物学家。"陌生人大惊失色："你怎么知道的？""因为你把我的狗挑走了。"

我们谈话之后，沃格尔斯坦带我来到了他的办公室。"我对数学方程式了解不多，但我能帮助你尽量别把狗挑走。"他说。

在沃格尔斯坦先锋性研究的帮助之下，人们发现了在消化系统最末端的结肠部分的肿瘤（如今已为人所熟知）。他花了大约10分钟的时间四处翻找，想要给我看他收藏的一份标本。最终他找到了，将这个显微镜切片递到我手中。切片展示了结肠癌的第一阶段，人们称之为"不典型增生隐窝"。看了一眼之后，我便意识到，我需要以一种更加明智的方法来改变对癌症形成的数学建模，这一点非常重要。很快，我偷偷地将我的狗放回到了他的羊群之中，希望没有被人留意。

在我最初的模型中，研究了由相同细胞组成的大规模群体中出现的结肠癌现象。而我一看到沃格尔斯坦给我的切片，便立刻意识到，细胞与细胞之间是存在差异的。事实上，结肠中的细胞存在错综复杂的几何学布局，我需要建立一个模型，将这样的布局考虑在内。从之前的研究工作中（譬如我对原生比萨的研究）我了解到，进化动力学在结构群体和非结构群体中的表现形式完全不同。

从切片中可以看出，结肠组织内层的细胞以“隐窝”的形式分布，每一个隐窝的形状都很像小小的冰淇淋蛋卷。切片上，我能看到，其中一个癌变的隐窝正在向周围的邻居扩散。我意识到，结肠癌以隐窝为起点，而隐窝本身又是由几千个细胞所构成的小群体。因此，我的数学模型首先要应对一个隐窝，之后再构建起由多个隐窝构成的群体。一言以蔽之，我要找出一个隐窝中某一细胞的突变概率，之后再找出这个细胞的子孙后代占领整个隐窝的概率。

隐窝这种新颖的设计结构，是组织通过“干细胞”——人体内“母细胞”完成更新的直接结果。这一点非常重要，我们人体消化的物质量非常大，而结肠的内壁则永远处于不断补充新细胞的状态。几个干细胞位于隐窝的根基处，每周分裂一次，制造结肠组织细胞。随着这些细胞不断分化，移向隐窝上方，它们的子孙后代也以越来越快的速度完成分裂。等到这些细胞发展到隐窝顶部时，就能每天分裂一次，一直到它们死于细胞凋亡这种每个细胞内部都存在的自我毁灭程序。

我在后来的研究工作中发现，隐窝底部是分裂缓慢的干细胞，而顶部是分裂最快、离死亡最近的细胞，这样的细胞结构减缓了癌症进化的速度。这就是结肠里充满隐窝的原因。大自然不断打磨着自身的设计，使得肿瘤的进化机会越来越少。甚至可以证实，拥有高细胞周转率的组织中存在的这些结构，有着最优的抗癌性能。以最快的速度驱除那些分裂最快的细胞发生的突变，就抑制了癌症的发展。同时，这也使得那些稀少而分裂缓慢的干细胞成为致癌突变所攻击的最为脆弱的对象。

对于被我们称为“癌症”的这种令人敬而远之的进化形式，上述研究成果有着非常广泛的意义。隐窝的进化，是我们祖先进化形成的对付癌细胞发展的有效机制。进化包含突变和选择，而隐窝新颖的组织设计结构能够压制选择的进行。这样，所有参与者（干细胞及其后裔）的布局就能改变进化的步伐。在这个案例中，就是为癌症的发展设置障碍。因此，组织结构的设计初衷是为了维持体内细胞之间的合作关系。于是，我开始系统地思索：博弈中不同参与者之间的关系——拓扑学，如何对进化过程构成影响。在这些思考的驱动之下，我有了新的思路，并为进化图论的发展铺平了道路。第 12 章将会对这个话题详加讲述。

几乎同时，我在另一类癌症的研究上也取得了进展。这种血癌被称为慢性髓系白血病（CML），很可能由单一遗传事件所引发。伯特·沃格尔斯坦建议我和加利福尼亚大学洛杉矶分校的查尔斯·索耶斯（Charles Sawyers）共同合作。查尔斯是癌细胞生存策略研究领域的带头人，也是世界上在 CML 领域享有盛誉的专家。后来，查尔斯告诉我，他的同事，在澳大利亚阿德雷德大学工作的蒂姆·休斯（Tim Hughes），能为我们的分析工作提供一些很好的想法。于是，我们几人一起，再加上岩佐庸和弗朗西斯卡·米克尔（Franziska Michor），用了三年的时间进行数据收集和分析工作。米克尔是一位充满灵感的理论生物学家，现任职于哈佛公共健康学院。

近几年，以癌细胞为攻击目标的分子靶向治疗药物问世，可谓是 CML 治疗领域令人兴奋的好消息。这种药物名为伊马替尼，或称格列卫（Gleevec）。但到目前为止，已生产出的最好抗癌药，也无法直接攻击引发癌变的细胞群体——癌变干细胞。在阻止分化癌细胞继续发展上，格列卫取得了巨大成功，但它却无法作用于干细胞。而且，对于某些患者来说，这种白血病会逐渐发展出对格列卫的抗药性。在突变的作用之下，具有抗药性的白血病细胞群体，会在服用格列卫的同时依然继续增长。受到这一现实的触动，医疗工作者正在开发新型药物，以阻碍这种抗药性突变。

在和蒂伯·安塔尔以及塞尔维亚数学家伊瓦那·波西奇（Ivana Bozic）共同展开的联合项目中，我与伯特·沃格尔斯坦联手进行研究，以了解在不断扩大的癌细胞群体中如何产生突变、并进一步推动疾病总体进程的原因。我们研究了腺瘤、癌瘤和肿瘤转移的发展过程，并在针对每一种加速肿瘤增长速度的驱动性突变的研究之中，都利用上了数学模型。

第一次驱动突变促成了肿瘤在最初阶段的扩张。但是，其是否具有致命的毁灭性还要看第二次驱动突变何时开始出现。在我们用数字构建起来的几位“患者”身上，第二次突变会在一两年之内发生。这些虚拟病人身上都长有巨大的肿瘤，许多突变会在第一次突变发生后的十年内出现。这是快速而致命的疾病发展过程。但在另一些患者身上，第二次突变可能在长达八年之后才会发生。在这种情况下，肿瘤可以在十年或更长的时间内都保持较小的体积。而其致命性，就要看进化的随机选择了。我们都离不开体内细胞的持久合作。如果身体内部的合作出现问题，就是关乎生死的大事。

治疗癌症的新思路，就是如何让细胞间恢复合作

为了找到对治癌症的新方法，我们可以拜大自然为师。对于我们体内的任何细胞而言，最基本的本能就是分裂。而成百上千万年的进化已经形成了一些富有智慧的机制，能对这些自私的本能起到一定的阻碍作用，令我们的细胞能抵抗癌症这种致命的残害。一些基因会不知疲倦地工作，确保细胞的遗传物质——染色体不出差错。还有一些基因会保证细胞整洁有序地进行分裂。绝大多数细胞都会不断地收集来自邻居的信号，在正常运转的情况下向邻居表示肯定和支持。如果细胞得不到这些以化学信号表现出来的肯定与支

持信息，就可能会选择自杀，也就是细胞凋亡。举例来说，如果一个肝细胞进入流动的血液，来到了身体的其他部位，就会得到错误的信号，并启动自我毁灭程序。我们可以认为，整个人体就是一个蜂房，而这些信号就等同于群体压力，令细胞遵守规则，做正确的事。

还有其他一些机制在保护我们免受肿瘤威胁。有证据显示，人体中存在着“免疫监督”。也就是说，早期的癌症端倪可以在免疫系统的运转和作用下被发现并及时制止。有一种被称为“T 细胞”的特殊白细胞，会在人体组织内循环之时，识别并破坏癌细胞。然而，随着时间的发展，肿瘤细胞会在适者生存的达尔文定律作用下被选择，从而忽略 T 细胞的攻击，并最终排挤掉所有的保护机制。

进化充分展现出了她博大的智慧，用我们了解到的这些方式，想尽办法来避免并推迟癌症的发生。进化利用层级式的细胞排列来构建起我们人体。这些层级体系的统治者，就是我们称为干细胞的那些分裂速度较慢、生命周期较长的母细胞。这就是王权在细胞结构中的体现。干细胞产出更多的分化细胞宗族，而这些分化细胞则会以更快的速度进行分裂，而生命周期也更短。

举例来说，我们人体中的血细胞——红细胞、白细胞以及血小板，是从骨髓，也就是骨头中间海绵状结构中的造血干细胞处产生的。像皮肤这样的人体结构，只需要很少的专门负责皮肤的干细胞。这些为数不多的干细胞会制造出起到中间过度作用的中间细胞，而这些中间细胞则会负责皮肤细胞的制造工作，而皮肤细胞本身则没有复制能力。我们之所以能长寿，很大一部分原因就在于这样的机制与设计。如果我们将人类的寿命与构建起人体基础单元的存在时长相比较，就会发现，人类的寿命的确很长。人体内一个细胞要完成分裂，通常只需要几天的时间。

这些见解可以帮助医生进行病情诊断，并发展出新的治疗手法，诸如免疫疗法等。在免疫治疗过程中，患者体内的抗癌免疫机制会更加有效。通过对根本原理的了解，进化生物学能帮助患者打赢这场对抗背叛细胞的战争。昆虫、鸟类、翼龙、蝙蝠分别进化出了翅膀，而它们并没有同一个长着翅膀的祖先。同样，各种不同的癌细胞都能排挤掉新型药物，而导致细胞合作解体的原因也是相通的。通过了解这些不和谐的细胞关系，我们就能看明白：导致细胞变得自私并出现癌变的原因究竟是什么。

归根结底，治愈癌症还要靠我们对人体环境的进一步了解。这样，我们就能对环境进行设计，从而阻止细胞合作的解体，并利用遗传工程等先进的治疗手段，恢复合作，甚至要在细胞内部构建起额外的控制机制，确保细胞不会走上自私的歧途。

法国诗人、画家、电影制片人让·科克托（Jean Coteau）曾这样说道："你从来没见过死亡吗？每天照照镜子，你就能看见死亡像一群玻璃蜂巢里的蜜蜂一样，正在繁忙工作。"到此，我已经讲述了我们称为人体的这个细胞蜂巢中发生癌症的可怕结果。我也就这些细胞蜜蜂重拾单细胞祖先传统、放弃合作、与人体做对的现象进行了建模。我希望通过从进化的角度来对肿瘤的发展和扩散进行解释，可以帮助医疗工作者设计出新颖的癌症治疗手段，可以令细胞再一次回到通力合作的状态。如果我们能延长并持续保持人体内细胞健康合作的关系，就能极大地削弱癌症带来的威胁。

SUPER COOPERATORS

Altruism, Evolution, and Why We Need Each Other to Succeed

第 8 章

蚂蚁社会

众多蚂蚁通过分工合作而形成蚁群——超个体蚂蚁。这种社会性动物群体，具有个体蚂蚁所不具备的特性，合作机制让蚂蚁具有更强的生存能力。爱德华·威尔逊是研究蚂蚁的超级博物学家，他的《蚂蚁》一书荣获了普利策奖。

孩子来到深不见底的水边，心中充满了好奇。

爱德华·威尔逊

她，是合作模式的女掌门，是数以百万计成员组成的社会中至高无上的统治者,是“齐心协力”最具说服力的演绎。切叶蚁的蚁后身长 2.5 厘米左右，卧在她那四处绵延的地下王国的中心地带。在西半球的热带地区，随处可见这种深红色的切叶蚁属蚂蚁。有的蚁穴规模非常庞大，由最长达 8 米的隧道、输送管道和小室组成的地下网络，能覆盖 50 平方米左右的区域。蚁穴周围堆积着数十吨土壤，这都是由那些体型比蚁后小得多的雌性臣民们挖掘出来的。在蚁后长达 15 年的统治生涯中，她手下 300 万短命的常住民会在几十项任务上进行分工，并以通力合作的精神开展工作。蚁后万岁，您就是合作的化身。

在这些社会性昆虫所构成的巨大社会中，协作和交流是通过一种复杂的化学语言进行的。而社会本身远远大于各个组成部分的简单相加。这一社会的组织层级对应有 7 种不同体形的蚂蚁。不同的体形差别巨大，体重可以相差 200 倍，而头部的宽度可以相差 8 倍。总体上看，这 7 种级别的蚂蚁总共执行着约 30 种任务。

其中一个级别的蚂蚁负责切剪树叶，这类蚂蚁的颚部肌肉占据了整个身体重量的四分之一。根据一些热带生态学家估计，切叶蚁群落在鼎盛时期，能采摘掉位于墨西哥和中南美洲的整个热带雨林中所有树叶的17%。只需要一天的时间，一个蚁穴中的成员就能将觅食之路踏平，并将一棵树的叶子全部采光。一年之中，某些品种的切叶蚁个体能采摘多达470公斤的干燥植物。

另一个级别的蚂蚁能够利用水平的觅食隧道，将这树叶碎片运送回巢穴中。隧道如同蚂蚁的高速公路，长度可达6米，甚至更长。第三种级别的蚂蚁，在装配线式的运作过程中将树叶裁切成小方块。但是，蚂蚁本身并不食用自己采摘的树叶。通过将富有消化酶的分泌物涂抹在叶片上，它们能将这些切成小片的树叶转变成为培养菌类的堆肥。工蚁将菌类富有营养的成串节状体拔下来，用来喂养群落中的蚂蚁幼虫。切叶蚁，就是一群爱好和平的“蘑菇种植专业户”。

很有意思的是，如果没有这种白鬼伞属菌类，切叶蚁群落就无法生存，而这种菌类也只能在切叶蚁的巢穴中找到。切叶蚁并不收集生长于地面的菌类，而是自己在地下的小室中种植蘑菇。蘑菇的体积可以和一个橄榄球相比。总体来看，一个切叶蚁穴有大约1 000个这样的地下小室。身材最小的一类蚂蚁负责照料蘑菇花园，并利用制造抗菌素的细菌来确保作物的健康生长。它们还会为花园除草，摘除争抢养分的其他菌类，并将花园保持在理想的弱酸性环境之中。如此看来，蚂蚁群落的农场依赖于三者之间的合作：蚂蚁、细菌和蘑菇。

因为有了这种菌类赋予的消化能力，蚂蚁幼虫就能享用到这些原本味同嚼蜡的热带树叶所提供的养分，而且不会受到热带树叶本身含有的萜类化合物和植物碱等防御食叶昆虫的化学物质的伤害。这些蚂蚁能年复一年地栽培单一作物，同时还能保证作物的健康。它们以非常谨慎的方式使用抗生素，完全不用担心会发生人类医药领域中某些疾病产生抗生素抗药性的问题。

蚁穴中的工作原则之一，就是将风险更大的工作交与年事已高、即将不久于人世的工蚁，这些工作包括垃圾清扫和巢穴防御。如果群落受到骚扰，兵蚁就会倾巢出动，摆出压倒侵略者的阵势。我们人类通常会将年轻的男性送上战场，而蚂蚁社会则是一群老奶奶上阵。兵蚁是由年长雌性蚂蚁组成的，其中每一位的头部都有3毫米宽，还长有发育健全的颚部。它们一口咬下去，就能刺穿人类的皮肤。它们的下颌非常坚韧，美洲土著居民常用蚂蚁的下颌作为缝合伤口的连接线。

关于蚂蚁的神奇故事还没有讲完。为了建立新的群落，年轻的雄性和雌性蚂蚁每年会举行一场“飞婚”活动。每一只带翅的雌性蚂蚁都会与多达8只雄性交配，而这些雄性多数都来自其他巢穴。雄性为了完成这场婚礼，高高地飞在天空中，它们的体内储存着可供雌性使用一生的精子。飞翔仪式过后，所有的雄性都会死去。年轻的蚁后在地面挖掘出一个垂直的竖井，在竖井的底部制造出一个小室，作为她的第一个巢穴。在那里，她放下一团从家乡带来的菌块（菌块一直存在她身体上一个叫口下囊的小袋中）。从此，她便有了新的蘑菇花园，而蘑菇花园的成败，也关系到这个新群落未来的命运。她摘下并吃掉自己的四片翅膀，然后产下第一批卵。当第一批工蚁长成之后，便开始食用并照料蘑菇花园中的作物。在工蚁的精心服侍下，蚁后每分钟能产出20个卵，每天能产卵28 800个，每年更是能达到1 050万的惊人数字。蚁后在一生之中，能养育多达1.5亿个女儿。

蚂蚁群落可以告诉我们许多关于合作以及高级社会行为的秘密。它们是最为成功的生命形式之一，拥有至少14 000个种类。它们在分工合作领域已经找到了完美的方式，而人类则有太多的知识要向蚂蚁学习。成百上千万年以前，蚂蚁在人类祖先还没有掌握直立行走技巧的时候，就已经开发出了农业和建筑业。它们甚至还能发动战争。和绝大多数蚂蚁种类不同，行军蚁并不建设永久性巢穴，而是不停地四处搜寻。它们可能会冲进切叶蚁的巢穴，而如果切叶蚁不能对强盗实施充分防御的话，那么整座巢穴就会惨遭洗劫。

蚂蚁还能与其他物种形成合作，这样，不同物种的命运就在这场无情的生存抗争中联系在了一起。举例来说，有些蚂蚁品种会利用某种化学成分让蚜虫镇静，以便令蚜虫保持驯服状态，并用触角采集蚜虫身上甜美的蜜汁。

在这种真社会性群落中，一些社会成员会放弃一部分个体遗传适应性，来为直系后代之外的社会成员带来利益。这是在昆虫界已知的最为先进的合作形式，而且卓有成效。社会性昆虫是在陆居节肢动物中数量最多、分布最广的。也许，蚂蚁正是其中最为典型的例子，全球的蚂蚁加总在一起（共有一万万亿只左右），其重量相当于全球人口加总在一起的重量。更令人震惊的是，这些蚂蚁社会自从恐龙时代就一直繁荣至今。它们用自身的行动让我们看到，合作如何从竞争中脱颖而出。

超个体的兴起

> 一种好味道的蔬菜被用于烹调，这一个体就这样牺牲了。但园艺家会因此而播撒这种蔬菜的种子，信心满满地期望能够收获一样好吃的蔬菜……我认为，这种现象也同样适用于社会性昆虫：群落中某些不育成员所作出的某些结构或本能方面的调整，会对整个群落有益。由于这种调整，同一群落中具有生育能力的雄性和雌性就会发展壮大，而且会把这种调整的倾向不断传递下去，因此，它们的后代如果不育，也将会拥有同样的调整倾向。
>
> 查尔斯·达尔文，《物种起源》

合作大师这个名号，不能只颁给蚂蚁一位。设想一下，一只工蜂落单了。此时，这位形单影只的昆虫就像被砍断的手指一样无用。而一旦回归到群落之中，这只蜜蜂就会变得像完好的手指一样灵巧。蜜蜂能探寻花蜜，一旦发现一处花蜜丰富的好地方，就会指引蜂巢中的同伴来到这场丰盛的宴席中。蜜蜂不用翅膀和触角摆姿势，而是在舞蹈中传送丰富的符号讯息。人体通过许多因子和蛋白质进行细胞活动的协调，同样，蜜蜂皇后、工蜂和整个蜂巢分泌出来的几十种化学物质，也在社会组织中扮演了重要角色。蜂巢的组织围绕一位负责产卵的皇后构建。工蜂负责服侍皇后。在工蜂的一生之中，工作内容会发生几次转换，从照料幼虫等巢内任务，逐渐转移到外勤工作，譬如搜寻事物和保卫家园，等等。

多细胞有机体中不同的细胞类型，与蜂巢中的不同等级存在着类似之处。工蜂代表着身体组织中的体细胞，而皇后则是生殖细胞系——卵子与精子。人体能通过细胞凋亡的机制去除有问题的细胞，而蜜蜂群落也能对成员的生命长度进行管理。我们人体内的基因组在自然选择的作用下实现了“优化”，在细胞凋零和其他多种流程的帮助下，于生殖细胞和体细胞之间建立了优秀的合作关系。同样，在蜂巢繁育出“优秀”工蜂和“优秀”皇后的过程中，这个道理也适用。这里所谓的“优秀”，是指它们能成功地完成繁殖和合作工作。

在前几章中我们曾讲到，合作存在着黑暗的一面，表现为寄生、欺骗、背叛等卑劣的手段。在健康的蜂巢中，工蜂能识别并终结欺骗行为和反常的群落成员，包括胚胎和成年蜂。只要这样的监管活动能持续下去，群落就能得到兴旺发展。但是，如果负责实施管控的那一类工蜂数量过少，或者，如果蜂巢成员转化出恶意倾向，绕过管控机制，以超越常态的方式进行繁殖，那么，秩序就会被混乱所取代，并最终导致整个蜜蜂社会的衰落。

关于蜜蜂社会因混乱而崩溃的事件，我们存有一些非常详细的记载。举例来说，1990 年，养蜂人将海角蜂从南非的南部地区转移到北部地区。结果，大批养殖的非洲蜂死亡。从这幕悲剧中我们可以看出，昆虫社会很容易遭到凶猛成员的盘剥。于是，在非洲蜂群落中，这些凶猛的海角蜂工蜂开始发展出培育蜂群的能力，以增加自身的个体繁殖成功概率。① 现在，数十亿寄生于南非蜜蜂群落中的海角蜂，都是 1990 年时某一只工蜂的子孙后代。这些后代

① 在海角蜂蜂群内，即使在有蜂王的情况下，工蜂产卵的现象也很普遍，而且海角蜂工蜂具有社会性寄生的能力，在进入其他亚种的蜂群后，先与宿主蜂王共享生殖权力，而后篡夺蜂王的生殖权力，从而利用宿主蜂群资源哺育自己的后代。——编者注

的爆炸式发展，常被研究人员与社会癌症相提并论。

从劳动分工到癌症，多细胞有机体和多生物社会之间存在着许多类似点。因此，蚁穴和蜂巢也被称为“超个体”（superorganisms）[①]。这一名词于1911年由美国伟大的蚂蚁学者、生物学家威廉·莫顿·惠勒（William Morton Wheeler，1865—1937）在一篇题为《作为有机体的蚁群》（*The Ant-Colony as an Organism*）的论文中提出，超个体被定义为“由一种生物组成的集体，具有有机体正式定义中的功能性组织内涵”。惠勒在接受哈佛大学名誉学位时曾说过，他在研究昆虫的时候发现，昆虫“和人类一样，能够在不存在理性动机的情况下创造出文明”。

但是，许多研究人员都忽略了这些昆虫社会中存在的一个令人迷惑的特性：在生物系统的发展中，真社会性是稀缺的。目前发现的2600多种昆虫和节肢动物分类中，只有15种具有真社会性的物种。而在除了人类之外的脊椎动物中，只有裸鼢鼠一种取得了同样水平的社会组织结构。为什么真社会性如此稀缺？要知道，真社会性一旦形成，就会取得非常巨大的成功。现存所有蚂蚁加总在一起的重量，超过了所有昆虫总重量的一半还多，也超过了除人类之外的所有陆生脊椎动物的总重量。正因此，真社会性的稀缺就令人更加困惑不解。这一谜题的答案，就藏在合作引发超个体出现的过程之中。

蚂蚁奇迹

哈佛大学的爱德华·威尔逊将切叶蚁群落所取得的成就，赞颂为“动物进化过程中的重要突破之一”。他在这一领域是当之无愧最具有发言权的权威人物。威尔逊的蚂蚁研究已经超过了15年。他的整个职业生涯似乎就是对所罗门王睿智的诠释。所罗门王曾说过这样的格言：“懒惰的人呐，你去观察蚂蚁的动作，就可以获得智慧。”威尔逊在真社会性物种的起源上进行了许多思

① 拉丁文中，super是“在上面”的意思；希腊文中，organon是“工具”的意思。

考。威尔逊、科琳娜·塔尼塔（Corina Tarnita）和我曾就他称为“渐层项目”的研究课题建立了合作关系。这一项目旨在利用合作的数学方法来解释真社会性的起源。

我们考虑到了两种基本的可能性。第一种可能性是，假设确保个体“保持一致”的突变是真社会性进化过程中的关键组成部分（在构成你我这样的生物以及多细胞性的细胞之中，同样适用）。譬如，某一个基因需要后代与母体生活在一起，为她提供帮助，而这个基因需很可能是另一个基因的破坏性突变，正常的基因本来是要后代离开母体，建立自己的巢穴。如果这种情况出现，那么我们就要避免囚徒困境的发生。这种情况下，负责劳动的昆虫不再是独立的个体。它们的性质由皇后体内的基因决定（既包括她自身的基因组，也包括她体内储存的精子基因组）。可以将这些负责劳动的昆虫视为皇后打造出来的“机器人”。它们是皇后繁殖策略中的一部分。这并不是一个合作困境，甚至也不是一场进化游戏。

第二种可能性是这样的：存在一种能让个体昆虫“来到一起”的基因。在玩家相遇的情形中，我们通常会看到合作困境的出现。举例来说，几只已受精的皇后形成合作，共同建立一处新群落。在几种蚂蚁种群里面的确会发生这样的情况。在建立真社会性进化的理论时，要将这两种机制考虑在内。

爱德华·威尔逊的蚂蚁情缘

蚂蚁之王威尔逊成长于美国阿拉巴马州的乡村地区，他的父亲是一名政府会计，而他是家中的独子。1936 年他六岁时，父母离异。他依然可以清晰地回忆起童年时期与大自然和野生动物的接触。一天下午，他在珀迪多湾那清澈见底的水中看到了一只水母。水母悬浮在水中，一动不动。小威尔逊以前想都没想过世界上还会有这个样子的生物，于是，这只悬浮在水中的刺水母就成了“海洋中所有神秘物质和恶势力”的代表。他迫不及待地想知道，在那一片泛着波光的神秘蓝色水域中，究竟还有些什么东西潜藏于其中。

七岁那年，威尔逊遭遇了一场事故。用他的话说，这场事故“注定了我后来要成为哪种类型的博物学家”。事情发生在临近佛罗里达彭萨科拉的天堂海滩。当时，小威尔逊正在码头上钓鱼。他钓到一只，快速提出水面，而鲷鱼那针状的背鳍却刺进了他右眼的瞳孔。后来，医生不得不摘除他右眼的晶状体。在那个年代，这样的手术是异常痛苦的。幸运的是，他左眼的视力很好，连昆虫身体上的毛发都看得一清二楚。现在，他“致力于微小的爬行或飞行昆虫研究，并不是因为天赋异禀，而是无意得来的生理限制使然”。小小的鲷鱼将他塑造成为了一名昆虫学家。

威尔逊总喜欢开玩笑说：“每个孩子都要经历一个‘爱虫时期’，我就是一直没有走出来罢了。”十岁那年，他在华盛顿的国家动物园和附近的岩溪公园玩耍时，深深地迷上了昆虫的“神奇世界”。13岁时，他有了第一项重要发现——阿拉巴马州莫博尔地区的火蚁种群。后来，这种火蚁遍布到了整个美国南部。他在阿拉巴马大学获得了生物学本科学位，后来又继续研究生阶段的深造。

当时，他所擅长的所有领域中，蚂蚁尤为突出。他在对不太为人所知的达西泰恩蚁的研究过程中所撰写的论文，得到了一位昆虫学家的赏识，并敦促他转学到哈佛。因为哈佛有着全世界最大的蚂蚁种类收集标本。在哈佛，威尔逊研究了蚂蚁的社会行为，并找到证据，展示出这些行为受到了化学信号的影响。威尔逊依然能回忆起，1959年的一天，他摘除了一只火蚁的杜氏腺体，将其击破，并将内容物涂在玻璃涂片上。这只蚂蚁倒下了，而它的工友们却跟随着玻璃涂片的去向一路向前，并在那里徘徊良久。很明显，腺体是信息素的来源，而信息素则是蚁类分泌出来表示食品、危险，甚至死亡的化学物质之一。

在接下来的十年间，威尔逊偶然发现比尔·汉密尔顿在亲缘选择理论上的研究成果，并由此激发出了他将数学应用到蚂蚁世界的兴趣。威尔逊当时非常接受这样一种带有牛顿法则色彩的生物学思想，有了他的热情支持，亲缘选择被树立成为占据优势地位的理论（令人吃惊的是，他目前又对这种理论持反对态度）。在 20 世纪 60 年代初，他与其他一些富有进取心的年轻种群生物学家一起，努力将尽可能多的数学引入到生物学的研究方法之中。其中就包括理查德·列万廷（Richard Lewontin），他认为，在分子生物学取得的巨大成就面前，当时的主流生物学已经出现了落后的趋势。

1965 年春天，在从波士顿到迈阿密的火车上，威尔逊头一次读到了汉密尔顿的论文。从波士顿出发之时，他还心存怀疑。但在火车车厢中度过了随后的 18 个小时之后，他渐渐接纳了汉密尔顿的思想。等火车到达迈阿密车站时，他已经彻底信服了汉密尔顿那令人目眩的“单倍二倍体假设”。要知道，正是因为一开始有了这个假设，亲缘选择理论才有了如此强大的吸引力。“简直太棒了，”威尔逊说道，“我现在依然这样觉得。”他的大力支持，将亲缘选择抛射到了主流生物学的大讨论之中。

这一假设的核心是这样的。雌性由受精卵发展而成，而雄性则由非受精卵发展而成。结果，雌性就成为了二倍体（它们拥有两份整套的遗传代码，或称基因组，人类也是这样）。雄性是单倍体，因为它们只有一套基因组。这种决定性别的方式，被称为单倍二倍性，能确保姐妹之间的亲缘关系要强过与她们自身后代之间的关系。这就意味着，为自身基因争取生存的最佳机会，就是互相照顾，而非自顾自地产卵。

可以对单倍二倍体假设进行如下表述：在单倍二倍体物种中，姐妹间存在 75% 的亲缘性，但母亲和女儿之间只有 50% 的亲缘性。根据汉密尔顿的原则推导，与产下自己的女儿相比，单倍二倍体物种会更愿意抚养自己的姐妹。这就是蚂蚁群落保持稳定的关键所在。其他一些昆虫也利用单倍二倍性作为决定性别的机制，譬如蜜蜂和黄蜂等。

威尔逊为这一思想的原创性和强大的诠释能力而深深着迷。就单单从单倍二倍性本身的出现，他就可以得出一系列结论：蚂蚁、蜜蜂和黄蜂等由具有利他主义情结的姐妹组成的社会，会比其他利用传统二倍体性别决定机制的种群（雌雄双方都有两套染色体）更加频繁地实现进化。对于膜翅目昆虫来说，的确存在这种现象。膜翅目昆虫包括叶蜂、黄蜂、蜜蜂和蚂蚁等，而白蚁则不归于此类。

和数学家不同，生物学家不会因为出现一个例外情况而放弃整个思想。事实上，生物学家还常常将“有例外情况才能证明原则的准确性”这句令人困惑的座右铭挂在嘴边。也许，这是因为原则所提供的洞见太过美好而醉人，而不能允许丑陋而麻烦的事实占了上风。举例来说，在亲缘选择理论的作用下，我们可以预测，这些种群中负责劳动的昆虫应该都是雌性，而雄性的唯一作用就是与皇后交配。感觉上，单倍二倍体假设仿佛一把神奇的钥匙，就跟不久前发现的 DNA 结构一样，能有效地打开新的神秘大门。

1965 年秋天，威尔逊乘玛丽皇后号前往英国，他接受了位于伦敦的皇家昆虫学会的邀请，去进行一场关于昆虫社会行为的演讲。他和汉密尔顿二人徜徉于这座伟大的城市，开怀畅谈。当时，汉密尔顿还是一名研究生。威尔逊告诉他，虽然内含适应性的思想刚刚提出便遭受学界的冷遇，但不要因此而气馁。后来，两人在学会的会议上对汉密尔顿的研究成果进行了推介。对于那些高高在上的学究们来说，几乎无人知晓汉密尔顿的论文，他们都抱着怀疑的态度。但威尔逊心中有数。他已经想到了各种可能出现的阻碍。他对汉密尔顿说，“我们挺过了一天。”

合作让蚂蚁成为社会性动物

到了 20 世纪 60 年代末，威尔逊感觉，是时候将社会性昆虫领域的诸多实验与理论成果联系在一起了。他希望能集所有社会性昆虫的知识为一体，作出“关于其分类、解剖、生命周期、行为和社会组织的清晰总结”。在他所谓的“野心的安非他命”的作用之下，他决心以他称为“社会生物学”的学科为主题，撰写一本著作。威尔逊为 1971 年出版的著作《昆虫的社会》（*The Insect Societies*）所进行的研究，令他深信，行为可能是遗传进化的结果，而非学习或文化力量使然。

威尔逊希望，这一以基因为基础的新颖思想能得到发展和深化，从而为了解社会行为的进化提供基础。其中既包括社会性昆虫，也包括社会性脊椎动物，既要研究鸟群，也要研究羊群。在他的内心深处，他还认为，这个概念足够强大，甚至可以应用到人类身上。正如他曾说过的那样，“让我们从自然历史的自由精神的角度来看待人类，仿佛我们是来自另一个星球的动物学家一样”。1975 年，在其著作《社会生物学：新的综合》（*Sociobiology: The New Synthesis*）中，威尔逊对这一具有爆炸力量的思想娓娓道来，从而令汉密尔顿的亲缘选择理论在公众意识之中扎下了根。

威尔逊在著作中起到了先锋带头作用，并对这一理论进行了通俗化处理，从而对诸如侵犯性、利他主义、乱交，以及不同性别之间的劳动分工等行为背后的进化机制进行了解释。《社会生物学》被国际动物行为学会的同业研究人员评为动物行为领域最重要的一本书，但却遭到了来自社会科学家及其他学者的猛烈抨击，其中甚至还有他以前的同事理查德·列万廷。

在给《纽约书评》（*The New York Review of Books*）的一封信中，列万廷和哈佛大学进化生物学家史蒂芬·杰·古尔德（Stephen Jay Gould）加入了由众多学者组成的批评队伍，称《社会生物学》“根据阶级、种族或性别，对某些群体的现状或现存特权进行遗传学辩护”。左翼势力因之前关于种族科学的错误理论而变得异常敏感，因此在他们看来，只要是认为人类的社会行为，包括人性本身都具有生物学基础，这一类思想都非常可恶。他们害怕这类思想的政治危险性，认为正是这类思想让纳粹德国建起了瓦斯室。

威尔逊被公然谴责为种族主义者、性别歧视者和法西斯主义者（他是一名心地善良的民主党人）。在美国社会进步协会的一次会议上，示威者泼了他一大罐冰水，还一边喊着:“你湿透了！”另一次，在美国人类学会的会议上，代表们甚至考虑对社会生物学进行谴责的动议。现在回头看看当年的喧嚣，威尔逊戏称自己那本著作“就是一个拔下了拴头的手雷”。

威尔逊反复考虑如何回应他的批评者。在接下来的一部著作《论人性》（*On Human Nature*）中，他提出，人类行为的绝大部分领域，从养育子女到性关系，都是与遗传进化保持一致的深层次生物学倾向的结果。压迫手段所产生的危险性跟社会生物学理论并无直接关系，而应该归咎于打着人类进化旗号的非学术观点，特别是引起美国限制性移民法律的遗传伪科学，以及纳粹德国的良种政策。这本著作获得了 1979 年的普利策奖。但威尔逊还是回到了他深爱的昆虫身边，与他人合著了长达 732 页的巨著《蚂蚁》（*The Ants*），并于 1991 年拿到了第二个普利策奖。

由“弹簧”承载的社会

在 20 世纪 60 年代到 70 年代，汉密尔顿令人目眩的单倍二倍体假设一直为人所信服，由此也为亲缘选择理论蒙上了一层光环，成为了物理学的基础定律。但到了 20 世纪 90 年代，这一假设开始慢慢走向衰落。一开始，白蚁是棘手的唯一例外情况。威尔逊的一位学生，马里兰大学的芭芭拉·索恩（Barbara Thorne）通过研究发现，白蚁非常适用于群体选择理论。之后，威尔逊了解到了北卡罗来纳州立大学的詹姆斯·亨特（James Hunt）和班加罗尔印度科学院的拉哈文达·加达卡（Raghavendra Gadagkar）取得的研究成果。两位学者都是黄蜂专家，认为亲缘选择理论并不适用于他们的实践与观察。

与此同时也出现了更多的实例，都说明许多真社会性生物种群在性别抉择过程中都是双倍性的，而非单倍双倍性。这些实例中包括粉蠹虫、海绵虾和鼹鼠。总体来看，约有一半的真社会性似乎都有着二倍体血统。而且，还有许多生物群落虽然具备所有真社会性的元素，却并不以此种方式运转。举例来说，在 70 000 余种已知的拟寄生物和其他膜翅目昆虫中，虽然所有种群都是单倍二倍体，但却没有找到一种真社会性物种。而且，在已知的 4 000 种膜翅目叶蜂和树蜂中，也没有找到一个具有支持意义的实例，虽然这些昆虫的幼虫会形成密集的合作聚合体。研究社会性昆虫的学者现在已经抛弃了单倍二倍体假设并不足为奇。威尔逊常常会向亲缘选择理论家发问，问他们为什么还要坚持这一思想："他们总是说，'为什么要提起这件事？'"

威尔逊目前就真社会性起源的观点，与他在《社会生物学：新的综合》中所陈述的观点大相径庭。在之前曾被学界广泛接纳的思想中，选择的作用只会发生在有亲缘关系的个体上（亲缘选择），而非作用于整个群落，这是当时对真社会性起源的解释。如今，威尔逊不再强调亲缘选择理论，而是更加关注生态因素以及令昆虫倾向于群落生活的基因。

威尔逊认为，蚂蚁群落的起源从巢穴开始。他指出，诸如刺黄蜂、隧蜂和黄芦蜂、海绵虾、白蚁、群落蚜虫和蓟马、棘胫小蠹以及裸鼢鼠等，所有已知天生的真社会性物种的所有分支与种群（学术上称为演化支），都依赖于群落的力量来构建并占领具有防御功能的巢穴。在某些情况下，彼此不相关的个体会联合在一起，共建属于自己的小城堡。

在膜翅目动物真社会性的大多数情况中，打造群落的过程通常从一位已受精的皇后开始。在真社会性昆虫出现之前，某种独居型昆虫物种会以威尔逊所谓的"顺时喂养"来进行繁殖。交配完成的雌性会建起一座巢穴、产卵并喂养幼虫。当幼虫孵化出来之时，后代便离开巢穴。**威尔逊和我认为，如果一个雌性昆虫的成年后代不离开巢穴去自立门户，而是继续住在老家里，这便跨过了真社会性的门槛。由此形成的群落之中的高度亲缘性，与其说是真社会性的原因，不如说是真社会性的结果。**只要真社会性进化而成，群落就会由具有亲缘关系的个体所构成，因为女儿们与母亲生活在一起，抚养着子孙后代。

当然，若要进化出超凡的社会组织，社会性就一定存在某些优势。通过数学分析可以看出，最基本的问题是真社会性皇后的关键人口统计学参数（她的繁殖能力和死亡风险）如何受到群落中工作成员存在的影响。在工作成员存在的情况下，真社会性皇后比独居母亲拥有两点适应性优势：她提高了繁殖能力——出生率，并降低了自身的死亡率。在工作成员忙于寻找食物、喂养幼虫的时候，她可以留在家里。这样就可以降低她被捕食的风险，提高产卵的速度，并使得她可以与其他工作成员一道，共同保卫自己的巢穴。

我们发现，维持真社会性其实要比在此基础上进一步进化更加简单。在许多环境之中，独居型社会出现真社会性突变的可能性并不大。而同样，一旦进化出现了真社会性，就不再会被独居型社会所取代。这就在一定程度上解释了，为什么虽然真社会性在生态学上居支配地位，却在生命历史长河的进化过程中十分罕见。

真社会性巢穴的原型出现之后，接下来发生了什么？皇后的后代具有一些预先“设置”好的特性—— 一种“行为平面图”，可以弹簧式地承载真社会性的生命形式。这些特性包括幼虫的顺时喂养，从而让许多幼虫可以同时得到抚育；以及行为的灵活性，允许劳动分工的出现。举例来说，独居型黄蜂的雌性在外出寻找食物时，常会有捕食者潜入巢穴，吃掉幼虫。但如果有另一位雌性能留下保卫巢穴，就可以避免这样的损失。

在真社会性的最早期阶段，留在巢穴中的后代会遵从预先存在的遗传编码行为准则，承担起工作责任。人们已经找到许多有说服力的证据，证明这样的规则如何刺激了帮助照顾后代等合作行为的产生。威尔逊很喜欢引述一个在日本进行的实验。实验强迫独居型蜜蜂在同一位置筑巢。蜜蜂与生俱来的生命节奏就是阶段性的进行巢穴建设。这样，当第一只蜜蜂完成了第一阶段的建设工作后，第二只蜜蜂就会在此基础上继续建设。在合伙建设工作完成时，一只蜜蜂步入巢穴的底部，成为蜂后，并开始产卵。目前我们尚不了解，这样的行为是随机出现的偶然，还是蓄意的支配行为。第二只蜜蜂看到生育后代的任务已经在进行，于是就主动承担起了寻找食物的工作。被迫成为合作伙伴的一群蜜蜂，就这样被迫进行了保卫巢穴、挖掘隧道和寻找食物的劳动分工。

然而，随着社会规模越来越大、越来越复杂，群落之间的竞争也变得越来越激烈。如此一来，群体选择就开始登上舞台，通过群体中遗传突变的选择作用，塑造出一个工作阶层。这种在结构上非常分明的工作阶层的起源，标志着威尔逊所谓的进化过程中的“不归点”。从这一点开始，真社会性生活方式就成为不可逆转的大势所趋。正是在这一阶段，昆虫社会完成了向超个体的转化。真社会性和多细胞性一样，都是进化过程中非常重要的创造，也显示出了合作的无比强大的力量。

超个体是怎样形成的

超个体诞生于群体最初形成之时，再加上一些必要的前适应特性组合，譬如巢穴的创建和防御等。突变通过防止蚂蚁离开巢穴等手段，确保了群体关系的持续。威尔逊所谓“弹簧承载的适应”的结果，就是出现了一种原生形式的真社会性。这种原生形式的真社会性，随着环境力量作用下的自然选择，塑造出群体成员互动过程中的特性，而因此不断得到磨砺和精炼。最终，群体选择驱动群落的改变，形成诸如蘑菇花园和蚜虫放牧等复杂特征。

我们在第 5 章中已经讨论过内含适应性，在此要特别强调一下，为什么说这一模型与众不同。在新数学模型的帮助之下，我们非常清晰地了解到了，真社会性的进化为什么不仅仅依靠简单的“亲缘性”来驱动。在许多独居型物种中，可能出现过让女儿不离开巢穴的突变。但这些物种是否能向真社会性发展，不能仅通过亲缘性进行解释，因为所有女儿与母亲的亲缘关系都是相同的。而应该回归到生命历史的参数上进行分析，譬如在工作成员的帮助下，皇后提高了产卵的速度和数量，延长了寿命，这些才是决定自然选择是否会倾向于真社会性的关键所在。

最后，我们要对“两条腿”的社会和“六条腿”的社会进行一个有趣的对比。两者都将其成功归因于合作和劳动分工。两者都依赖于多层选择，而其中也存在群体之间的竞争。然而，蚂蚁仅凭借其本能行事，而我们因为有了语言的帮助，还拥有了不断进化的文化。在我们自鸣得意之前，还要记住，仅仅存在了 20 万年之后，我们人类就造成了破坏地球生存环境的危险，而蚂蚁则已经在地球上和谐地存在了一亿年。

威尔逊很喜欢这样说，人类文明和切叶蚁的存在，都要感谢农业的发展。有意思的是，我们人类与植物之间建立的关系，让我们在大约一万年以前彻底脱离了采集狩猎的生存方式，而有些社会昆虫则早在 6 000 万年之前就完成了这一过渡。动物和人类的真社会性进化过程存在许多相似点。我们认为，这些相似点值得进一步研究，从而深入了解人类如何从采集狩猎、居无定所的部落转而发展为村庄、城镇和都市。切叶蚁皇后这位最伟大的超个体统治者，依然有许多宝贵的知识要传授给我们。

SUPER COOPERATORS

Altruism, Evolution, and Why We Need Each Other to Succeed

03
我们是才艺卓绝的超级合作者

SUPER COOPERATORS

Altruism, Evolution, and Why We Need Each Other to Succeed

第 9 章

服务于间接互惠的语言进化

语言由进化而来。只要说话者和倾听者都能从语言中获益，语言与合作就可以同步进化。在利益大于成本的情况下，就会产生各种各样的语言。文化的变迁，也留下了进化的痕迹。

人类是如此伟大的作品，如此高尚，能力如此无穷，动作如此迅速，令人惊叹，简直是像上帝一样的存在！世界之美，生灵之王！可是，对于我，这尘土的精华算得了什么？

莎士比亚，《哈姆雷特》

先进的思想必须有高级语言与之对应。

阿里斯多芬尼斯

闲言碎语、插科打诨、聊天扯淡、促膝长谈、专题讨论，更有甚者，派对狂欢！语言的存在，使得人们能够在一起交换点子、思路和梦想。从这个角度来看，语言与合作有着非常紧密的关联。为了让间接互惠的机制能够有效发挥作用，就要有小道传闻，而且要详细到人物、事件、时间、地点。间接互惠催生了语言和我们强大的头脑。

语言的诞生，也许是过去 6 亿年间发生过的最为惊人的事件，其重要意义甚至可以与进化的大手塑造出的第一个生命相媲美。这是因为，在达尔文描述的生存抗争的舞台上，语言将进化推向了一个全新的高度。语言是进化的一种新颖模式，也是合作造就的非凡作品。即使人们被时间和空间相隔绝，也可以通过语言来传递信息。

人类由于有了语言，才能在地球上超过 40 亿年的生命史中占据独特的位置。在语言出现之前，生命体之间传递信息的最主要方式是通过 DNA 或

RNA 等具有遗传性质的化学物质。之后，语言出现了。语言是一种不断发展的信号库，从灵长类动物大脑中一个古老的区域进化而来。这个区域以前仅负责解析声音并控制面部肌肉。如此一来，语言就将人类进化扩展到了纯粹的遗传领域以外，而将文化囊括在内。

有了语言，人们就可以将思想加密，并将这种思想注入他人的头脑之中；不需要疼痛、钻孔或血腥的开颅术，我们就能完成这一非凡的思想传输壮举。如果某人有了一个好主意，那么立刻就可以将这个主意公之于众，而不需要借助裂变、交配或感染等手段，将其影响力传递到下一代。随着智人的出现，为了自私的增殖与合作，口头与思想信息单元已经开始执行自我的策略。吸嗜鸦片成瘾的作家威廉·伯勒斯（William Burroughs）曾提出，语言本身可能是一种病毒，怀着其自身的目的来操纵我们人类。这种病毒的出现导致地球上各种变化速度急剧加快，而后果也难以用好坏来进行评价。

语言鞭策了进化的进程。那些拥有能够接受这些新思想大脑的人，就能最好地利用这些思想，也更容易得到繁荣发展。从这一文化角度来看，最具适应性的“适者”，就是被模仿最多的人。他们留下了最多的门徒，将哲理与技术以最为广泛的形式传播开来。实际上，语言帮助引导了我们强大而灵活的大脑的发展过程。**我们总是认为，是我们人类发明了语言，但事实却恰恰相反——语言创造了人类。**找到语言的起源，就能对人性起源的研究起到巨大的帮助作用。

但是，追寻这条宽广的语音之河的源泉，以及源泉之处的各种发音和语调，是一项难上加难的工作。语句不会留下化石。如果一处生满青苔的洞穴中的潮湿石墙，能够隐约保留下远古时期发生在那里的对话，那该有多好。如果人们能发明一种方法，从细沙、卵石和岩壁中提取出远古的史前声音，那该有多好。这些岩石与沙土，该会讲出一部多么动人的故事！这个故事，是关于长毛象的狩猎；关于用石器作为武器，与敌对部落进行抗争；关于我们的近亲尼安德特人的灭绝；关于农业、城市和文明的兴起，等等。但是，回到现实中，我们发现没有一点记录，没有一点遗迹，甚至连一块记录古时句法的会发声的化石都没有，更没有关于语言如何产生的实物证据。我们无法倾听到亡者的声音。

我认为，解开语言起始阶段秘密的办法，不仅在语言学本身，也在于对人类远古起源的了解。语言需要在合作存在的情况下才能得以进化，因为除非个体之间已经在某种程度上形成了合作关系，否则就不会介意去思考如何在彼此之间建立新的沟通方式。只有在信息传输能同时惠及讲话者与倾听者时，才能建立起我们所发出的声音和我们想要沟通的意义之间的联系。这样一来，语言与合作就实现了同步进化。

厄格看着伊格，指向一个水洼。在那里，一只羚羊正在喝水。伊格点点头，捡起他新近磨制的石器，加入厄格的狩猎队伍。这一不起眼的合作举动，能在当晚为他们俩人带来鲜美的羊排。同样，语言能促进新型合作形式的发展。现在，人们无须直接见面就能互相帮助。厄格能告诉伊格，他昨天晚上在水洼边看到几只羚羊。羊群今晚很可能还会回来，伊格应该叫上他的朋友艾格一起加入狩猎队伍。

从这里作为起点，我试着找到语言之所以如此运作的背后原因。语言可以被分解为各个词汇单元，而词汇的组织方式则依靠我们称为语法的规则进行。我希望利用数学将进化思想与关于学习和语言理论的思想联系起来。这是一个非常抽象的思想理论领域，在这里，语言学与计算机科学融会贯通。为了将音乐、散文、戏剧等重要事件建立在数学基础之上，我需要建立一个模型，表现出语言在合作个体之间进化发展的方式。

我必须要承认，语言进化的巨大谜题绝不是什么易于解决的小事。这一学科的内涵非常丰富而深刻，我们每解决一个问题，就会同时冒出几十个新问题。新的探寻线索会扎根发芽，继而茁壮成长。这一全新挑战出现的时刻，也恰逢我人生中的剧变阶段。尽管如此，这依然是最令我感叹而难忘的一段旅程。

语言的起源

1997年时，我还是牛津大学动物学院的一名数学生物学教授，也是牛津大学克伯学院（Keble College）的高级研究员。虽然有些人觉得克伯色彩丰富的砖砌建筑物是一种需要努力理解才能体会的品味，但我非常喜爱威廉·巴特菲尔德（William Butterfield）的哥特风格。巴特菲尔德曾说过，他“为砖头赋予尊严，这是一种使命”。一次，一位十分有趣的人物前来与我共进晚餐，从此，我在合作进化领域的研究便掉转矛头，朝向全新的方向发展。他就是大卫·克拉考尔（David Krakauer），出生于夏威夷，成长于葡萄牙，现在来到英国，在动物学院工作。他热情四射，精力充沛，满怀永不知足的好奇心。

大卫几乎每个晚上都会前来拜访。而且，几乎每隔一个晚上，我就盼望着他能烤一只鸭子（这是关于直接互惠的一个非常个人化的案例）。大卫的烤鸭烹饪技法堪称完美，几乎无人能及。而我，则希望能通过心怀感恩和谢意地享用这顿美餐，来回报他辛苦的烹饪。他总是坚持购买最优质的原料。牛津的室内市场是个采购的好地方，能找到各种各样的选择——法国巴巴利鸭、艾斯博雷鸭、格莱辛汉姆鸭等。而且，只有找到质量最好的樱桃，作出味道酸甜适度的糖渍水果，才能配得上烤鸭那焦脆的鸭皮和肥软的肉质。我们乖乖地遵从着他的指导：“想做鸭子，就不能怕费事。”

一天晚上，烤炉里一只肥美的鸭子又在嗞嗞作响。大卫无意间道出了一个想法，一种探寻语言起源的方法。这种方法可以巧妙地捕捉到其中之精华，这样，就可以通过数学的“显微镜”来对语言进行详细研究。简而言之，就是用矩阵来代表沟通。在我们日常生活中，常用这种方式来表达不同数据之间的关系。回忆一下列出车票价格和目的地的表格，显示出火车到达不同地点时间的列车时刻表，表现投资期限与利率的表格，以及不同重量的鸭子所需要的烘焙时间等。在大卫设计的矩阵中，一边列出了“信号”，另一边则列出了“目标”。这个简单的想法仿佛在我们心中种下了一颗求知的种子。

我为此痴迷不已，希望能围绕这一思想规划出一场语言游戏，并通过游戏为语言起源的研究工作提供更多的线索。此时我的直觉，与当年在维也纳森林漫步中卡尔提到间接互惠时的感觉一样强烈。我感觉，从这一思想起步，一定能成就一些伟大的新事物。我感觉，这一切都是不可逆转、无可避免的必然。但就在我奋而起步之前，我的学术生涯却遇到了一次不小的变化。

普林斯顿之旅

我从来没想过要离开牛津。我深爱着这座拥有梦幻之塔的城市，查威尔河上的八人单桨比赛、长礼服等秉承至今的传统、优雅闲适的郊外，还有愉快诙谐的学术气氛……阳光灿烂的午后，我很喜欢和遗传学家理查德·默克森（Richard Moxon）、因发现双螺旋而知名的吉姆·沃森（Jim Watson）、牛津主教理查德·哈里斯（Richard Harries）等人在大学公园的草地球场打网球。我的球友名单中，当然还包括鲍勃·梅，他在我们当初第一次交手时就想尽办法赢得了比赛。此时，鲍勃已是英国首相的首席科学顾问，坐上了英国科学界最具影响力的一把交椅。虽然他公务繁忙，但却依然保持着难以抑制的好奇心。每天，只要他从白厅[①]下班回来，都会跑到我的办公室问上一句：“怎么样？有什么进展？”

但是有一天，卡尔打来电话告诉我，我的研究成果在普林斯顿高等研究院掀起了一点小波澜。我觉得挺有意思，但并没有深究其中的细节。多年以前，我曾读过《谁得到了爱因斯坦的办公室》（*Who Got Einstein's Office*）这本书。在书中，埃德·里吉斯（Ed Regis）做了绘声绘色、生机盎然的讲述，其

① 英国行政部门的代称。——编者注

内容完全超越了普通人的理解范围。高等研究院是一处非凡的所在，拥有“飘在天空中的骄傲”氛围，多年以来，网罗了科学界和数学界最具地位的“神职”人员，包括爱因斯坦、科特·戈贝尔（Kurt Göbel）和约翰·冯·诺依曼等人。

几个月之后，我收到了来自研究院的邀请。当时的主任菲利普·格里菲思（Phillip Griffiths）邀请我担任研究院首个理论生物学项目的领导。这一计划将会得到纽约慈善家利昂·利维（Leon Levy）的支持。不可否认，这是一个非常难得的机会。

我的同事们对此给出了不同的评价。鲍勃仔细研究了这份邀请的内容，认为这是再慷慨不过的工作机会。他很为我高兴，说我应该离开，说如果换成他，也会这样做。约翰·梅纳德·史密斯则让我不要走。他曾经造访过这处“思想的修道院”，觉得在知识上无法与那里的学究们产生共鸣。“在那里，没人能跟你聊天。”约翰说。理查德·索斯伍德爵士在我刚到牛津时曾任动物学院的院长，后来升任牛津大学的副校长，他也建议我不要离开。此时我在牛津的事业发展顺风顺水，他说，天知道我去了普林斯顿之后会发生什么。

我依然骑在墙头上，而两条腿已经悬在了普林斯顿一边。还有最后一道障碍需要跨越。我要与牛津的新院长罗伊·安德森（Roy Anderson）见面商谈此事。罗伊这个人浑身都散发着魅力，有很强的说服力。我担心罗伊会劝说我留下来。但当我走进他的办公室时，他却握了握我的手，祝福我一些顺利。就这么简单。那一刻，既令人欣喜，又带有些许的伤感。罗伊一直以来都给了我许多支持。后来我才知道，原来是鲍勃恳求他，让他不要劝我放弃普林斯顿的机会。

我挥别牛津之前，最后一次见到鲍勃的时候，心中充满了对往事的美好记忆。他递给我一本应用数学著作《现代分析教程》（*A Course of Modern Analysis*, 1902），作者是埃德蒙·惠特克（Edmund Whittaker）和乔治·内维尔·沃森（George Neville Watson）。他从他的顾问、在飞机事故中遇难的罗伯特·沙弗罗斯（Robert Schafroth）那里得到了这本经典的大部头。他对我说，“这本书里面包含了许多我工作时使用的工具。”鲍勃以前在扉页上题过词：“罗伯特·沙弗罗斯致罗伯特·梅”。在“沙弗罗斯”旁边，鲍勃写下了“观察到带电玻色子超导性的第一人”。然后，在这句话的下面，他写道，“罗伯特·梅致马丁·诺瓦克”。看到这句话的一瞬，我的眼泪夺眶而出，而鲍勃也流下了不舍的泪水。

语言由进化而来

从牛津来到普林斯顿之后，一场令人激动而兴奋的探险之旅便开始了。我对生物学第二场大爆炸的研究工作现在可以正式启动了。曾有学者认为，语言的出现是体积更大的大脑所产生的必然结果，我对此不敢苟同。语言是某种极为特殊而明确的事物。大脑的体积更大一些，并不能给人以发明语言的能力。实际上，我认为，大脑和语言的关系恰恰是反转过来的：进化在选择了那些能用优化的语言进行交流的个体的同时，也选择了更大的大脑。

我在研究院附近森林边缘的一处粉刷一新的小房子里工作。和我共事的有拉米·阿诺特（Ramy Arnaout）、大卫·克拉考、阿伦·劳埃德（Alun Lloyd）、凯伦·佩吉（Karen Page）、约书亚·普洛特金（Joshua Plotkin）、林迪·沃尔（Lindi Wahl）以及多米尼克·沃达兹（Dominik Wodarz），所有这些人都是我牛津时代的朋友。但这里的生活还是与牛津迥然不同。在牛津，自行车是我们往返于各处的理想交通工具。阿伦一直拒绝接受汽车的便利，坚持步行，无论是去往 8 公里开外的超市，还是回家。这样的行为让当地人吃惊不已。每当警察当街拦住他，质疑他“心怀不轨地四处游荡”时，他都觉得很有趣。

生物学家在研究院中被视为局外人，最具说服力的证据，就是我们的小木屋设在了校园的边缘地带。我们的办公室对面是一处托儿所。这是一座单层砖结构建筑，约翰·冯·诺依曼的电子计算机项目曾在这里开展。冯·诺依曼去世之后，研究院（对任何稍有实用价值的事物都持怀疑态度）将计算机捐给了史密森学会（Smithsonian Institution）博物馆。

我的儿子们被送进了这个托儿所，和许多美国孩子以及其他来自世界各地的孩子一起，跟着老师学习语言。就在他们进行着阅读与写作的实验时，我就坐在几米开外的另一处房子里，沉浸于语言获得理论的汪洋大海之中。

这里的每一面墙壁，都见证了具有重大意义的历史。我的办公室曾经为朱利安·毕格罗（Julian Bigelow）所有，他就是打造出冯·诺依曼的机器的电子工程师。库尔特·哥德尔就住在附近的一处小房子里。在我工作的过程中，以及跟他在路上偶遇之人所道出的种种奇闻轶事中，处处都能感受到他非凡而偏执的存在。英国理论物理学家兼梦想家弗里曼·戴森（Freeman Dyson）告诉我，有一次，神经质的哥德尔给他办公室打电话，说收到了一份又大又轻的包裹。哥德尔害怕包裹里面装有毒气，于是恳求戴森，“你能发发好心，帮我把它打开吗？”戴森面对这个如此不合逻辑的要求，却爽快地答应了。哥德尔满心感激，但执意要求戴森在他自己的办公室里单独打开包裹。包裹里面，装着一个漂亮的纸质数学模型。

研究院中的许多工作都是抽象而理想化的，关注臻于完美而永恒不朽的柏拉图式数学。我也是一位柏拉图主义者。但从我周围的“僧侣”同伴的角度来看，我的研究工作多少带有一些“异教”色彩。我利用数学作为一把解剖刀，用来解析某些被认为处于不断变化的不稳定状态之中、却又非常切实有形的东西。我想要探索语言及其进化过程中的柏拉图式真理与美感。

支持进化的证据不胜枚举。然而，将达尔文的进化理论从不断进化的基因扩展到不断进化的语言，研究学者多少会感觉有些不适应。就在达尔文的思想发表后不久，巴黎语言学公会（Société de Linguistique de Paris）于1866

年公开禁止了所有关于语言进化的研究工作。数学家都向往挑战，而对于我来说，如此有趣的典故，更为语言进化的研究工作注入了令人无法抗拒的吸引力。

直到今天，许多语言学家、生物学家和哲学家依然很难想象，语言是在进化力量的带动下出现的。没错，语言能够出现，是因为它帮助我们的祖先分享了一些事关生存的重要信息。但正如哈佛大学的史蒂芬·平克所指出的，这样的解释多少有些油腔滑调之嫌。“拙劣的解释方法总是试图通过诉诸另一些同样神秘的事物（譬如欢笑让你感觉更好），来解释我们心理活动中的某些事物（譬如幽默）。”毫无疑问，语言的确在人类的生存过程中起到了帮助作用——“小心那根长矛！”但如果真的如此简单，那么大猩猩现在也会就语言的起源展开面红耳赤的争论了。

我以为，自己在合作领域的研究成果为理解语言的进化提供了一些实用工具。可没想到，就连伟大的诺姆·乔姆斯基（Noam Chomsky）都表现出怀疑态度，不认为自然选择理论可以用来解释语言的起源。学界普遍认为，乔姆斯基是语言学领域的爱因斯坦。自从 20 世纪 50 年代以来，他就以外科手术般的精准度，带头引领了对语言复杂性的研究工作。半个世纪以前，他就建立起一套研究议程，将未来几十年的语言学、心理学和计算机科学的发展进程囊括了进来。

语言中最扣人心弦的组成部分，就是语法。而乔姆斯基则提出了理解语法的关键。我们可以将语法视为一种方法，用于组织语言形式和词汇，使其具有某种特定意义。可以说，语法的存在，使得词汇之间能达成合作关系，形成新的意义。有了语法，就有了语言永无止境的表达能力。

乔姆斯基认为，语言本身是任意符号的编码和解码链条。通过以这种基础方法进行语言规划，他可以对一个核心问题作出解答：能力有限的人类思想，如何能不受限制地对符号加以利用，并以如此具体而有序的方法进行沟通？他发现，某种简洁的数学基础结构能够产生代码，用以对无限的意义进行表达和理解。所有的语言都拥有共同的结构基础，也就是一套被他称为“通用文法”的规则。这种规则适用于我们所知的每一种语法。

语言大爆炸

我们无法精确地获知，第一种语言究竟是何时出现的。其出现时间，应该是在 700 万年之前我们从黑猩猩变为人类，到 15 万年前解剖学意义的现代人类真正出现之间的任何时段。但是，语言是在何种环境下产生的？我们的祖先在采集狩猎的过程中，用到了什么形式的沟通方式？大卫·克拉考尔和我的第一个研究对象，就是遍布于动物王国中的语言“原生汤”。

我们能在身边找到各种元素：细胞之间忽闪忽现的化学信号，蜜蜂的摇摆舞，各种动物标识领地时所发出的咆哮，还有鸟类那丰富多彩的鸣唱。鲸鱼的歌声中充满各种复杂的模式，将呻吟、呼叫、啁啾组合在一起。环尾狐猴通过摆动尾巴的方式来传递多种气味，由此表达一种复杂的“语言”，来沟通“侵略”、“接受交配”等意义。我们也不要忘了水下世界中丰富多彩的智能生物。“喷气式”头足类动物不断变化的肤色和图案，是求爱仪式的基本要领。当然，还有我们的近亲——黑猩猩。

无论从哪个角度分析，动物王国中其他成员所使用的语言，都无法与我们人类的语言能力相媲美。绝大多数动物使用非句法的沟通方式，简单的“哼”一声、一个词汇，就可以表达一个场景，譬如“小心——附近潜伏着一只狮子”。西非的白鼻长尾猴利用两种主要的声音“嘌”和“哈”，来互相提醒捕食者的到来。当然，语言甚至根本不需要建立在声音的基础之上。蜂巢中的“侦察兵”在巢穴之中用舞蹈的方式告诉同伴，在哪里能找到甜美的花蜜。在这段嗡嗡作响的阶段性芭蕾舞中，蕴藏着远处花蜜的位置信息。通过舞蹈的方向和时长，就能显示出食物来源的指向与距离。

我们先按下语法这个复杂问题不表。通过对动物交流信号的研究，我发现，我们所使用的信号库——词典的规模，是一个十分关键的问题。谈到人类的信号库，一个六岁儿童掌握的词汇量就能多达 13 000 个。人类学习新词汇的速度，从一岁到七岁之间，处于清醒状态之时，每 90 分钟就能学会一个新词。由此推算，一位母语为英语的 17 岁少年，脑海中的大辞典已经包括了 50 000 个词汇，而这种水平已达到了成人的普通标准。

学习并记住这些词汇是一项非常繁重的工作，这跟记住彼此之间存在各种关联的 50 000 个电话号码没什么区别。我们很少会意识到，我们自身是一部多么美妙而强大的记忆机器。但记忆并不代表全部。人类的声带能发出各种不同的声音。基于目前已知的 6 000 种语言，我们的声带能发出大约 1 000 种语音。我们将这些语音单元称为“音素”。而各种语言之中，从新几内亚东部一个小岛上只有 11 个音素的罗托卡特语，到非洲博茨瓦纳和纳米比亚地区拥有 112 个音素的“喀哒式语言”——!Xóõ 语。这些音素包括从不同音调到类似的发声再到喀哒声等各种语音，有些只能用我们不小心在电脑键盘上敲错的那些符号来表示。

这样的生理学事实，自然而然地引发了另一种观点的诞生。因为有了如此巨大的词典，我们偶尔也会犯错误。在正常的对话过程中发出这些音素，从解剖学角度来看，是非常了不起的成就。声带不同部位的运动要以毫米和毫秒级的精准度进行协调。下次开口说话之前，请记住，你自己拥有多么神奇的能力。但是，错误毕竟是无可避免的。简而言之，想要沟通的概念越多，需要发出的语音就越多，语音之间的相似度就越高，而如此巨大的信号库出现混用或误解的风险也就越大。

因此，我们的发音器官能处理的音素数量是十分有限的。如果我们使用最为简单的语言，其中一个音素只与一种行为、一个物体、一个人或其他事物相关，那么我们在发展出更多关联的过程中，就会很快遇到各种麻烦。想象一下，如果两个仅有细微差别的语音被分别用来代表“发现了一串成熟的香蕉”以及“发现了一串落满苍蝇的腐烂黑香蕉”，这将会造成何等的误会与失望。在加里·拉森（Gary Larson）创作的一幅很有意思的漫画中，两只大猩猩在一起跳着探戈。旁边写道：“恐怕你误解了……我说我喜欢芒果。”

为了体现使用语言过程中存在的生理学现实，我提出了“语言学误差限度”的思想。这一思想是说，在原始母语中可分辨的语音数量，以及这种语言可以准确描述的事物的数量是有限的。增加新的语音无疑能够增加所描述事物的数量，但如此的灵活性要以增加犯错概率为代价。因此，语言传递信息的总体能力并没有得到提高。

我们通过计算得到的误差限度数值解释了，为什么任一语言之中的音素总数都远远低于声带可以发出的 1 000 个左右语音的数量。如果音素量太大，就会存在太多可能出现的误解。所以最好还是集中于数量不多的几种音素上，并找到有效区分的办法。同样，我们一旦学会了一套音素，就很难改到另一套音素上。这就是为什么我会说着维也纳口音的英语，正是因为使用了错误的音素而导致的。所有的异乡口音皆如此。

利益决定语言的需求

带着这样的理解，我们就可以去追溯人类语言的起源了。在语音诞生的黎明时期，我们的祖先只懂得几种表达方式，如咆哮、扑哧的鼻息、咕哝声，等等。之后，具体的语音就与具体的事物建立了联系。厄格用手指了指，发出了一些语音，然后他的听众厄格小妹想道，“嗯，厄格想告诉我的就是这个事。”但很关键的一点是，如此的交流，必须有合作的先决条件。

无论是性爱还是牛排，讲话者与倾听者之间必须存在一些共同的目标和利益。否则，我怎么从成功的沟通中得到实惠呢？厄格小妹和厄格需要将他们的话语付诸行动。**只有在信息传输对讲话者与倾听者都有好处的时候，在某一特定语音和某一特定意义之间的关联才能得到固化。**之后，随着整个社会不断尝试着描述更多的物体，更多的语音就产生了。

我们开始试着用大卫在牛津烤鸭子时提出的矩阵思想来进行建模。我们采纳了一种理想化的简单信号系统，其中的某一“指示物”，譬如树丛中出现的一只伺机捕食的猎豹，促使某个动物发出了一个信号：一声代表“快跑！”的警告性嚎叫。现在的关键是，对于第二个动物来说，这警告性的嚎叫也代表着同样的指示物,换句话说,就是激发出“有只猎豹就在附近”的警惕意识。如果假设在游戏中有一群动物，最初在指示物与信号之间存在的关联是随机的，在看到逼近的猎豹时，每一位个体都会采用自己独立的警告性嚎叫方式，我想知道在这种情况下，将会出现什么情况。随着时间的发展和进化的延续，是否会出现固定不变的统一关联，这样同一个词汇就可以被用来描述“猎豹逼近”这种特定情形？

我们设计了一个简单的游戏，一场协调为主的游戏。像往常一样，我们利用计算机将漫长的年代进行压缩。在我们的模型中，每个群体成员都会用随机的信号与其他人交谈，在个体成功完成合作之后，会以分数形式进行奖励。这一游戏听起来有些过于简单，而我们也设计了更为复杂的版本，用来应对欺骗行为的出现。欺骗的现象在大自然中不胜枚举。例如，曾有研究人员观察到，一只猴子在看到另一只猴子找到香蕉时，发出警告性的呼叫，吓得对方当时扔下香蕉掉头就跑，于是这只猴子把香蕉偷了回来。然而，归根结底最为关键的要点，就算是这场再简单不过的游戏也能体现出来：获得最多奖励的个体得到了最多的子孙后代。

对于语言的进化来说,动物所在的“生态”十分重要。哪种捕食者最危险？能找到什么食物？如何得到这些食物？狩猎（或采集）是否需要合作进行？所在物种中，多少只动物能结成团体？个体之间会发生什么样的互动：梳理毛发、求爱、为争夺主导地位而打架斗殴，等等？

当合作出现的时候，如果你仅仅是体型最大、身材最魁梧的雄性，并不足以解决问题。你身边那些比你个子小的同伴们会联合起来与你做对，如此一来，政治就应运而生。“伙计们，等等。先不要打架，我们要保持理性，不妨坐下来谈谈。”同样，个体之间可以结成合作关系，捕捉到更大、更危险的猎物。我们也能看到，森林地表的食物来源非常丰富，吸引了蚂蚁来此搭建家园和堡垒。正是“生态”的存在，驱动了不断寻找各种问题解决方案的过程，并鼓励了进化的发展。语言，就是其中的一种解决方案。

我们发现，最大化的适应性——达尔文主义者对成功的称谓，是通过利用为数不多的信号来描述最有价值的事物来实现的。增加更多的信号，就会使适应性有所下降。假设一种猴子用3个不同的词汇来代表3类不同的捕食者，又为譬如斑马等相对无害的动物指派了另一个词汇，并加入猴子的词典之中，这种做法就不一定值得费这个力气，也不一定值得冒可能出现的误解风险。我们意识到，进化需要克服这样的限制，需要避免增加信号就会降低理解能力的矛盾后果。

在语言进化的第二步过程中，人类在更为丰富的社会生态的驱使下，从动物王国中脱颖而出。我们的祖先克服误差限度的方法，不是试图发出更多的语音，而是将几种易于区分的语音组成词汇。这样，b、a、t这样无意义的元音和辅音就可以被组合为一体，形成有意义的词汇“bat”（蝙蝠）。除此之外，还能形成“tab”（标签）等其他词汇。

我通过数学的手法，展示出这样的词汇组织方式，如何使语言可以表达出大量事物的意义。我们能在两个层次上对音素进行洗牌式组合，第一层是将一串音素拼接成词汇，第二层是再将词汇拼接成句子。这就称为语言模式二元性。句子的创建还需要语言发展过程中的最后一步——将我们称为“语法”的规则加入其中。如此一来，有限的词汇就可以用无限的方式组合在一起。

因此，借用威廉·冯·洪保（Wilhelm von Humboldt）的话说，语法使得我们“利用有限的手段实现无限的用途”。这种通过复合重组而实现的创造力壮举，令我们与大自然中的其他成员相比，取得了更为长足的发展。

为了展示出语法带来的影响，请看下面这个关于外文菜谱和外语闲话的例子。从语言复杂性的角度来看，菜谱是非常简单的。你自己也可以尝试一下。拿来一本外语的菜谱书，只要你知道里面那些词汇的意思，就能相对简单地搞明白如何烹饪出一顿大餐。但如果你偷听到一段对话，只明白其中的几个词汇“舞”、“罗杰”和“陌生人”，那么，这句话可能是说，罗杰请一位陌生人出席舞会，或是罗杰接受了陌生人的邀请参加舞会，或是他们两人要跳一段舞。此时，词汇的顺序就对意义起到了绝对重要的作用。实际上，“舞”这个词的意义，也要看上下文才能确定。如此类型的对话充分运用了语言的语法结构。

同样，“人”、“咬”、“狗”这三个词，也可以被结合出两种完全不同的意义。其中一种，根据传统的英国报刊风格，完全有资格登上一份拥有自尊精神的报纸版面。一个人用犬齿咬一只狗，的确算得上新闻。而另一种意义，受伤的人腿上带着血殷殷的狗牙印，不过是我们的祖先在 15 000 年前驯养了大灰狼而造成的无聊后果而已。如此看来，一起罕见而不寻常的事件，一个值得在网站或报刊上说上一两段的故事，并不需要学习新词汇，就能轻松通过词汇的各种组合来进行描述。

上述讨论存在的问题是，语言的进化似乎听起来太过轻松简单了。蜜蜂不用嗡嗡地叫个不停、兜着圈子跳摇摆舞，还不如直接用蜜蜂发明的语言滔滔不绝地交流，告诉其他蜜蜂哪里能找到盛开的鲜花和甜美的花蜜。大猩猩之间会传颂着令诸多猩猩寒毛倒竖的故事，说刚果共和国国家公园里的一群银背大猩猩如何被人枪杀致死。鸟儿也会放弃它们抽象的歌唱技法，从东部的草地鹨那“春天在哪里”式的歌喉，到黑白相间的啸鸟发出的手推车般的吱吱声。它们还不如直接在吸引漂亮伴侣或赶走讨厌的竞争者时，直接讲事实摆道理，把事情说清楚。

这就提出了一个具有核心意义的问题，如果我们要搞清楚语言对人类的意义的话，就要对这一问题有所把握：在什么样的情况下，沟通者从动物界非句法的沟通方式，转换到了人类所使用的句法式的沟通方式？再一次，进化博弈论能发挥出其巨大的意义。与现在宾夕法尼亚大学工作的约书亚·普洛特金和伦敦大学皇家霍洛威学院（Royal Holloway，University of London）的文森特·詹森（Vincent Jansen）一起，我们假设玩家以取得共同目标为动力进行合作，并用这种方法研究了句法式沟通的进化过程。

绝大多数动物并不用我们人类所使用的这种了不起的方式对事物和想法进行详细阐述，因为句法的形成是要付出巨大代价的。需要有一个非常消耗能量的体积庞大的大脑，以及奋发的精神力量，才能将词汇以正确的方式串在一起。只有在影响到适应性的相关沟通话题数量超越某个特定临界值时，自然选择才能看到将大脑能量用在语法上的优势。如果彼此之间只需要说十件事（“水”、“敌人”、“交配”等），那么就不值得费尽千辛万苦地发明句法。如果你所在的生态环境包含间接互惠带来的复杂政治，而且还有诸多需要讨论的事项，从男朋友到 iPod 到量化宽松政策等，那么必须拥有句法才能得到回报。在简单的环境中，所有需要交头接耳的，不过是下一根香蕉在哪里，以及偶尔出现在附近的闲逛的狮子。这样看来，几声咕哝和尖叫就足够了。

因此，**生命所在的环境和生态决定了对语言的需求**。如果我们是整天在草地上四处游荡的四蹄动物，那么我们要说的话，不过就是“好吃”、“那边有美味的青草”或者“我们结婚吧”。同样的道理也适用于游过充满浮游生物水域的蓝鲸。所有要交流的事情，就是下一顿饭到哪里找、如何驱赶鱼群等，根本不需要语法。行胜于言。但是，在一个充满社会丰富性和复杂性的环境中，在生死存亡依赖于快速传播重要信息的地方，利益就超越了成本，句法式沟通方式也会赢得游戏。此时，语言就会生根发芽、含苞待放。尤其是在群体成员之间的互动非常复杂，充满若隐若现的政治情况之时，语言更是能得到充分的发展。雄性首领不再能单纯凭借武力优势建立起统治地位，而是必须凭借一伙具有合作精神的支持者的帮助，而这些支持者也要能从帮助行为中分得一杯羹。语言，就是这样在肥皂剧般的互动和政治阴谋中诞生的。

肥皂剧般的人生

有证据显示，动物界的沟通方式，从社会性昆虫到鸟儿的鸣唱，都是相当复杂的，而我们也不过只了解到了其中的一部分。如今在诸多物种之中，可能都存在着针对更加复杂语言的选择压力，但似乎从动物式沟通向人类语言的大跃进，仅发生了一次。为什么呢？也许从神经解剖学的角度来看，即使选择压力存在，这样的跨越也存在着巨大的难度。也许语言有着几个不同的起源，正如多细胞性存在几个不同的起源一样。远古时期，地球上可能存在几个不同的人类种群，而只有其中一种——智人，超越并消灭了其他几个种群。

我们的生活方式中，是什么元素使得语言成为如此不可或缺的工具？简单地说，语言就诞生于我们这个复杂的社会。我们的人类祖先经历了社会互动越来越复杂的发展过程。当出现越来越多的机会采取欺骗、操纵、合作、冲突等行为时，也就是我们所谓的政治浮出水面之时，语言就成为了获取他人支持，达成交易、结成同盟并采取协作行为的必要工具。反过来，语言的使用也提供了更多思考、回顾和讨论的机会。仿佛燃烧的火炬一般，语言点亮了一条通往更多社会复杂性与喧嚣的道路。

语言、脑力和社会，就这样跳起了一场三人舞，彼此之间相互关联，不可分割。其中一位伴随着另一位迈出舞步的同时，协同进化也就出现了。而由于有了分布广泛的间接互惠这种新发明，协同进化就引导着了不起的生物——智人，实现了社会大脑的进化。

要将我自己在语言领域的研究成果推介给研究院那群人物，最好的办法就是举办研讨会。我常常会在演讲时提到纳什均衡。而听众席中也时常会出现一个灰色的身影。这个身影有着轮廓分明的耳朵和几缕银发。他不是别人，正是约翰·纳什本人。纳什于1994年与他人共同获得诺贝尔奖。获奖论文只不过一页纸，却道出了那有着巨大影响力的思想。纳什本人的偏执与疯狂，也因电影《美丽心灵》（*A Beautiful Mind*）而为人所知。可以想见，纳什是个谜一般的人物。

一天吃午饭时，我给坐在身边的几位同事出了一道谜语："穷人拥有它，富人需要它，它比上帝更伟大，它比魔鬼更恶毒，如果吃了它就会没命。"林迪·沃尔和拉米·阿诺特当时就猜了出来，但秘而不宣，以免扰了他人猜谜的兴致。后来，获得诺贝尔奖的弗兰克·维尔切克（Frank Wilczek）一个小时之后终于恍然大悟，在我耳边悄悄说："什么也没有（Nothing)。"四个小时之后，卡尔·西格蒙德也猜到了。

没想到坐在不远处的纳什也听到了这则谜语。第二天，他发来一封电子邮件。邮件中，他说这则谜语不是一道数学题，但补充说，"存在字面答案是可能的"。邮件继续道："形象地说，富人什么也不需要，穷人什么也没有。而以下宗教信仰非常流行：'没有什么比上帝还伟大，没有什么比魔鬼还恶毒。'"我很欣赏他谨慎而正式的答案组织方式。

研究院就是这样一个地方。人们在这里每日的生活和呼吸间都充满了逻辑与数学，聊起理论来总是没个完。他们会为此争执，为此阅读，为此梦想。一次，我来到维尔切克的办公室，他看起来好像在打盹。但他听到我走进办公室的脚步声，立刻抬起头来，带着抗议的口吻说道："我没睡觉。"之后很快解释道："我就是在思考，宇宙会不会实际上是五维的，只不过表现出四维的形态。"

语法的探寻之旅

> 智人与其他物种相比，存在两点鲜明的特征：技术，以及非亲属之间的社会合作。我们掌握语言这种工具的事实不会是一种巧合，而语言也是令我们与其他动物有所不同的第三件事物。
>
> 史蒂芬·平克

在什么样的条件下，一种通用的语法才能在由不同个体构成的群体中普及开来，并进化出一种连贯的沟通形式，确保个体之间能互相理解？或者，用最基础的方式来讲，为什么在纽约长大的孩子说美式英语，在阿姆斯特丹长大的孩子就说荷兰话，而成长于维也纳的孩子则说德语？

为了找到问题的答案，我的团队迎来了一位充满灵感的俄罗斯数学家，娜塔莉亚·科玛洛娃（Natalia Komarova）。她之前曾对自然界的各种天然图案有所研究，从鹅卵石到海浪，再到沙滩上的沙土形成的涟漪等。我第一次遇到娜塔莉亚，是在一次派对聚会上。用当年的标准来看，她并不像是个数学家。数学家在人们的刻板成见中，总是一副怪才相，为人冷漠疏远。有个老生常谈的笑话可以说明这种看法。“外向的数学家是什么样的？”答：“他会一直盯着你的鞋。”而娜塔莉亚则仿佛是从一部表现冷战时期谍战故事的影片中走出来的俄国特工一样。那天，她穿着一件黑色的皮夹克，还叼着一根香烟。她对我们的研究工作产生了极大的兴趣，非常希望能与我们一起工作。于是，她加入了我们的团队，在随后的几年中作出了许多重要贡献。

我们工作的时候，并不总待在森林边缘的小屋之中，有时也会去树林里走走。我依然记得和娜塔莉亚讨论语法进化模型的对称性时，与她一起在林中的漫步。她捡起一根树枝，在积雪中画出了最近一些计算成果的几何图形，一幅由黑色阴影作线的图形跃然于洁白晶莹的雪地之上。“我还不知道答案，”她说道，“但结果一定会非常美丽。”

就在那段时期，另一位了不起的科学家也敲开了我办公室的大门。帕尔沙·尼若吉（Partha Niyogi）曾就读于新德里的印度理工学院，之后在麻省理工学院获得了学习理论的博士学位。当时，帕尔沙在新泽西的贝尔实验室工作。贝尔实验室在其悠久的历史发展过程中，一直是催生研究成果的温室，也是诺贝尔奖的制造工厂。每当他来拜访我的时候，我们都会去研究院旁边的森林中散步。这里的森林属于一处自然保护区，将州内的几处植物丰沛的地区连结成了一个大网。春天时，我们漫步于黄色的猪牙花、粉色白色的无名小花和紫色的紫罗兰之中。到了夏天，我们穿行于斑驳的阳光与树影下。冬天，脚下会有松软的积雪。后来，他去往芝加哥大学做教授。帕尔沙的思想非常深刻，总是不知疲倦地给我讲述计算机科学的数学基础、正统的语言理论以及学习理论。令人扼腕的是，这些努力与交流却未能开花结果。帕尔沙于 2010 年因脑癌永远离开了我们。

我们来研究一下语言最简单的“配方”。我们需要两个人：一位是老师，一位是学生。老师用他随机选择的语言，一句接一句地说出语句。现在，学生必须要搞清楚老师使用的是何种语法。一段时间之后，学生必须对语法有一个（潜意识的）理解，能够自己造出新颖的句子。有一点十分重要：学生不能单纯地背下老师教授的每个句子，因为自然语言，无论是英语、孟加拉语还是中文，都拥有无穷无尽可能出现的句子组合。为了创造出新的句子，学生就要搞清楚老师所使用的词句组织规则。

问题是，人脑能记住的语法固定模式是什么样的？学习理论显示，可以学习的语言的语法固定模式必须有一定的范围，这样，大脑就不会任意使用每一个自己想出来的表达方式。大脑不是一张白纸，可以任意推导出任何语法规则，而是限制在学习某种具体语法固定模式之上。这一人脑能够学习的受限语法固定模式，也就是乔姆斯基所谓的“通用文法”。

对于我这个进化生物学家来说，需要从一位老师外加一名学生的理想化模式，转换到更为现实、更为混乱的社会模式。只要谈到进化，我们就需要从群体的角度出发来考虑问题。由此，我想要在一个由讲话者与倾听者构成的群体中，展开对语言学习和进化的研究。群体之中，每个人的讲话方式都存在些许差别。由不同个体组成的群体如何聚合出统一的语法，对于这个问题，我充满了兴趣与好奇。

群体之中，永远存在着迷雾般彼此冲突的信息。人们也许会使用稍有不同的语法。其中一些人散发着侠士气质，引得他人竞相效仿。同样，进化模式会覆盖接下来许多世代的讲话者。就像 DNA 的表达方式一样，语言也会在多代人的发展过程中形成、突变并相互竞争。为了解决这个问题，我设计出了以下模型，将研究范围从进化博弈论扩展到了语言领域。

想象有这样一群人，所有人都想要跟别人讲话。成功进行沟通的个人，就能获得奖励。奖励能提升他们的适应性，并留下更多的子孙后代，接纳他们的传承与文化。生物学上的奖励，就是以更快的速度进行繁殖；举例来说，他们能在寻找伴侣这件事上比他人更有效率。从文化角度上看，他们更容易将自身所使用的语法传播给倾听者和学习者。孩子生下来不懂得任何语言，但却拥有学习语言的能力。关键问题是：究竟是什么样的机制，引发了群体中通用语言的进化？

我们进行数学分析时发现，当在学习过程中给孩子展示出很多冲突信息时，并不会出现语法一致性——每个人最后还是在使用不同的语法规则。这样的结果，就像《创世纪》里讲到的巴别塔的故事一样。对此，我们并不感到意外。

在将语法规则传递给他人的时候，有两种办法可以将失误控制在最小化的范围内。第一，孩子需要了解更多数量的语句样例。第二，孩子需要更为局限的语法“搜寻空间”。换句话说，他们需要一个更为具体的通用文法，而这一通用文法由确定人脑基本结构的基因突变塑造而成。这是一个美妙的协同进化过程。

我们甚至能找到巴别塔坍塌的临界值，以及我们理解对方语句的任意概率。2001 年，娜塔莉亚·科玛洛娃、帕尔沙·尼若吉和我在《科学》杂志提出了“语言学一致性临界点”的思想。我们发现了进化“自然法则”的惊人案例，从而认识到，孩子学习所需要的样例语句数量，跟通用文法中的可选语法数量密切相关。

抛开数学细节内容不看，我们发现，为了让讲话者群体进化出一致的语法，对于给定的信息量（样例语句的数量）来说，我们能指定通用文法的具体程度。从直觉就能看出，通用文法越具体，孩子学习某一具体语法所需要的样例语句就越少。在第 6 章中，我讲述了曼弗雷德·艾根和彼得·舒斯特如何找到了遗传学中类似的“自然法则”：对于给定的突变率来说，要想让遗传进化成为可能，基因组的长度就存在一个上限。超过了这个上限，一座遗传巴别塔的坍塌就只能给你一堆毫无意义的 DNA 信息。

沙漏中的词汇

信任你的人，会助（holp）你一臂之力。

莎士比亚，《错误的喜剧》

语言总是在不断变迁之中。莎士比亚的作品有时会让人费解。其中模样奇怪的“holp”一词是一个古法拼写，还是笔误？原来，在莎士比亚于 1589 年到 1594 年间撰写这部剧作的时候，“holp”曾被用于“help”的过去式。这是一个很有说服力的例子，因为这个词所讲的就是合作这件事。那句谚语说得好：“你若想幸福终生，就去帮助下一代吧。”

我在语言领域的研究工作转移到了动词的进化上。但我这一阶段的研究工作是在哈佛大学进行的，而非普林斯顿。虽然我在哈佛拥有财务和情感方面的支持，但在那里成立我的新研究中心还是花了我一些时间，后来，我在普林斯顿的学生还在我之前捷足先登。这位学生就是埃雷兹·利伯曼。他曾在约旦河西岸，以色列的军事分界线——1949 年停战线之外生活过一年。

在高等研究院时，埃雷兹总是不打招呼直接到我办公室来，而且每次他来的时候，我手头肯定正忙着钻研某个麻烦百出的问题。但后来我发现，无论当时困扰我的问题有多么复杂，我都可以与埃雷兹共同探讨。我喜欢他与生俱来的才华，喜欢他利用非传统独创性方法的非凡能力，而埃雷兹反过来也视我为“优质问题的源泉”。

埃雷兹完成了两份学生论文，一份关于数学，另一份关于哲学。在哲学论文中，他对“语言的哲学”进行了分析，这一哲学是由伟大的维特根斯坦提出，并由著名现代哲学家索尔·克里普克（Saul Kripke）诠释的。在这一哲学范畴内，我们的语言规则更为明确，其变化的可能性大大降低。人们也戏称这一哲学为“克里普克斯坦”，以此表示这是克里普克对维特根斯坦思想富有争议性的特殊理解。埃雷兹跟着我完成的数学论文获得了一等奖。这篇论文的主题是有限语言的学习。这一主题也与经典的“球体填充问题”有关。为了达到可以学习的目的，语言必须具有鲜明的区分，不至于彼此重叠，就像装在竹篮中的桔子一样。

在纽约完成了为期一年的犹太教学习之后，埃雷兹跟我说，他想要申请哈佛研究院。在我自己产生前往哈佛的念头之前，就已经为他写了一封热情洋溢的推荐信。没过多久，我接到了一个电话。电话那头的声音告诉我，哈佛大学“正在考虑埃雷兹·利伯曼的申请”。这位官员告诉我，利伯曼的简历很不错，但却没有收到关于他的介绍信。这时我才意识到，我的推荐信已经不知身处何方了，于是我在电话里给埃雷兹做了精彩的广告。他被录取了。从这个角度看，埃雷兹甚至打破了博弈论的主人——因《美丽心灵》而著称的约翰·纳什创下的纪录。纳什被普林斯顿大学录取之时，推荐信的内容是所有申请人中最短的。信上只写了这样一句话：“此人是个天才。”这一次很明显，在没有任何推荐信的情况下，利伯曼就被哈佛录取了。

接下来的一年，埃雷兹成了我在哈佛的研究生。他讲出他的哲学时，颇有语惊四座的风采：一般情况下，人们会用一生的时间来研究他们撰写博士论文时学到的东西。但埃雷兹自己却并不想归于此类。他希望利用论文作为工具，来学习每一样事物，学习所有的事物。对他来说，一部论文并不是对未来研究领域的牛刀小试，而是一场知识的大杂烩。埃雷兹博士生阶段所进行的项目，足够他写出三、四份博士论文。但最后，却回过头来将第一个项目整理成为了论文。

他在知识上处于一种混杂的状态。只要别人愿意听他讲话，他就愿意与这个人结成协作关系。没过多久，他开始与伟大的基因大师埃里克·兰德（Eric Lander）共同开展研究工作。我们访问位于剑桥的Google办公室时，所有人都需要登记。而埃雷兹则不同，他在那里早已是知名人物，可以随时自由进出。

后来，因为一个不幸的原因，他的研究议程再一次发生了变化。他的祖母不小心摔了一跤，摔得很重，甚至到了致命的程度。于是，埃雷兹决定与美国国家航空航天局共同研究宇航员的平衡问题。而后，在这项研究的基础上成立了一家创业公司，制造可以诊断人们步履蹒跚程度的智能鞋底。他用来分析来自鞋底信号的算法，与兰德用来寻找基因的算法有异曲同工之妙。

最终，埃雷兹加入到了我们对语言进化的持续研究之中。哈佛大学著名语言研究学者史蒂芬·平克在一次针对不规则动词的讨论中，为克里普克斯坦式哲学提升了新的高度。对此，埃雷兹说，克里普克斯坦式哲学对语言规则的理解依然渗透在他的思想之中。英语的一般规则是，在动词末尾加上 *-ed* 来形成过去时形式，但也存在很多例外情况，令埃雷兹兴趣大增。人们是如何学会违反语言规则，并创造出这一大串例外用法的呢？这种趋势随着时间的发展会发生怎样的变化？与富有创意的法国博士生让-巴普蒂斯特·米歇尔（Jean-Baptiste Michel）、“罗马人”乔·杰克逊（Joe Jackson）和蒂娜·唐（Tina Tang）一起，埃雷兹和我决定就此问题进行深入研究。我用了几年时间，收集到了研究所需要的数据。最终，我们将重点放在了动词的进化上。我们的使命很简单，就是要预测未来的过去时是什么样的。

蒂娜·唐通过不辞劳苦的努力，从大量文献资料中寻找到了各种例子，我们对从《贝奥武夫》（*Beowulf*）到《坎特伯雷故事集》（*Canterbury Tales*）再到《哈里·波特》等作品中横跨 1 200 年的 177 个不规则动词的进化过程进行了研究。我们把握住了一些人们觉得根本无法测度的东西，并取得了惊人的成果。在古英语中表达过去时的 7 种规则中，只有一种得以幸存，这就是通过加 *-ed* 的后缀，形成一般过去时和过去分词形式。就像经历着自然选择的基因和有机体一样，词汇，特别是像“holp”这样并不以 *-ed* 做结尾的不规则动词过去时，也要在语言发展的过程中，受制于“规则化”的强大压力。

1 200 年前，古英语中共有 177 个不规则动词；到了中古英语时期（约公元 1150 年到公元 1475 年间的英语），还有 145 个。如今，在几个世纪的发展作用下，像“help”“laugh”“reach”“walk”“work”等词都已经完成规则化，也仅剩下了 98 个不规则动词。令人感到吃惊的是，“不规则词汇的衰退”遵从着一个非常清晰的趋势，其中的“误差条”非常小。数学函数对这一衰退给出了这样的解释：使用频率较标准动词低 100 倍的动词，其规则化的速度会提升 10 倍以上。换句话说，动词进化的速度与其在英语语言中普遍性的平方根成反比。不那么经常出现的不规则动词，会被人们更快地遗忘。这样看来，不规则动词似乎与放射性原子有着相同的行为方式，也存在半衰期。我们可以根据不规则动词的使用频率，来计算其半衰期。

现在时的“I Know”，其过去时是“I Knew”。虽然小孩子会运用简单的语言逻辑说出“I knowed”这样的话，但“know”这一动词还尚未实现规则化。“I know”实在太常见，因此拒绝改变。孩子们在学会“grow”的过去时“grew”之前，也会说出“growed”这样的词。同样，“hit”（打）这个动词的过去时依然是“hit”，而非“hitted”。但小孩子们并不了解，可能会说：“妈妈，鲍勃打（hitted）我了。”妈妈纠正道：“鲍勃打（hit）我。”孩子道：“连你也打了？呵呵，鲍勃这家伙要倒大霉了。”

孩子需要经常听到这些不规则动词，才能记住。由此推论，相对不太常用的词汇，就更容易屈从于改变的压力。而像“to google”这样近现代产生的新动词，都是规则动词。总的来看，数学分析得出的结论，会令至今依然捍卫纯净法语的那些顽固不化的法国学究们惊骇不已。他们对英语外来词汇充满了恐惧与厌恶情绪。这些人不过是在浪费时间罢了，谁也无法与进化做对。同样，纯正英式英语的守卫者们，也要开始考虑采纳克努特式的姿态了。

文化的未来

蒂娜·唐的肩膀上抗着一份沉重而繁琐的任务：阅读众多学术文献，从中跟踪英语动词的进化。我们当时真应该安下心来再等几年。Google Books项目将大量文献进行了数字化处理，其中也包括我们含辛茹苦地细读过的许多著作。埃雷兹想到，我们应该能与Google一起开发一个工具，在汪洋大海一般的数据之中采掘出珍奇的宝藏。MIT研究生沈原（Yuan Shen）与让-巴普蒂斯特·米歇尔一起，与埃雷兹和Google合作，设计出了Google Bookworm这一工具，允许我们在几百万册图书、5 000亿个词汇构成的巨大藏书库中跟踪语言的主要发展趋势，而且也能透视文化的变迁。

我们可以横跨地理、时间等因素，发现数据库中这5 000个亿词汇的变化趋势。埃雷兹十分关注“第一次世界大战”和“第二次世界大战”的说法，以及对发生在1914年到1918年间这场军事冲突的另一种称谓——“伟大的战争”（the Great War）。在运用后一种说法时，一般都是要强调战争的大规模、机械化，及其前所未有的影响。但我们发现，在20世纪40年代，随着人们逐渐意识到“伟大的战争”是两次大规模全球战事中的第一次，使用这一称谓的频率便越来越低了。

在某些不常见的情况下，规则动词也会向不规则化的方向转变。比如第一个千年之后，出现了“snuck”这样的词汇。我们可以利用制图的方式看出各种脏话的涨落，在咒骂语和暴力的发展之间建立起有趣的联系。很多证据显示，“进化”遵从着“富者更富”的规律，因而常用词汇往往得以发展延续，而不那么常用的词汇则逐渐淡出了人们的视野。

埃雷兹和让-巴普蒂斯特创建起了由 500 万本著作构成的迄今为止规模最大的可搜索语言数据库，其中包括英文、德语、俄语和中文。埃雷兹总喜欢这样说：“如果用常规字号将数据库中的所有文字写出来，其长度相当于从位于美国加州山景城的 Google 总部到月球走 20 个来回。相比之下，如果将全世界第二大数据库——英国国家语料库书写出来，其长度则只能从山景城走到位于卡纳维拉尔角的航空发射台。”

这一语言数据库是非常了不起的资源。人们可以利用这一资源对文化及其变迁进行测评。埃雷兹喜欢将这一项目称为“文化组学”（culturomics）。通过对“文化基因组”进行研究，人们可以识别出社会发展过程中的脉搏和节奏，从流行性传染病疫情的发展变化，到技术的兴起与衰落等。

我们利用数据库，对从 1800—1960 年中的 154 项发明创造（如微波炉、脑电图仪）进行了研究。研究发现，越是近期出现的创新技术，其推广所需要的时长就越短。我们还发现，上帝并没有离我们而去，他不过是需要一位新的公关专家罢了。在过去两百年间教育与宗教相分离的过程中，“上帝”、“耶稣”等说法的出现频率有了缓慢下滑，但还是远远高于其他任何名字（虽然有几年，德国语料库中“希特勒”的使用频率比“耶稣”更加频繁）。我们还研究了审查与镇压制度所造成的影响。在第三帝国统治时期，艺术家、作家、政治学者、哲学家和历史学家的名字从德国文献中消失，而提及纳粹党员名字的次数则是其他时代的 6 倍还多。

同时，我们也从中看到了名望那变幻无常的本质——某些人从无名之辈弹指间就变得家喻户晓，却又很快再度销声匿迹。不幸的是，在所有职业之中，若以绝对的名望进行评判，那么最著名的就是政治家了。我们这里讨论的主要是美国总统，或像拿破仑、希特勒和丘吉尔之类的人物。演员出名的年龄比其他职业要小一些。想要出名，投身于科学界可不是什么好办法。而在科学界所有学者分类中，数学家是最没有名气的。针对名人进行的文化基因组研究显示，如今依然健在的著名人物，比他们的前辈要更加出名，至少从书本中看是这样。但是，现在的名声得以延续的时间越来越短：如今的明星往往比以往更加闪耀，然而也会更快地燃烧殆尽。

语言的本能

总体来看，我的研究成果支持由乔姆斯基首次提出的通用文法这一思想。只有在这一思想的指导下，我们才能了解人类为何能够习得不同的语言。如今，全世界正在使用的语言多达 6 000 余种。你说着哪一种语言，要看你生于何处、由谁抚养长大。可能是墨西哥恰帕斯地区的托霍拉瓦尔语（Tojolab'al），美国奥图托苏里及爱荷华部落的大苏语（Siouan），或是澳大利亚土著民的麦嘎褐克语（Magati Ke）、亚伍如语（Yawuru）和阿莫瑞达格语（Amurdag）。当然，前提是还有人在使用上述这些语言。有些学者担心，一个世纪之内，全世界目前的所有语言中，将会有半数从地球上永远消失。

我们的研究也显示，合作的进化与语言的进化有着很强的相关性。语言在进化的过程中一定存在选择压力，这也意味着，我们那些口才较好的祖先，其适应性能够逐渐得以增强。举例来说，尽管我们通过其他生物了解到，因捕获了猎物而无法吹嘘炫耀所带来的苦恼并不足以推动这种复杂沟通形式的进化，但语言的确使我们人类成为了更有收获的狩猎者。更重要的是，语言的出现引导出了各种各样的社会互动与交流，可以相互转告谁对谁做了什么事情、出于什么目的。

因为有了语言，社会生活变得更加复杂，而我们的大脑也随之适应了这种复杂性。体积较大的大脑需要付出很大的成本：其本身需要人体进食更多的食物以补充能量，还会造成母亲生产时的痛楚与困难。但我们非凡脑髓的发展，也为我们带来了与复杂语言相伴而生的复杂社会政治。随着世世代代的延续，人类社会逐渐扩大，朝向越来越具体与精细化的方向发展，而对间接互惠机制起到润滑作用的“流言蜚语”，也让我们变得越来越聪明。

SUPER COOPERATORS

Altruism, Evolution, and Why We Need Each Other to Succeed

第10章

“欢乐颂”取代“公地悲剧”

“公地悲剧”告诉我们，所有人都能免费使用的资源，必定无法长久维持。因此，为了解决气候变化等全球性社会问题，我们必须开展全球范围的合作。幸运的是，有一种合作机制能够发挥核心作用，它的名字叫：间接互惠。

人类行为所产生的后果，通过全球气候的改变已经显示出来。在21世纪随后的几十年中，还将发生更为深远、更大规模的气候变化。二氧化碳等温室气体的排放，将进一步加快全球变暖的步伐。由人类制造的二氧化碳排放而对未来气候所造成的影响是无法避免的，例如气温升高、海平面上升等，人类社会必须要适应这些变化。其他一些影响可以通过降低二氧化碳排放量来预防。人们每天生活起居的方式，都能为气候保护作出贡献。

约赫姆·马罗茨基

只要你曾留意过报刊新闻中关于气候变化的那些令人沮丧的报导，就不会对本章章背你刚刚读到的这段摘自于德国《汉堡晚报》（*Hamburger Abendblatt*）的文字感到陌生和惊讶。虽然其中传达的信息充满警示意味，但由于我们已经对这类宣传耳熟能详，因而很难给出太多的态度和评论。但在这则广告背后，有一个很有意思的故事，这则故事很好地揭示出：为了挽救地球，人类应如何结成合作关系。

这段话不是广告公司的创意，而是出自汉堡的马克思·普朗克气象学会（Max Planck Institute for Meteorology）总监约赫姆·马罗茨基之手。这则广告没有得到那些炫耀环保意识的大公司的资助，背后也没有那些一边树立绿色形象一边又整天坐着私人飞机周游世界的慈善家撑腰。所需的广告费用来自于一项由曼弗雷德·米林斯基设计的独特实验所得到的收入。米林斯基在马克思·普朗克进化生物学会工作，是一位美食鉴赏家，一位与人和棘鱼在一起都感到舒适如归的动物学家兼博物学家，我们在第一章中曾提到过他。米林斯基设计的实验本质，是一场精彩绝伦的博弈。其设计初衷是为了检验危机状态下的人类能以何种程度团结在一起。

米林斯基这场博弈的耐人寻味之处在于，博弈的现实生活版，每一周中的每一天都在地球上的 70 亿人口间展开。博弈已经深深主宰了人们的生活。然而，许多玩家依然沉浸在无忧无虑的快活之中，并没有意识到自己已经深陷其中，更不知道这场全球范围的博弈还有一个名字。这场规模庞大的事件，可以被理解为囚徒困境的变体——公共品博弈。

囚徒困境是在两个人之间展开的博弈。而只要参与人数超过两人，就是公共品博弈。当然，在地球上有着数十亿玩家。如果一人背叛，对整个环境和他人的利益造成影响，那么其他玩家通常也会以背叛行为作为报复手段。因此，举例来说，如果我们在街道上看见垃圾，就会觉得自己再扔一些垃圾也不会有什么大问题。而这样的行为方式却伤害到了每一个人。

这场规模庞大的博弈所带来的影响非常广泛，其中最为尖锐的就是全球环境问题。人们进行消费或污染的自私动机，在日复一日、年复一年的发展过程中，逐渐超越了共同利益。而幸运的是，在解决这一囚徒困境变体所导致的问题时，一种合作机制能发挥核心的作用。这种机制，就是间接互惠。

在为米林斯基的广告筹集资金所展开的气候博弈中，我们十分欣慰地得知，当利用名声作为合作的催化剂时，人们有时在危急关头能将各自的力量结合为一体。而令人沮丧的是，米林斯基在做完几轮实验之后，发现失败的次数要比成功多。更令人气馁的是，通过观察这类博弈的进展，可以发现一旦有政治家参与其中，结果就会更加惨淡，但是其恶化程度并不算太深。政治家的影响力，总是要比他们在我们心目中的影响力小得多。

公地悲剧

最为著名的公共品博弈，称为公地悲剧（Tragedy of the Commons）。这一悲剧是由加勒特·哈丁（Garrett Hardin）在他1968年发表于《科学》杂志的文章中提出的。文章一出，哈丁便一举成名。这篇文章具有广泛的影响力，而且今天拿出来看，似乎比当年更具实用意义，因此近期又被重印了许多次。哈丁在讲述“悲剧”的过程中,使用了“向所有人开放的牧场”这个例子。此后，众多经济学家、社会科学家和博弈理论家都埋头钻研这个例子，这也成了专家们最钟爱的比喻，用于描述一个积习难改的问题——**所有人都能免费使用的资源，必定无法长久维持。免费使用，最后便成为免费滥用。**

哈丁在文章中讲述道，家畜养殖户虽然知道在公有土地上过度放牧会对所有人的利益造成损害，其中也包括他们自己，但依然会放任这种行为。他们将牲畜驱赶到公有土地上放牧，心里在担心，如果自己采取节制措施，就会眼睁睁地看着其他人占尽免费资源的便宜，结果公共资源惨遭践踏，而自己却一无所得。当每一位养殖户都开始增加放牧于公有土地上的牲畜数量，不顾及过度放牧对整个牧区造成的成本时，“悲剧”就发生了。我们不难猜到养殖户一连串的思考和推理过程。“我是否应该在公有土地上多放一只牛？这样做能给我带来什么利益？这样做会给所有人带来什么损害？就算我在公有土地上多放几只牛，也不会造成什么改变。更何况，别人放在公有牧场上的牲畜数量比我可多多了。”

当然，每个人在此事上的思维过程都是一样的。养殖户找不到保持谨慎的动机。那些在公有土地上放牧更多牲畜的人，与秉承克制态度、为草场命运担忧的人相比，能获得更多的净利益。牲畜数量逐渐增长到一定程度，如果再继续增加，牲畜就会越来越瘦，因为已经找不到足够的青草来充饥。

悲剧会以各种各样的姿态出现在我们身边。哈丁在文章中讲到，问题的根源在于过度利用。青草再次生长起来是需要时间的，如果太多的牲畜在土地上进行过度放牧，那么草场就会被毁。这一关于过度利用的思想同样适用于其他有限资源，从石油到动物毛皮，当然也包括鱼类。当年哈丁曾针对海洋问题给出警告，如今回想起来，犹感意味深长："沿海国家依然对'海洋自由'的口号念念不忘。他们声称，相信'海洋的资源无穷无尽'，而一种接一种的海洋鱼类和鲸类却相继濒临灭绝。"请记住，他先知般的警示早在 1968 年就已发表。三十多年之后，调查显示，90% 的大型鱼类在过去半个世纪中消失，而大金枪鱼、鲨鱼、箭鱼，甚至还有鳕鱼，都可能在不久的未来成为人们心中永远的记忆。

哈丁对自己这篇重要的文章做了简明扼要的总结："在拥挤的世界中，未经管理的公有财产不可能有效发挥作用。"这里有一个非常重要的限定条件：如果世界并不拥挤，那么公有财产也许是最佳的分配方式。举例来说，他解释道，当人们刚刚来到美国大陆时，最有效率的办法就是对所有大型野生动物一视同仁——全部是未经管理的公共财产（"可以开枪射杀"）。因为很长一段时间之内，人类不可能在那里造成真正的破坏。"一位平原居民可以杀死一头北美野牛，只把舌头砍下来做晚餐，然后将余下的动物尸体弃置荒野。"哈丁认为，从"任何一个角度讲"，这都不算是在浪费。而美国大陆的拓荒者当年无论怎么随地乱扔垃圾，也不会造成多么严重的后果。如今，现存的美洲野牛只有几千头了。如果现在听说有人对野牛采取了上述野蛮行为，就会令人惊骇不已。美国的人口越来越密集，土地的化学与生物学自然循环过程负载了太多的东西。因此，无论是野牛、石油还是水，对这些资源进行严格的管理都势在必行。

"悲剧"中的过度开采，还会引发另一种同样具有破坏力的行为：向环境中投放有害物质。这样，悲剧就披上了"污染"的外衣，重新出现在我们面前。"这里的问题不是索取公有财产，而是向公有财产中增加某些东西——污水、化学废料、放射性物质，将废弃的热水排入河流，将有毒的危险气体排入空中，在人们视线范围内投放令人分神而无法产生愉悦情绪的广告牌等。"

哈丁讲道。同样的思路也可以解释对公有资源的投资不足，诸如为花园除草、交通基础设施建设，甚至在家中铺设公用地毯等小事。地毯的问题，既可以看作是满鞋泥巴的人对地毯的“过度使用”，也可以看作是对鞋底清洁或吸尘器的投资不足。

在金融行业，我们也能找到数不胜数的实例。许多人通过购买基金来进行股票投资。在面对不同的基金时，有一些最基本的选择。主动型基金的基金经理会根据公司的业绩、成长潜力等因素来挑选股票。主动型基金需要进行大量的研究，因此运作成本比另一种基金——被动型基金的成本更高。被动型基金对大型公司组合进行投资，跟踪股票市场的平均表现。因为被动型基金可以给出与市场平均值相差不大的业绩，所以半数的主动型基金业绩会逊色于被动型基金；而另一半主动型基金则会表现更好。但是，由于有数千款主动型基金产品供人选择，对于绝大多数人来说，最简单、最理性的方法，就是选择一支被动型基金。对于经验不足的投资者来说，被动型基金更加安全，也不用支付额外的人工成本。但如果每一个人都作出这样的选择，就不会再有多少人愿意去潜心研究各家公司的成长潜力。一个缺乏信息交流的市场，终将走向衰败的命运。

在互联网构成的这片数字牧场中也能找到许多例子。从 GNU 等免费软件，再到 eBay 和 Craigslist 等，都属于公有资源。许多人都能从这些资源中获益，但同时，背叛者和欺骗者也伺机潜入，对资源进行盘剥。我们知道，Google 的搜索排名、eBay 买家和卖家的声誉，以及 Amazon.com 上的读者评价系统，都建立在信任的基础之上。

拒绝减少过剩物种的数量，是残忍，不是向善

哈丁指出了一系列的问题，随着地球人口越来越多，这些问题也变得越来越紧迫。但他承认，自己的这些观点并不算什么新思想，只不过等待

这颗“集体力量的铜板”坠落地面的时间太长，从而让哈丁有些恼怒。他指出，对亚当·斯密“看不见的手可以控制人口”理论的反驳观点，很早以前就已经出现。1833 年，一位名叫威廉·福斯特·劳埃德（William Forster Lloyd）的数学爱好者曾在一份“不太为人所知的小册子”中提到了这种观点。

哈丁担心，“只有明确地将亚当·斯密的精神彻底驱逐”，才有可能在解决人口问题的过程中取得进展。这里，哈丁指的是斯密的巨著《国富论》。这部影响力巨大的著作诞生于时值工业革命黎明时期的 1776 年。书中，这位苏格兰道德哲学家倡导自由市场经济，并对这样的思想进行了普及与通俗化处理：仅关注自身收益的个人，会在看不见的手的指引下，促进公共利益的发展。

哈丁只看到了这一思想的破坏性力量。斯密称，以实现自我利益为目的行事的个人，会通过自身的行动增加公有财富。哈丁反而认为，自利会对集体财富造成破坏，并引述了美国第四任总统詹姆斯·麦迪逊在 1788 年说过的话：“如果人们都是天使，那就不需要政府存在了。”哈丁解释道，如果所有人都是天使，那么斯密的观点就是正确的。我的研究工作一次又一次地显示，只要能找到天使的地方，附近一定潜伏着背叛的魔鬼。“在所有资源均为有限的世界中，只要公共环境中存在一位非天使，那么整个环境就会遭到破坏。”

哈丁于 1915 年生于得克萨斯州达拉斯。他早年的经历为日后极具影响力的观点埋下了种子，其中也包括被他称为“救生艇伦理学”的思想——“我们的世界是有限的，所以需要找到如何分配好东西的方法。”四岁那年，哈丁患上了小儿麻痹症，从此有了瘫痪的毛病。在病床上躺了几周之后，他还是无法像正常孩子那样步行。就这样，他拖着病体上了一年级。孩子有的时候是很残忍的。在学校里，哈丁被他周围的小同学贴上了瘸子的标签。而这些嘲讽，也许正是将他推向学术成功的力量之一。

他小时候经常搬家。但密苏里州巴特勒之外几公里处的一个农场，却成了他儿时记忆中最为固定的家园。从10岁一直到自由逍遥的青春时期，每年夏天他都在农场度过。在11岁的时候，他就要负责喂数百只鸡，还要每天杀一只鸡做午餐。他后来曾说过，屠宰动物是每个人受教育过程中的重要组成部分。

陌生人的嘲讽，令他更愿意在农场中度日。而这样的田园生活不仅与他后来的生存思想密切相关，而且也对他在环境方面的见解有一定影响。因为城里人不断将遗弃的家猫送到乡下，当地的野猫数量越来越多。城里人以为，将猫咪放生总比杀了它们要强。可以想见，农场的狗绝不会轻易放过这些可怜的猫。要么，这些猫咪就在狗的围追堵截之下惨死；要么，就会在猫群数量达到足够大的规模时，猫瘟横行，伤亡惨重。

在农场中，哈丁亲身感受到，死亡是生命的一部分。伴随着自身的成长，他培养出了对群体数量问题的直觉式观点。在接下来的人生中，他一直坚定地认为，生态系统的承载能力是有限的。“我认识到，根本没有足够的空间留给所有能够繁衍出来的生命体，而拒绝削减任何生命的过剩群体数量，并不是一心向善的表现，而是残忍的行为。这样做就是在增加这个世界的苦难。”

对于哈丁来说，这并不是仅限于象牙塔之中学术论战的话题。他用实际行动实践了自己的理论。他与妻子简都是支持安乐死的“长青社”（Hemlock Society）成员。2003年9月14日，哈丁与妻子长眠于加州圣塔芭芭拉的家中。哈丁享年88岁，妻子81岁。两人的健康状况都不好。他们在结婚62周年的庆祝仪式结束后没过多久，便选择双双自杀，实践了“同年同月同日死”的誓言。

人口问题

当哈丁在芝加哥大学求学时，有一个人对他的思想产生了重要的影响。这个人就是W.C.阿利（W. C. Allee），最早的一批生态学家之一。虽然那个年代的人口出生率还很低，但他已经开始发出人口过剩的危险警告。据哈丁说，他的教授总会自言自语地咕哝，“注定会发生的，不过是个时间问题。只要生活条件有所提高，人口出生率便会迅速上升。”

有些人认为，这个世界的承载能力仅是如今人口的一半（而在这一说法中假设了普通节俭的生活方式，因此在世界所能承载的人口数量上，已经作出了较为慷慨的估算）。而哈丁对这一问题的理解则带有先知般的色彩：

> 人们认为，每个人生来就拥有对公有物品的平等权利，这种思想跟自由生育观念相结合，必然将世界推向悲剧的不归路。
>
> 生育自由，只能给所有人带来伤害。当下，由于作出限制生育决策的难度太大，我们往往倾向于大力宣扬道德，鼓励人们进行负责任的生育活动。我们必须要从这样的倾向中走出来，不再逃避问题的本质。因为从长远来看，呼吁人们独立地遵从道德，早晚会导致所有人道德的消失，而且在短期内还会增加人们的焦虑。只有尽快放弃生育自由，我们才能保留并培育其他更为重要的自由。

哈丁后来成为了加州大学圣塔芭芭拉分校的生物学教授。他意识到，在那个年代的思维方式中存在一个基础性的缺陷。“绝大多数因人口问题而感到烦恼的人，都希望能找到办法来避免人口过剩带来的恶果，但却不愿放弃他们现在享有的任何特权。”当时和现在一样，许多人都希望能用高科技手段加以解决，这样，他们就不用对自身采取任何措施。哈丁说道：“他们认为，利用科技进行海水养殖或开发出新品种的小麦就能解决问题。”举例来说，如今人们经常会谈到解决全球能源问题的技术手段——商用核聚变电能。但哈丁在 1968 年发表的文章中则指出：“我想要在此说明，他们寻找的解决方案，是根本找不到的。”

解决“公地悲剧”的关键，与技术毫无关系，而是需要所谓的“道德的基本延伸"。哈丁的这个说法是什么意思？我们以美国人均二氧化碳排放量为例。这一数值是英国的两倍，法国和瑞典的3倍。会产生如此巨大的差距，绝不是因为美国缺乏必要的技术、资金或手段去寻找解决办法。毕竟，美国在研究创新领域有着绝对优势。

这一谜题的答案是，许多美国人不愿改变自己的行为作风，不愿放弃耗油量大的汽车和高耗能的生活方式。许多人并不认为浪费和环境污染是不道德的行为。他们就这样，沿着同一条不归路越走越远。我同意哈丁的说法，公地悲剧没有真实存在的技术解决方案，只能在道德和行为领域寻找答案。简而言之，我们必须加强在全球范围内的相互合作。想再找到一个适合生存的星球，简直太难了。

没有月亮的夜里，我们远离繁华闪烁的街灯，仰望星空，为这一片熠熠星光而敬畏、而感叹。冥冥中，我们似乎听到了来自祖先的叮咛。古人也曾满怀惊奇地凝望着这条由星星点亮的银河——我们的家园所在的星系。几千年来，这奇妙的星际苍穹，为无数的诗人、哲学家和梦想家赋予了灵感。我们在第6章中讨论过，茫茫星空之中，某些闪烁着微光的小亮点，也许就有能够抚育生命的行星。哈丁的结论有着普遍的适用性，令人不禁去联想，不知有多少外星智慧生命，因无法解决公地悲剧的问题而已经惨遭扼杀。

公共品博弈

哈丁认为，如果没有来自政府等第三方的干预，自利行为就会以一种"破坏性"的方式占领公地。在标准实验的帮助下，我们很容易看到这样的事情为什么会发生。4个人，每人得到8块钱，可以用这8块钱进行投资。投资额在0~8元之间不等，投资方式是匿名将钱放入信封，然后将信封放入共同基金之中。实验管理员将所有信封收集起来，将金额加总在一起，并在总金额的基础上再加上这一数额的一半（换句话说，就是乘以1.5——这一收益相当于养殖户最终将放养在公地上的牲畜卖掉后获得的利润），然后再将总数平均分配给所有的玩家。

如果 4 个人都将全部的 8 块钱投入这场公共品博弈之中，那么共同基金将会有 32 块钱。32 乘以 1.5，得到 48。将 48 平均分配给 4 位玩家，每人得到 12 块。这样一来，通过合作的方式，每个人都赚到了 4 块钱的利润。但这里存在一个问题。如果其中一位玩家一分钱没掏，手里紧紧攥着 8 块钱不放怎么办？其他 3 人依旧将 8 块钱投入进去，这样基金中就有了 24 块钱。用 24 乘以 1.5，得到 36。将 36 平均分配给 4 位玩家，每个人得到 9 块钱。其中 3 位玩家赚得 1 块钱的利润，而一位玩家则因为当初没有投资而净赚 9 块。

想象你自己处于玩家的位置，就能真切地感受到背叛的可怕逻辑。绝大多数人最初都抱着乐观情绪。如果每个人都采取同样的策略，那么投资 8 块钱，就能赚回 12 块。但是，可以想见，永远可能存在试图通过不投资来占尽他人便宜的人。当你的投资回报少于 12 块，你就会意识到，有人在投资时有所保留，于是也会开始持保留态度。博弈中存在一股强烈的动机：让其他人进行投资，这样你就能坐享他人投资的收益。现在，如果每个人都这样想，那么就没有人投资，也没有利润可言。此时，理性地选择就是一分钱不投。这就是“公地悲剧”。这场公共品博弈，也可以理解为一种囚徒困境，只不过同时参与博弈的玩家超过了两人。

这一困境的本质所在，以及困境与气候变化的关系，都体现在本章最初提到的那场为《汉堡晚报》广告支付费用的博弈之中。这场博弈以汉堡大学 156 名本科生为对象，在曼弗雷德·米林斯基设计的计算机实验中展开。玩家被分为 26 组，每组 6 个被试。博弈的目的，就是要看看玩家是否会在一场公共品博弈中，为了保护全球气候而贡献出自己的金钱。

与公共品博弈的传统变体不同，这一次，公共基金里的钱不在玩家间分配，而是转移到米林斯基所谓的“气候账户”之中。学生们进行投资之后，实验管理员会在总金额的基础上加倍。管理员向学生们保证，气候账户中的钱会被用来支付发行量较大的报刊上的一则广告。广告版面的大小，其内容对公众施加的影响大小，都取决于能获得多少资金。

实验发现，在适当的环境条件下，玩家能够以利他的行为方式来维持地球的气候。合作的第一元素是信息。如果为学生提供关于现阶段气候研究情况的权威信息，那么学生就会更具有利他精神。另外，如果玩家能够公开进行投资，而非匿名，那么气候保护项目的个人投资额就会大大增加。米林斯基称，名声带来的影响具有令人意想不到的强大效果。人们的确喜欢在他人的目光注视下做好事。

气候博弈

在一场设计精妙的实验中，米林斯基和他的团队在激励人们为“公地”做贡献的方法上获得了新的认识。这一次的主题是如何应对危险的气候变化。博弈在 6 位玩家中展开，一共 10 轮。组织这场博弈是为了研究群体是否能通过个人牺牲来达到集体目标，而如果达不到集体目标，每个人就都将受损。

如果我们继续放任温室气体排放量以目前的状态上升，那么博弈中的场景就会成为现实。许多分析都显示，随着二氧化碳排放水平的上涨，各种灾难性事件发生的风险也会平滑上升。但还有一些人，诸如盖亚理论（Gaia theory）之父詹姆斯·洛夫洛克（James Lovelock），担心如果气候状况超越某一特定临界值，就会出现陡峭的变化，发生快速而不可逆转的转变。举例来说，大西洋的深海环流可能会随之瓦解，而保持英国冬季不至于太过寒冷的暖流就会从此消失。

气候骤变的极端情况下，欧洲西北部的气温可能会下降多达 5℃。这一场景在罗兰·埃默里赫（Roland Emmerich）的电影《后天》（*The Day After Tomorrow*）中得到了生动展现。影片中，全球变暖导致的洋流变化引发了新德里的暴风雪、洛杉矶的龙卷风，冰盖的移动速度甚至比人的奔跑还快。这是非常富有想象力的夸张。事实上，这些变化会在未来几十年的时间中缓慢进行。但即使是这样，从进化和地质学历史的标准来看，也不过是眨眼间的事。就算不会发生如此巨大的气候变迁，在轻微的气候变化之下，某些人类社会群体也会脆弱得不堪一击。贫穷的国家和社会对气候变化所带来的风险尤为敏感，在那里，淡水等稀缺资源会导致大规模的人口迁移和战争。

输掉这场气候博弈究竟意味着什么，现在玩家们已经掌握了充分而翔实的背景信息。所有玩家的私人账户中都存有40欧元。每一轮，玩家都可以向“气候账户”转账0、2或4欧元。可以认为，这笔投资相当于放弃乘飞机、不开汽车走着去超市购物，或取消其他会促进气候变化的活动。请注意，这次气候博弈与经典的公共品博弈不同，而是采取了不同规则的一种变体。在经典版的公共品博弈中，玩家没有付出任何东西的动机（正如博弈理论家所言，纳什均衡就是什么也不付出）。而在米林斯基的博弈中，如果每人在每一轮中都恰好付出2欧元，那么参与者就没有动机去改变这样的策略。

玩家被告知，10轮之后博弈结束，计算机会对气候账户中的款项进行加总。如果环境账户中的总额达到120欧元，玩家团队就获得胜利。这意味着，在有6位玩家参与的情况下，每位玩家每一轮要平均贡献出2欧元。如果他们这样做，就相当于他们付出的努力能将二氧化碳排放量降低到安全水平，因此也就拯救了世界。作为奖励，每位玩家都能得到私人账户中余下的资金，一般在20欧元左右。在这场博弈的最简单变体中，输掉博弈就意味着谁也得不到任何东西，两手空空地回家。（但至少他们还有家可回。如果我们输掉了真实的气候博弈，恐怕就不会这样幸运了。）当然，他们也可以一分钱不投，坐等他人补上亏空。每一轮之后，气候账户会告知玩家一共收到多少投资。如果结果显示，有人并未掏出他理应贡献的一份，也没人知道到底是谁在气候账户的付款过程中缺斤短两。

为了让博弈玩起来更顺手，分析起来也更便利，玩家们有 3 个选择。米林斯基将 0 欧元、2 欧元和 4 欧元的投资分别归类为“自私”、“公平”和“利他”。后退一步审视这样的博弈布局，很容易将其与现实气候问题的激烈争论联系在一起。当时，奥巴马总统还未上台执政，应对气候变化的政策还不如现在这样更有远见。分析结果显示，美国可以说是什么贡献也没有做的“搭便车”国家，英国处于“公平”姿态，而法国和瑞典则算得上是“利他”国家了。

因此，如果所有玩家永远采取“公平”态度进行博弈，那么气候账户就能收获整整 120 欧元。我们的环境得到了拯救，而每一位玩家也能收获私人账户中余下的 20 欧元。请注意，如果一位玩家在博弈过程中贡献出了更多金钱，最后在私人账户中余下的钱就会少于 20 欧元。而如果一位玩家贡献的金额少于“公平”所限定的数额，以至于最终达不到收集 120 欧元的目标，则所有人得到的收入就会大大减少（空手而归）。这就是纳什均衡的一个例子，其中的玩家都在期盼着，能够利用其他玩家的选择来决定自身最优化的选择。

然而，人们并不会坚守纳什均衡的解决方案。总会存在一种动机，让人作出更少的贡献，并期望他人的付出能弥补自己的短缺。如果一位玩家在一轮之中搭便车，投资为0，那么必须要有另一位玩家采取“利他”策略，投资为4，才能保证投资总额达到目标。博弈中展现出来的这一面，就为故事情节的发展加入了一点小曲折：现在搭便车的玩家必须要依赖于利他主义者，才能达到拯救气候的目标。他们认为，自己什么都不付出，就能迫使他人不得不拿出更多的善款。但若没有利他主义者存在，搭便车的玩家就是在冒着失掉自己账户资金的风险。因此，我们可以得出这样的结论：没有利他主义者，就没有搭便车的动机。没有圣人，也就没有罪人。

谈到气候变化，不得不考虑到现实生活中诸多的不确定性，还包括一些“未知的未知数”。因此，博弈采取了 3 个版本，一旦失败，就会导致 10%、

50% 和 90% 发生灾难的可能性。以最后一个版本的可能性为例，在米林斯基设计的博弈中，如果玩家最终未能投资达到 120 欧元的总数，就会有 90% 的概率会发生气候保护失败，也就是说，有 90% 的可能性，所有玩家会输掉所有的钱——其中既包括他们投入气候账户中的钱，也包括他们私人账户中余下的钱。换句话说，就算气候账户的总款项未能达到目标数额，玩家还是有十分之一的可能性将钱据为己有。

在存在 90% 灾难发生可能性的条件下，共有 10 组参加博弈，每组 6 位学生。结果有一半的小组获胜。在 10 轮之后，那些失败组的气候账户中平均募集了 113 欧元。讽刺的是，有些组离目标似乎只有一步之遥，却仅以非常微小的差距落败。一开始，玩家总是喜欢尝试各种小伎俩，结果随着博弈一轮轮的进行，却离目标越来越远。到了最后几轮，玩家就算有意挽回，也无力弥补差额了。

> 这里描述一个博弈进行过程的典型案例。一场博弈进行了 8 轮之后，气候账户中有 90 欧元。第 9 轮，为了拯救世界，6 位玩家中有 4 位拿出了 4 欧元的最大额度。剩下的两位是搭便车的玩家。最后一轮，其中一位搭便车的玩家拿出了 2 欧元，另一位依旧保持一毛不拔的作风。4 位利他主义者中，其中 3 位分别拿出了 2 欧元。他们在最后一轮需要 14 欧元，最后却只拿出了 8 欧元。似乎利他主义者认为，他们已经贡献的足够多了。搭便车玩家的目的则不清楚。最后账户中共有 114 欧元。大家什么也没得到。

如果博弈过程与地球灾难之间的关联程度更弱的话，会发生什么？其中一个版本是，如果目标总额未达预定标准，那么气候保护就会有 50% 的可能性惨遭失败。此时，攥住钞票不放手和采取公平策略，获得的期望收益是相同的。还有一个鼓励更冒险行为的博弈版本，在未能达到目标数额的时候，世界只有 10% 的可能性会陷入灾难。此时，理性的策略就是紧握住 40 欧元一分不出，因为这样做，10轮之后的期望收益是36欧元，而采取公平策略仅能收入20欧元。

这回又发生了什么？米林斯基发现，在50%版本的博弈中，10组中仅有1组达到了预定数额目标，而10%版本的博弈中，10组玩家全军覆没，无一胜出。这样的结果并不足为奇，因为在两种情况之下，玩家并不存在为气候账户投资的动机。实际上，在这种情况下还能有人为拯救世界而进行金钱投资，着实令人惊叹。然而在50%和10%版本的博弈中，玩家分别平均捐出了92欧元和73欧元。这些投资可能是"框架效应"的结果，因为之前参与博弈的玩家已经获知，这场博弈是关于保护气候、拯救世界的。从某种角度讲，博弈的结论令人振奋：人们愿意为了气候问题而拿出赌博的精神。但在另一层意义上，博弈过程中的新发现却令人沮丧：除非人们充分意识到地球所处的险境，否则不可能付出充分的努力来加以挽回。

拯救世界的博弈论

为了研究出如何保护公地的方法，人们已经投入了大量的工作。在印第安纳大学和亚利桑那大学担任双重职位的艾利诺·奥斯特姆（Elinor Ostrom），对于"制裁"在处理公地问题时所能发挥的作用进行了研究。这里所指的公地，既包括鱼类资源，也包括公共牧场，她将其称为"公共池资源"（common-pool resources）。她收集了现实世界中关于公共池资源的许多管理案例，并总结称，当资源用户自己设计使用规则和执行机制时，往往能得到更易于接受的结果。但她也认为，制裁应该循序渐进。第一次违反规定时给予适度制裁，再犯时增加制裁强度。在如何解决冲突这个问题上，她的先锋性思想为她争得了2009年诺贝尔经济学奖。

本章中，我们已经给出了惩罚与制裁的替代手段。米林斯基和他的团队作出了一项基本的总结：**公众必须要全面了解气候变化所带来的风险。**也就是说，普通人必须对全球生态系统的现状与发展趋势有一个合理的认识。如果公众误认为风险很小，那么他们就不会采取合作态度。如果公众知道风险很高，那么就会更愿意团结在一起，共同应对气候变化的问题。

科学家的职责，是给出诚实、可靠的信息。如果科学家对风险加以修饰或蓄意夸张，那么就有可能丧失公众的信心。哭着喊狼来了，其后果可能与掩盖风险一样具有毁灭作用。有许多人认为，疯牛病、艾滋病和猪流感的危险程度被过分的夸大了（当然，也有许多专家对这种言论提出反驳，指出如果对疾病的风险加以掩盖，那么死亡人数会多得多）。就像胚胎干细胞研究、生殖系基因治疗与保护等其他得到广泛关注的科学方法一样，富有热情的倡导者们必须要保持谨慎态度，不要对事实进行夸大和修饰，就算是出于善意的目的也必须如此。他们必须要能接受高质量研究和专家评审报告的结论，即使这些结论与他们的信仰有悖。在关注气候变化消极的一面的同时，他们也必须要关注积极的一面。

这就引出了一个相关的话题：公众对科学的理解。许多气候变化的预测结论，都是以风险和概率的形式进行表达的，同时又都是在某些具体假设的基础上得出的。当这样的信息为公众所知时，公众并不一定能够对气候与天气之间的区别有清晰的了解，也不太会明白百分比的数值究竟是何意义。这样一来，就算是悉心撰写的清楚透彻的内容，也可能被公众所误解。举例来说，在英国就曾经发生过这样的事情。对季节性预测的粗心介绍，却无意间伤害了公众对预测的信心。

以很高的保真度与精确度进行信息传达非常关键。正如哈丁意识到的一样，虽然我们要发明创造出诸如风能、核能等新型环境解决方案，但从长远来看，只有在人类的行为方式上下工夫，才能拯救我们自己。我们必须学会如何在全球范围内进行合作，尊重他人的需要，避免过度浪费的生活方式，像哈丁口中的“每个人都胡乱扫射”。

对“公地悲剧”加深理解的一种办法，就是让我们所有人都参与米林斯基设计的博弈。我们可以在公司聚会、学校或家中进行。我们可以在网络上推出博弈的完整版。我们都应该切身感觉到，自己已经身陷一场全球范围的“集体风险社会困境”之中，并需要学习解决这场困境的各种策略。

喜欢挑剔的人也许会觉得，将理想化的实验结论应用到现实世界中去，这种想法简直荒谬可笑。诚然，“现实”所涵盖的巨大范围令人却步——进行这场气候“博弈”的玩家多达70亿人，真实的气候博弈也不是一轮一轮进行的；在控制二氧化碳排放量方面，没人知道我们做得怎么样，没有即时的衡量标准。实际上，米林斯基在公共品博弈领域进行的实验显示，玩家的人数越多，就越难以达成合作。

至少从这样一个角度看，似乎还存在着一线希望：所有的重大决定，都是由相对规模较小的政治家群体作出的。譬如代表北半球八个国家政府的八国集团峰会的领导人，分别来自加拿大、法国、德国、意大利、日本、俄罗斯、英国和美国。也许，如此少数人的协商会增加我们达成合作的机会。此外，他们也不是不谙世事的化学专业学生，而是饱经事故、信息全面的政治家，也许他们为我们描画的前景会更加美好。然而，米林斯基以实验的方式对这一理论进行了验证，结果却显示，将地球的命运交到少数政治家手中，也未必能作出多大的改变。他解释道：“在我们的博弈中，政治家也会以失败收场，因为各国人民都希望本国的领导人投入比其他国家领导人更少的资源。那些用国家的钱帮助拯救气候的人，会付出他在本国内部的名誉作为代价。”

我们还是回到募集广告费的那次博弈之中。博弈过程显示，如果自己的慷慨举动能为其他玩家所知，那么玩家们就会更具合作精神。这个结论听起来有些油腔滑调，但名声的确是一股非常强大的力量。事实上，其巨大的影响力甚至超越了许多人的认识。数千年来，人类社会的发展与变化少不了名声的作用。

名声的力量

> 楼梯平台处，电梯竖井对面的墙上，挂着一幅画着巨大面孔的海报。这副面孔刻画得如此生动逼真，眼睛仿佛会随着你的移动而一直盯着你看。海报下面写着一行字：老大哥正在注视着你。
>
> 乔治·奥威尔，《一九八四》

图腾柱可谓是体现名声力量的丰碑。建起图腾柱的原因多种多样，有的是为了纪念逝去的人，有的是为了庆祝重要的事件。图腾柱上有些装饰图案是能够识别出来的，有青蛙、海狸、乌鸦、狼、熊、鹰和人类；还有一些图案充满了神秘意味，比如美国西北部原住民的每个家族、每个部落、每处地方都有着巨大的差别。图腾柱上的面孔表情有的十分夸张，血盆大口、牙齿狰狞。这些表情随时保持警觉，描着黑漆的双眼仿佛在炯炯有神地观察着一切，什么都不放过。这些眼睛不过是用雪松木雕刻而成的，但我们对名声的力量太过敏感，以至于在这样圆睁的怒目之下会不自觉地感到有些惶恐。原住民之所以决定刻画出如此具有警示力量的眼睛，是因为他们知道，**如果人们觉得自己正在他人的注视之下，就会变得更加宽厚仁慈。**因为间接互惠机制的存在，巩固自身名声并识别他人名声的过程，会激发出来更多的合作行为，仿佛引起了一场名声的“军备竞赛”。

由此看来，乔治·奥威尔笔下的老大哥——太平洋联邦的独裁者，总是在不停地观察着这个集权国家中的市民，或者许多宗教中都包含着“洞察一切”的万能上帝的思想，也就不足为奇了。也许，天堂中的一双眼睛总是在看着你的一言一行，这就是道德压力的象征。上千年来，许多宗教体系都将众生的行为与“冥冥之中的眼睛”联系在一起，以此劝导传统社会中的人们以更加诚实公平的作风待人处事。“眼睛”提醒着我们，自己的行为是要为结果负责的。

仅仅是被一双眼睛观察的想法，就非常具有说服力。甚至我们的良心，我们内心对什么是对、什么是错的感知与判断，都可以被视为我们在他人眼中是何形象的衡量标准。就连电脑屏幕背景上的两个眼点，都能激起人们的宽宏之心。事实上，从正常被试头部收集到的脑电活动显示，跟一张完整的面部相比，一双孤立的眼睛能激发人们更丰富、更活跃的脑电活动。

英国纽卡斯尔大学进行的一个小实验，生动地展示出了这样的效果。心理学院公共休息室中摆放着一个“诚实箱”，要求学院的50名学生和教职员工自觉将茶、咖啡和牛奶的费用投入其中。这个箱子已经摆放了许多年，使用者根本不会察觉自己被当成了实验室中的荷兰猪。在为期10周的实验过程中，在置于水壶和咖啡机之上的诚实箱柜橱门板上，研究人员悬挂了一幅标志。

每过一周，会将画有鲜花的图片与画有眼睛的图片进行轮换。眼睛图片中的主角无论是男是女，目光都直视对面的观察者。各幅眼睛图片的表情有警惕、关注，也有狂躁。每一周，实验人员都会清点诚实箱中的钱数。在悬有眼睛图片的各周之中，钱数几乎是悬挂花朵图片各周的3倍之多。眼睛图片之所以能产生如此显著的影响力，可能是因为，这会提醒喝咖啡的人，时刻留意他人对自己的看法。有证据显示，有着与人类相仿的一双大眼的机器人，也能产生同样的效果。眼睛的存在似乎令我们意识到，如果我们能表现出自己更好的一面，将来某一天获得他人帮助的机会就会增加。

曼弗雷德·米林斯基与经济学家贝蒂娜·罗肯巴克（Bettina Rockenbach）对观察者与被观察者之间的凝视所产生的惊人陷入式效果进行了分析：

> 观察者艾丽斯应该考虑到，被观察者鲍勃的行为会因为观察者的存在而发生变化，因此应该进行隐蔽观察；艾丽斯在隐蔽观察过程中露出的一点点蛛丝马迹，都会被鲍勃敏锐地捕捉到，但他在从自私行为转向利他行为之时，则会避免露出任何察觉到艾丽斯的迹象。他会避免将目光转向已被识别出的观察者所在的方向。另一方面，只要艾丽斯知道鲍勃已经发现自己正在被人观察，她最终就不应对所观察到的利他行为予以奖励。

这种观察者效应的实例在自然界中也可以找到。以我们在第一章中讲到过的小鱼“清洁工”为例。濑鱼清洁工去除大鱼“客户”身上寄生虫的同时，也享用了晚餐，其中还包括大鱼嘴里的清洁工作。小鱼在其他客户的注视下，以友善的方式为大鱼客户梳洗打扮，但如果没有其他观众的存在，小鱼就很有可能会咬破大鱼客户的皮肤。同样，实验显示，在“独裁者博弈”中，在一人必须捐钱给另一人时，如果得到钱的一方无法获知捐赠者是谁，那么捐赠的数额就会下降 50%。

人们表现出慷慨仁慈的举动，说明了这样一个事实，我们的祖先在处于可能被他人观察的环境中，希望给他人留下良好印象，而这种动机通过世世代代的传承，才形成了今天的行为模式。远古时期在采集和狩猎部落之中群居的人们，跟生活在现今信息发达社会中的人们一样，有着同样热切的打动他人的愿望。本书随后即将讲到，我们的行为正在被他人所观察，或者可能被他人观察到的事实，可以为政策制定者提供新的借鉴，以一种权衡手段来应对气候变化。

用名声的力量保护“公地”

与行为相比，话语拥有更长的生命。

品达，希腊抒情诗人

对于“公地悲剧”领域的研究帮助我得出了一个简单的结论。无论是否与公共品相关，个人行为都应该公开，以避免“悲剧”的发生。广而告之非常关键。在进行一场公共品博弈时，其他人要知道，你正在为这个世界贡献出自己的一份力量。只有这样，个人对自己声誉的重视才能得到充分利用。

我和同事托马斯·法伊弗（Thomas Pfeiffer）一起，想要找出一些具体化的实例，展现出这一理念对终极“公地悲剧”——气候变化的意义。我们需要找到新方法，来对人们的行为举止进行宣传。家用电器一般都标有耗能率。这样的做法应该尽可能地推广到其他领域。举例来说，个人和家庭的能源成本可以在本地报刊上进行公开。可以对公司二氧化碳排放量和在气候保护方面的投资进行排名。在欧洲和日本，耗油量较大汽车的驾驶年限比美国要短，欧洲和日本还可以利用新技术为这些汽车替换新发动机。而美国则可以利用贴标签的方式，将燃油效率较低、污染较大的车辆标识出来。

我们在汽车领域的底线是，仅仅开发出清洁能源是不够的，还要鼓励人们积极使用清洁能源，就像哈丁很早之前就认识到的一样。可以为某些汽车强制贴上与香烟盒警示标志相仿的标签，譬如“警告：本车极为低效；其排放物可导致肺癌与有害的气候变化”。将社区或办公室中耗能最多的人予以曝光，是对所有人降低碳排放量的一种很好的激励措施。

虽然这些政策可能会引起隐私权等问题，但其对环境改善带来的潜在帮助却是巨大的。2006 年夏季，我的家乡经历了一场罕见的极端干旱天气，每个人都常常收到减少用水量的呼吁，甚至连浇灌门外的花园都成了非法的勾当。但之后却发现，我们那座小城的 1 000 户人家中，有 30 户人的用水量占到了整座城市用水量的很大一部分。当地的报纸发表了一篇文章予以曝光，题目是“饥渴的 30 户”。文章中说：我们知道，用水量最大的 30 户人家中，有 5 户（以及用水量排名前 3 户中的两户）位于斯特莱特福德街上。两户住在维斯顿路上，两户住在沙池路上，两户住在高塔路上，而北林肯地区则一户也没有。用水量排名前 10 的人家中，至少有 6 家拥有室外游泳池，一家还有旋转泳池。另外一家有温泉浴缸，却没有泳池。用水量最多的前 10 家中，绝大多数家庭都有 5~6 个全功能卫生间以及两个以上的半功能卫生间。

城中的许多人都能猜到这些用水大户是谁。而如果用水大户意识到了这一点，我敢肯定，他们会相应作出减少用水量的计划。我突然想到，这是促进人们采取合作行为的一个很有意思的实例。了解到是谁用掉了什么资源，就能让那些作出贡献的人收获名声，通过这一形式的利益，来弥补他们为此付出的成本。当人们公开展示出自己在节能方面的承诺，就很可能会增加搭便车者身上的社会压力，迫使他们去做正确的事情。如果成百上千万人心中的指南针整齐划一，就会极大地强化政府政策的效果。

许多组织已经拥有这一类智慧。丰田普锐斯这款混合动力汽车拥有非常易于识别的外形设计，这实际上就是在广而告之：车里的司机对清洁能源作出了承诺。参加环境清洁活动的义工，能收到活动赠送的T恤，以此来宣传他们的参与。一家本地电力公司的推广方案也被我的同事大卫·兰德所采纳。这一方案规定，如果你选择使用风能等替代性电力能源，并愿意为此支付更高的电费，那么你就能获得一面写着“绿色家庭”的旗帜，可以竖立在庭院之中。

不管你怎么想，地球上的这几十亿人口已经陷入了全球变暖这场非常真实的博弈之中。就算我们能逆转全球气候的危险变迁，还是很可能会在短期内经历更多的极端气候和天气。干旱、大暴雨、热浪、洪水都会更加频繁地发生在我们身边。海平面将会上升，随之而来的，还有发生极端风暴潮涌的风险。驾驭名声的力量，鼓励我们大家合作起来共同扭转危险的气候变化，还有太多的事情要做，而且不得不做。这场公共品博弈，没人能输得起。

SUPER COOPERATORS

Altruism, Evolution, and Why We Need Each Other to Succeed

第11章

奖励比惩罚更有利于合作

即便人们自身无法从惩罚行为中获益，人们也有意愿为集体和社会利益而惩罚他人。实验告诉我们，实施报复性惩罚的玩家，成绩往往都很糟糕。对于公共事业来说，奖励比惩罚更能促进合作。

如果人类的良善只是因为他们害怕受到惩罚、希望得到奖励，那么我们就真是太可悲了。

爱因斯坦

从古至今，人类社会为了在人与人之间建立合作关系，沿袭了一种看似简单直接的手段：以惩罚来进行威胁。按我说的去做,不然有你好受的——尖刻的责难，令人痛哭流涕的罚金、监禁、拷打、鞭笞，各种折磨，或更加残忍的责罚手段。这就是为什么在许多以快乐收场的寓言、童话和神话中，坏人在最后都得到了应有的惩罚。这都是为了给我们所有人树立行为的榜样。

希腊神话中有主管复仇和报应的女神厄里倪厄斯（Erinyes）。这些令人恐惧的女神，很可能是对诅咒罪恶的人格化。神话故事中，强大的巨人科洛诺斯（Cronus）用锯齿状的镰刀阉割了父亲尤拉诺斯（Uranus），当血液喷涌出来的时候，一滴滴的鲜血就化作了厄里倪厄斯女神。罗马人将这些诞生于厄运之中的女神称为复仇女神。在她们伸张正义的过程中，会幻化出各种伪装。她们的头上盘踞着蠕动的黑蛇，眼中滴着有毒的鲜血，呼吸间喷出着滚烫的热气。在追击罪人之时，她们对惩罚的欲望永无止境。

童话中也充满了各种关于复仇的故事，这些故事至少在迪斯尼化之前就已经存在了。譬如白雪公主的邪恶继母——皇后在被迫穿上炙热铁鞋时跳的死亡之舞；《小红帽》中，猎人剖开大灰狼肚皮的时刻；《韩塞尔与葛雷特》（*Hansel and Gretel*）中，食人巫婆被塞进烤箱中烘烤。是不是我们真的需要一股一直存在的威胁力量，才能和平相处？这是避免“公地悲剧”的办法吗？我们在受到强迫和压制的情况下，真的可以更好地合作吗？

流行文化中的很多证据，都证明惩罚与互惠之间存在着某种联系。以牙还牙，用伤害对方的手段来应对他人对自己造成的伤害，这就是通行的做法。人们就是凭着这种天生的直觉，在古希腊和英国文艺复兴时期编出了各种各样的悲剧故事，18 世纪歌剧和 19 世纪的小说中，也不乏腥风血雨的大结局。在表现惩罚的威力和戏剧性方面，好莱坞也毫不落后。

与复仇有关的故事，总是能引起人们永不消退、无法抑制的兴趣和胃口。一部名为《惩罚者》（*Punisher*）的影片，讲述了一位退伍的特种兵寻找杀死家人的恶棍，报仇雪恨的故事。查尔斯·布朗森（Charles Bronson）和克林特·伊斯特伍德（Clint Eastwood），在用拳头和子弹解决了许多问题之后，才用叙述的方式将事情说清楚。在古罗马（《角斗士》，*Gladiator*）、大萧条时代的芝加哥（《毁灭之路》，*Road to Perdition*）和世界末日过后的澳大利亚（《疯狂的麦克斯》，*Mad Max*），都充满了大量的复仇情节。关于“算账”、“扯平”的故事无处不在。随便看一部肥皂剧或上网浏览一番，就能找到各种耸人听闻的案例。

对大脑进行的扫描研究揭示了人们在对他人进行惩罚时的脑部活动。实际上，举过头顶的大棒与胡萝卜有着同样的效应：一股温暖而令人惬意的血流，会涌入惩罚者脑部的奖励中枢。充满复仇冲动的大脑中不断闪现的脑电活动，显示出人们从因果报应中所获得的满足感，那是一种在复仇之中获得的令人陶醉的愉悦。也就是说，我们的大脑天生就喜欢幸灾乐祸。

我们一直都明白惩罚意味着什么：在达尔文式的生存竞争之中，赢家得以幸存，而输者则惨遭灭绝的惩罚。但在“合作”的整条脉络中，惩罚究竟应该处于哪个位置呢?

本章中，我们将重点关注报应、补偿，一人因另一人的罪行而施加惩罚的一对一互动。其中包括无视法纪的人，也包括雇用杀手行凶的人。有人认为，这样的“同侪惩罚”是促进合作的有效方法。但我认为，这一观点有欠妥当。同侪惩罚本身就有问题，而且也存在其他令人们之间达成合作的更有效的方式。我也要澄清，惩罚并不像有些人所说的那样，是合作进化的一种机制。我们在第 2 章和第 3 章中讨论过，惩罚的方式不过只在互惠框架中适用而已。

举个例子，我们已经讨论过在“以牙还牙”策略之下的惩罚，此时，一方背叛，另一方也会选择背叛。之后我们讨论了“宽宏以牙还牙”，其中也会用背叛的方式来惩罚另一方背叛的行为，但有时会采取原谅态度，并放弃惩罚的机会。我们在第 1 章中还谈到过一种更加严苛的策略：冷酷策略。只要你合作，我就合作。但如果你走错一步，我就永远背叛下去。惩罚非常适用于标准囚徒困境的框架结构。

在困境的回报矩阵之中，“背叛”意味着三种情况之一：第一，放弃奖励。也就是不采取合作行为，什么都不做。举例来说，宿舍中一个同学拒绝刷盘子，于是另一位同学也拒绝为全宿舍做晚餐。第二，偷窃。我从你那里拿走些东西，于是你少了些东西，我多了些东西。第三，就是代价高昂的惩罚。我虽然承担了损失，但是因为我有了损失，你就要受到更大的损失。也许你申请住房扩建时，邻居给你投了反对票，害得你无法梦想成真。原因就在于你家的狗晚上总是汪汪叫。于是，邻居决定忍受失眠的损失，将他的时间用来咒骂你，并以严重得多的背叛手段来惩罚你。

将惩罚加入其中，还有另外一种可能性，那就是把囚徒困境从合作与背叛的两种策略选择扩展到三种：合作、背叛、惩罚。利用困境的简化版，我们可以做如下定义。“合作”，意味着为了让对方得到收益而付出自身的成本；“背叛”，意味着什么也不做；“惩罚”，意味着为了让对方付出代价而付出自身的成本。在惩罚实验中，典型的比例是 3 ∶ 1，也就是说，我为了让你损失 3 块钱，而愿意付出 1 块钱的成本。为了实施惩罚而付出成本，这样的事情很容易从真实世界中找到案例。例如，有人会为了惩罚邻居的篱笆挡住了阳光，而不遗余力地去将篱笆剪短。

为了集体利益的有代价惩罚

两位奥地利经济学家，瑞士苏黎世大学（University of Zürich）的厄恩斯特·费尔（Ernst Fehr）和当时在瑞士圣加仑大学（University of St. Gallen），现就职于英国诺丁汉大学的西蒙·盖其特（Simon Gächter）一起，通过一场实验，揭示出这样一个思想：代价高昂的惩罚可能是促进合作的强大动力。

费尔和盖其特邀请 240 名本科生参与了实验。首先，他们进行了之前讨论过的那一类公共品博弈。之后给玩家一个选择，可以进行惩罚。实验将每一位玩家在博弈过程中作出的贡献公之于众，并询问玩家是否愿意付出成本来让另一位吝啬的玩家损失更多。玩家的身份在每一轮之后都要经过重新洗牌。这样一来，博弈进行过程中，就无法得知究竟是谁在与谁对决，因此博弈并不具有真正的重复性，玩家也无法建立起名声。而且，你永远也不会发现究竟是谁对你进行了惩罚。由此也就完全无法进行报复。

总的来看，实验共分 10 组，每组 24 个被试。每个被试进行“两次”六轮公共品博弈：一次没有惩罚的机会，另一次则带有惩罚的机会。在没有惩罚机会的情况下，玩家开始时都非常慷慨，但很快便学会了吝啬。他们发现，只能通过减少自身贡献的方法来惩罚搭便车者。这样，合作很快便解体了。

在拥有惩罚机会的情况下发生了什么呢？实验中的240位被试中，有84%的人至少采取了一次惩罚措施，还有大约9%的人惩罚了超过10次以上。大多数（74%）惩罚行为，都是合作者（也就是作出贡献在平均水平以上的人）主动针对背叛者（作出贡献在平均水平以下的人）而施加的。在惩罚的帮助下，玩家之间的合作关系维持在良好的状态之中。当可以采取惩罚手段时，有超过90%的参与者都贡献出了更多的钱。而这种类型的惩罚，罚款是要上缴给实验管理人员的，并不会还到惩罚者手中，因此，施加惩罚的代价十分高昂。但尽管如此，费尔和盖其特认为，人们参与到这种惩罚行为之中的倾向是普遍存在的。甚至到了博弈的最后一轮，惩罚依旧存在，虽然此时进行的惩罚对未来的合作已经无所助益。

基于上述实验结果，研究人员提出，人是“喜欢惩罚”的，而代价高昂的惩罚是促进合作的一种新型机制。研究人员还提出了“利他惩罚”这个说法，用来说明，就算我们自身无法从惩罚行为中获益，我们还是会有惩罚的冲动。利他惩罚显示出，我们愿意为了集体和社会的利益而惩罚他人。

我对费尔和盖其特的实验产生了很大的兴趣，也认为这一实验有着很高的重要性，但我对他们的某些理解角度不敢苟同。首先，代价高昂的惩罚并不是合作进化中的一个独立机制。如果我因为之前遭遇到你的背叛行为而实施惩罚，那么就属于直接互惠范畴。如果我因为你背叛其他玩家的行为而惩罚你，那么就属于间接互惠范畴。其次，现实生活中采取代价高昂的惩罚措施的人，他们的动机根本与“利他”精神搭不上边。对他人进行伤害，意味着冲突的升级。这样的惩罚是受到了愤怒、贪婪和进攻性的驱使。其首要目的，是为了打压他人、盘剥他人、削弱他人、消灭他人。“代价高昂的惩罚”这一说法，显示出惩罚者本身也要付出代价，因此，似乎比“利他惩罚”的说法更为恰当。

对这些实验结果仔细观察，就会发现，惩罚组的平均回报低于控制组得到的回报。在公共品博弈中，惩罚的手段的确可以强迫玩家进行合作，但其成本过高，将合作带来的优势也破坏掉了。换句话说，如果根本不给玩家以惩罚的机会，反而可能会得到更好的结果。

这场博弈中也带有一些人工雕琢的痕迹。一轮公共品博弈紧跟着一轮惩罚博弈。公共品博弈中，玩家被告知谁贡献了多少，但在惩罚博弈中，却无法得知是谁惩罚了自己。这样，惩罚就以匿名的方式进行，根本不用担心有人报复。实验的设计初衷，就是要让惩罚行为以最有效的方式进行。而现实生活则非常不同。当我们对他人进行惩罚的时候，人们通常知道是谁在惩罚他们，我们也要时刻准备好应对他人的报复行为。

在进化发展的历史过程中，我们的祖先什么时候遇到过费尔-盖其特实验中这样独特的情况：我们知道谁在公共品博弈中作出了贡献，却不知道接下来的一轮中，是谁惩罚了我们？

加州大学圣塔芭芭拉分校的进化心理学家约翰·托比（John Tooby）指出，在人类思想进化的绝大部分时期里，人类都生活在小范围的群体之中，彼此之间经常相遇。古代社会中，人们很可能知道，怀有敌意的部落成员之间互相做了些什么。在小群体中生存，谁也不知道哪天就会需要某人的帮忙。因此，为了和部落成员搞好关系，就存在合作的压力。甚至在匿名的现代社会之中，虽然存在着一次相遇、终生不见的可能性，譬如在公路上或城市中，但我们还是会想一想，这位撞上我们的陌生人，或那位差点儿把我们弄伤的骑行者，很可能会再次出现在我们的生活中，出现在工作交流、朋友聚会等场合中。

试图排除重复和名声因素的所谓“一次性”实验，有些令人难以理解。原因在于，这样的实验与实际情况相差太远。我们所有的本能、直觉和行为，在世世代代的传承中逐渐成形，而且就是在人与人之间不断相遇、名声会发生作用的环境中定型的。因此，从一次性实验中对人类行为的普遍真理进行推论，是十分危险的举动。罗伯特·特里弗斯（Robert Trivers）在讨论费尔-盖其特实验时曾评论道，生物学家在实验室中饲养蜘蛛，是为了研究其生活习性，但这并不意味着，生物学家认为蜘蛛是在实验室环境中完成进化的。

如果现实生活中的惩罚，经常发生在人们知道是谁惩罚了谁这样不断重复的活动之中，那么就很难真正利用匿名惩罚实验中得出的结论。如果我们想要了解人类行为，以及合作与惩罚之间的相互关系，我们就需要对玩家会经常相遇的情形加以研究。脱离直接互惠与间接互惠的稳固框架去研究人类行为，意义不大。日常生活中所有重要的互动，都是在“重复”和“名声”存在的条件下发生的。

真正的赢家无须惩罚

> 在这样一个黄金时代，没有威压，没有法律，善良与真实以最自然的状态勃发出来。不存在恐惧或惩罚，青铜碑文中看不到威胁的语句。人们也不惧怕法官的表情，因为他们可以在没有保护的环境中安全地生活。
>
> 罗马诗人奥维德，《变形记》

在哈佛的一天，一位来自瑞典的硕士生登门拜访了我。她对参加实验室的研究工作抱有非常大的热情。她名叫安娜·德莱博（Anna Dreber），在斯德哥尔摩市政厅长大。她的母亲是一位严苛的女权主义者、政治家兼道德活动家，曾担任副市长一职。安娜就是在市政府里面长大成人的。市政府大楼始建于20世纪20年代，带有典型的文艺复兴时期的宫殿风格。大楼围绕着两处露天广场——花园（Borgargarden）和蓝厅（Blue Hall）建成。每逢12月，当瑞典漆黑的夜空被闪耀的水晶灯点亮时，安娜都能亲身体会到诺贝尔晚宴时的炫目与繁华。

现在，她就坐在我面前，说她愿意做我的博士生，并以理论和计算为基础，为我们的进化博弈论体系增添一些与真实生活贴近的实验。几周之后，安娜发现，我们可以申请使用哈佛商学院的实验研究计算机实验室。实验室距离我们的办公室不远，里面满是现代化设备，四处是闪耀的屏幕和智能蓝牙装置。在这里，学生们可以用很少的资金投入，进行任何风格、规模和形式的博弈，从而对合作的世界进行进一步探索。

我们决定设计一个更加平衡的实验，来评估惩罚带来的影响。我们都感觉，以前的绝大多数实验，其设计初衷都有意夸大了惩罚的正面效果。现在我们想要进行的实验，不会刻意压制负面效果。当然，实验能否进行，还要看道德委员会是否批准。没想到，我们竟然不能在商学院进行任何与背叛有关的实验，如果想做，只能去心理学系。有幸的是，商学院允许我们在实验中增加与惩罚相关的元素。

全球金融危机之前，各地经常举办各类庆典活动。在诺瓦基亚的一次聚会上，我介绍安娜与大卫·兰德认识。他们谈得十分投机，决定共同工作。大卫有着非常与众不同的背景。他是在各类飞机旁边长大的。他的父亲是康奈尔大学应用数学系教授，非常热爱飞行，并且让儿子从很小的年纪就学习控制飞机操纵杆。要想成为一名优秀的飞行员，往往首先就需要拥有清晰的头脑，这也解释了大卫为什么拥有如此渊博的知识。他是哈佛大学第一位系统生物学毕业生，既是一名理论学家，也是一名实验主义者，如今经常与心理学家、经济学家和法学教授共同工作。他的才华远不止于学术领域，他还是位摇滚歌手，吉他玩得相当精妙，在 YouTube 上也能找到他的歌。

特殊的环境会造就特殊的行为，因此，大卫、安娜和我决定看一看，玩家之间的重复性相遇是否会对代价高昂的惩罚效果带来影响。我们与哈佛大学经济博弈论领域的著名专家朱·弗登伯格合作，请 104 名本科生参与了重复性两人囚徒困境的变体博弈。成对的两位玩家可以在合作、背叛和代价高昂的惩罚三者之间进行选择。“合作”意味着为了让对方得到 3 块钱，而支付 1 块钱。“背叛”意味着从对方处拿走 1 块钱。“惩罚”意味着为了让对方输掉 4 块钱，而支付 1 块钱。我们的实验设计与之前讲过的实验之间有很大的不同，最重要的是，我们允许玩家去满足自身报仇雪恨的欲望——如果艾丽斯惩罚了鲍勃，那么鲍勃就有机会在下一轮惩罚艾丽斯。

我们观察了成对玩家之间的 1 230 次重复性互动，每一次互动的时长在 1 轮～9 轮之间不等。观察玩家的博弈实况是件很有意思的事情。这次实验的成果论文刊载在了《自然》杂志上。论文中的第二幅图表显示了代价高昂的惩罚所带来的影响。一对在 4 轮中保持合作的玩家，分数并列第一。那些忍受暴力、不愿反抗的玩家，成绩也很不错。在连续的两轮中，一位玩家虽然每次都遭到背叛，却始终坚持合作，之后继续维持宽容大度的心态，最终赢得了总分第六的成绩。而与他对弈的那位背叛者，在最后 3 轮中被感化成为合作者，最后的总分排名第 19。还有一位合作者在背叛的行为面前忍无可忍，以惩罚的手段予以应对。5 轮之后，背叛者还是没有在惩罚的压力面前采取合作。最终，他们分别获得了第 25 名和第 22 名。有一位合作者，在遇到背叛者的时候，以惩罚作为回应。这样就触发了背叛者的报复性惩罚，之后便是一轮接一轮的惩罚与反惩罚行为。这场相互打击博弈中的两位玩家，最终排名第 30 位和第 25 位。在一对玩家之间，我们还看到了先发制人实施打击的结果。在相互合作之后，一人实施惩罚，这激起了双方的背叛。惩罚者最后排名 29，他的对手排名 24。

研究过程中，一个现象引起了我们的注意，那就是惩罚与较差的成绩之间有着十分明显的联系。表现最佳的 6 个人一直都没有使用过惩罚手段。相比之下，成绩最差的玩家，也是使用惩罚手段最频繁的几个人。研究显示，分数最低的玩家，使用惩罚手段最频繁，因而激起了报复的恶性循环，对所有参与其中的人都造成了毁灭性的后果。也就是说，亨利惩罚萨丽的背叛行为，从而引发了萨丽采取反惩罚手段。亨利忍无可忍，决定进一步惩罚对方。于是，双方便踏上了相互惩罚的不归路。

也许，得到这样的结果纯属侥幸。也许我们的赢家不过是运气好，遇到了也愿意采取合作的对手。我们进行了更为深入的分析，对玩家以惩罚手段应对背叛的概率进行了测算。那些成绩较好的玩家，不会将斗争升级为报复性惩罚，而会停留在背叛的层面上，以背叛来应对背叛。其中传达出来的信息十分明确：惩罚者不是赢家。这样一来，当博弈将重复性考虑在内时，喜欢充分利用手中权限进行惩罚的玩家，其行为通常都没有好的实质效果。

奖励优于惩罚

着手进行这项研究时，关于成对玩家重复相遇并采取惩罚手段这其中的智慧，我们提出了一些思考。但我们研究的双人博弈并不属于公共品博弈的范畴。以前讲过，公共品博弈是玩家超过两人的囚徒困境。因此，我们的结论并不能简单地推及到之前其他学者进行的研究工作上，也无法用来评论费尔和盖其特的实验。费尔-盖其特实验的总结观点是，在维持公共品博弈的合作关系过程中，惩罚比奖励更加有效。于是，我们决定与在斯德哥尔摩经济学院工作的挪威人、瑞典著名经济学家托尔·埃林森（Tore Ellingsen）共同协作，展开一场我们自己的公共品博弈。

这场实验共有 192 人参加。实验对象 4 人一组，分别有 16 个控制组和 32 个实验组。实际上，我们大致遵从了费尔-盖其特最初的博弈设置，但在其中加入了另一项元素。我们允许了玩家之间的重复相遇，而非匿名相遇。这样一来，就可以知道是谁在惩罚谁。

我们进行了 3 场“诊疗”实验和一场控制实验。控制实验就是标准的公共品博弈。一号诊疗实验中加入了惩罚机制，二号诊疗实验中加入了奖励机制，三号诊疗实验中加入了惩罚与奖励机制。成本如下：“惩罚”意味着为了给他人造成损失，你要付出；“奖励”意味着为了让他人有所收获，你要付出。每组进行长达 50 轮的博弈。

实验过程中，3支诊疗组均出现了合作，而控制组则陷入了典型的“公地悲剧”之中。然而，虽然惩罚可以引发合作，但其成本却十分高昂，而最终的总分也与控制组一样低。相比之下，奖励诊疗组在公共品博弈过程中也保持了很高的贡献数额，总分也比控制组高出许多。我们发现，在同时给出惩罚和奖励两种选择的情况下，获胜的小组并不会使用成本高昂而无效的惩罚机制。从有益于公共事业并促进合作的角度讲，奖励比惩罚更加有效，虽然搭便车的行为屡屡从中造成破坏，但也无法影响这样的结论。

从这场实验之中，我们总结出了一个简单的心得：**通过将公共品博弈与定向互动博弈联系在一起，就能解决公地悲剧**。也就是说，与其停止合作并影响到传统公共品博弈中的所有玩家，不如只停止与那些背叛者的合作，甚至还可以对其他的合作者予以奖励。公共品博弈中的合作者能赢得好名声，使得其他的合作者更愿意与他们进行私下一对一的交易，就像那些有绿色环保名声的公司更容易获得商业机会一样。这一引导合作的策略十分简单有效。我们于2009年将研究成果发表于《科学》杂志时，文章的题目就是《积极互动促进公共合作》（*Positive Interactions Promote Public Cooperation*）。

惩罚的负面作用

贝内迪克特·赫尔曼（Benedikt Herrmann）、克里斯蒂安·托尼（Christian Thöni）和西蒙·盖其特共同进行了一项实验，进一步质疑了代价高昂的惩罚在促进合作的过程中所发挥的效用。他们研究了全球16座城市中人们的行为，其中包括波士顿、波恩、利雅得、明斯克、诺丁汉、首尔等。这次实验是当时在发达国家展开的规模最大的跨文化实验研究项目。

和之前的博弈一样，参与者进行了一场公共品博弈。玩家握有筹码，或者全部保留，或者将筹码放入“公共集资箱”中，获得的额外利息将在所有玩家中平分。10轮博弈之后，1120名来自波士顿和哥本哈根中产阶级家庭的大学生，平均每人贡献了 8 个筹码，而来自雅典、利雅得和伊斯坦布尔的学生，平均仅贡献了 6 个筹码。最具合作精神的参与者拿出了 90% 的筹码，而最缺乏合作精神的参与者，平均只拿出了 29% 的筹码。合作者的贡献量，是欠合作者贡献量的 3.1 倍。

当给予玩家惩罚的能力，可以对按住筹码不放的玩家实施惩罚之时，参与者的行为发生了巨大的变化。就像之前的研究工作显示的一样，玩家愿意拿出自己的一部分筹码，来惩罚吝啬的投资者或盘剥他人的搭便车者。但在这场博弈的国际版本中，国家与国家之间出现了巨大的差异。

在美国、瑞士和英国等国，当搭便车者因为将自身利益置于集体利益之上而受到惩罚时，会心平气和地接受惩罚，然后变得更具合作精神，博弈的总收益也随着时间的发展越来越多。但是，在希腊和俄罗斯等国，搭便车者会采取报复行为。由于这场博弈沿用了费尔-盖其特实验的设计，因此玩家无法进行定向报复。于是，他们就将仇恨通通抛向合作者。也许，他们认为这样做可以在下一轮惩罚行动中先发制人，或者认为这些合作者是先前一轮中最有可能惩罚过他们的人。也许，搭便车者惩罚合作者是为了显示自身的支配地位，表达出某些信息，比如“这些合作者不把所有的筹码按在手中，简直就是愚蠢和软弱的表现，我要通过惩罚来让他们知道，谁才是老大”。

研究结果似乎肯定了人们心中对各国人民的一些看法。英国人一直怀有公平意识，而希腊人则渴望报复的机会。雅典和马斯喀特的玩家的报复性惩罚水平最高，他们对合作者采取的惩罚行为是来自首尔、波恩、诺丁汉和其他城市玩家的 6 倍之多。萨马拉、明斯克、伊斯坦布尔和利雅得的情况则居于两者之间。

我们有一个十分有趣的发现，那就是对报复和主宰的渴望，与社会科学家在世界民主调查（World Democracy Audit）中总结出来的市民合作规范与法律规则相吻合。这些规范包含人们对法律的普遍态度，并在政治权利、公民自由、言论自由和腐败之间进行了权衡。其中对法律的态度是指，市民是否认为避税或无视法规是可以接受的行为。在拥有根深蒂固的公共合作氛围的社会之中，人们对警察及执法机构充满信任，因此通常不会出现报复行为。但在那些法律规则被认为不够有效的社会中——犯罪分子常常逍遥法外，就会出现反社会的“报复性”惩罚行为，出现背叛者惩罚合作者的现象。在这样的环境之中，合作行为受到了极大的抑制，人们都有搭便车的动机，忽视诸如垃圾回收、邻里督查、投票选举、保护当地环境、应对气候变化等市民本应牢记在心的举动。

研究工作还揭示出了另一项重要发现：在国际博弈中，惩罚行为并不总能激发出下一轮博弈的合作行为。在所有参与者进行的博弈中，半数的合作行为会继续保持初始水平，而且，反社会惩罚的水平越高，合作行为的增加量就越少。由此看来，“利他惩罚”并不能很好地帮助人们达成合作关系。这样的结论，似乎让我从中体会到了一点真实生活的味道。

惩罚的目的

我们先退后一步，将惩罚研究放在一个更为宽泛的环境中来看。惩罚，有两种基本分类。本章中的讨论主要针对其中一种：同侪惩罚，也就是黑手党惯用的手法，或是自行惩戒犯错之人的手段。第二类惩罚来自于更高层级的权威，一般存在于层级体制之中。举例来说，国家可以惩罚触犯法律的人，其手段各异，有绞刑、囚禁或注射处死；家长可以因为孩子的学习问题而进行责罚；老板可以惩罚下属；亦可以将惩罚视作维持层级体制的手段，这样上尉就能让手下的小兵乖乖听话，等等。这就是“制度化惩罚”。我对这种类型的惩罚也颇感兴趣，而且不可否认，这种类型也十分重要。然而，研究人员却很少就这类惩罚进行博弈论研究。

目前，绝大多数研究人员都将重点放在了同侪惩罚上。我们要将这个问题放在公地悲剧和囚徒困境的大背景下来看。在两人之间构成的囚徒困境中，通过将策略从合作转向背叛，我可以对背叛者进行惩罚。但如果在公地悲剧这样有许多人参与游戏的情况下转向背叛，我就既伤害了合作者，又伤害了背叛者——我会因为自己的背叛行为伤害到每一个参与游戏的人。而问题也恰恰存在于此。

在标准的公共品博弈中，无法对其他玩家实施定向策略。你只有为“公共集资箱”捐钱或不捐钱的机会。其他玩家也没有与你直接互动的机会，无法对你实施惩罚，也无法为你赠予奖励，因为是实验组织者负责管理集资箱，用某一系数乘以总额，再将乘积平均分配给所有玩家。如果你因为某人捐款很少而愤怒，那么你在经典公共品博弈中，唯一的处罚手段就是减少你的捐款数额，并由此惩罚其他每一位玩家。

如果玩家之间有能力直接打交道，那么公共品博弈中存在的问题就可以得到解决。我们已经了解到，惩罚是一种可用的机制，但却不是十分有效。在公共品博弈中，进行惩罚所付出的代价，通常要胜过由此带来的合作行为的收益，即便通过实验设计有意压制了针对惩罚者的报复行为，结果也是一样。在这些博弈中，解决公地悲剧的一种更好的办法就是允许玩家之间进行积极互动。也就是说,通过建立互惠的私下互动来奖励博弈中的合作者。之后，公共合作者就能赢得好名声，吸引其他合作者前来与他打交道。这样，私下合作就可以引导公共合作的发展。

基于定向互动措施将更加有效这一观点，我们可以得到一个很有意思的推论。假设你有一支由 200 人组成的工程师团队，负责建造一款高速豪华型轿车。其中每个人都在生产流程中担当某一职位。为了让工作效率更高，你决定颁布一条规定，如果未能按标准为汽车装上螺丝等零件，工程师就会被施以罚款处罚。这种类型的惩罚措施肯定能让工程师在组装零件时更加用心。但我也敢肯定，工程师只会完成最少的必要工作量，以履行工作合同为本。

换个思路，如果销售业绩大好，你因为工程师取得成功而为他们颁发奖励，又会是什么样的一种情况呢？如果你为工程师分配一部分利润，你就会发现，他们立刻充满灵感，不仅会完成分内的职责，将正确的零件在恰当的时机进行装配，还很可能会构思出新的生产流程和规则。他们会重新安排部件的安装顺序，或找到办法，一次组装多个部件。与惩罚相比，奖励的手段能够引导出更多富有创造性的合作方式。**奖励不仅仅能让我们以合一的精神高效工作，还能激发出创造力。**发明创造的催化剂是奖励，而不是强制，也不是那些不得不做的职责安排。

SUPER COOPERATORS

Altruism, Evolution, and Why We Need Each Other to Succeed

第12章

合作与利他行为的三度影响力

虽然人与人之间的平均分隔都是六度，但影响力却仅能波及到三度。实验告诉我们，利他、合作等行为也存在着三度影响力。合作与网络结构之间存在着简单的关联关系，如果每个个体的邻居数量较少，对合作者就更加有利。

如果我们只想到山川、河流与城市，这个世界未免太过空洞；但若能想到此处与彼处的人们，虽然距离遥远，却有着和我们一样的思维和感受，在心灵上近在咫尺，地球才更像是一个生机勃勃的花园。

歌德，《威廉·麦斯特的学习时代》

曾经有人做过一个十分有趣的社会实验。在纽约城随机挑选100人，让每个人列出自己所有的朋友，以便清点他们的平均朋友人数。之后再去询问名单中列出的这些朋友，问他们各自都有多少朋友。你会发现，后者的平均朋友人数更多。普渡大学西拉法叶校区的社会学家斯科特·菲尔德（Scott Feld）在一篇题为《为什么你朋友的朋友比你的朋友多》（*Why Your Friends Have More Friends Than You Do*）的文章中，对这一看似悖论的话题进行了介绍，引起了许多读者的兴趣。想要获得解答，你就必须在思考该问题时，意识到其中的一个倾向性：你更有可能认识受欢迎的人，而不太可能认识默默无闻的人。这就是为什么，你情人的情人总比你的情人多；也是为什么，健身房中其他会员的身材总比你更好，因为你根本碰不到那些不常出门、臃肿肥胖的人群。

这个表面看似社交缺陷的问题，存在一个深刻的寓意。如果我们想要了解合作在进化过程中扮演的角色，就必须了解群体结构对合作造成的影响和塑造作用。

人们对“进化”这个词的通俗理解，常常会忽视一项重要的信息：进化是关于群体所发生的变化，而不仅仅是讨论单独生物体的变化。当群体中某些拥有繁殖能力的个体变得更具适应力时，就更有可能存活下来，并繁殖出子孙后代。在随后的世世代代中，这样具有适应力的个体会越来越多，越来越普遍。如此来看，“进化”指的就是群体遗传结构之中的变化。由此产生的一个推论就是：群体的结构能令进化的发展轨道发生转向。

“结构”这个词用来形容一个群体，听起来未免有些抽象，但它的确有着重要的作用。为了解释清楚我对群体结构的理解，我需要用上化学和物理课堂中一些常见的说法，这些说法通常用于讨论物体状态随温度升高而发生变化的情况。

我们先从温度相对较低的状态谈起。固体状态下，存在密集排列的分子或原子，结构中的关系是固定的。温度升高之后的液体状态下，可以看到分子之间不断变化移动的关系。随着温度继续升高，物质转化为气态，而分子之间的关系也随之蒸发，集体中的各个分子到处扩散，向四处飞去。

我们可以将这一关于物质状态的思想记在心中，用来辅助理解群体结构。所有群体之中，我们最熟悉的，就是由人类个体组成的全体居民。群体当然也可以指鸟类、细胞、细菌和分子。实际上，由能够与其他事物发生互动的任何事物构成的某种形式的群落，无论是一群动物、一部躯体、生物膜、还是原生比萨，都可以被称为群体。现在，我们来探讨一下，应如何理解群体的不同状态。

在本书前几章中曾经提到过“均匀混合”的群体，可以将这类群体想象为气体状态。个体玩家的相遇是随机的，如同气体中的个体分子会以无秩序的方式相互碰撞。更精确地讲，数学家会说，在这样的群体之中，每一位玩家遇到其他任一玩家的可能性是相等的。在前面几章我们了解到，除非玩家拥有思考能力，也就是说，除非玩家有能力掌握直接互惠和间接互惠，否则在均匀混合群体之中，合作者永远会输给背叛者。

还有一种群体结构类型，就像液体一样，处于气体和固体两种极端状态之间。在下一章讲到集合博弈时，我们会详细讨论这种生物物质状态。极端状态中的一端，相当于固体状态。我们第 3 章讨论空间博弈时，曾遇到过玩家之间的关系处于固定状态的情况，可以借助这样的描述来理解这类群体：在这些博弈中，玩家之间的关系以地理位置为准，发生互动的玩家都是彼此相邻的。例如，在以采集狩猎为生的社会中，玩家的活动范围会以道路、河流和山峦为限。人们总是和临近的村落、聚居地等处建立联系。合作者可以群聚在一起，保卫自身免受背叛者的盘剥。在这样的群体中，合作与背叛的策略可以在紧张的僵局之下共存，而更加常见的，则是共存于兴衰轮回之中。

当然，在现代社会中，我们可以利用电话、电子邮件或互联网，与世界各地的玩家进行互动。由此组成的互动网络是零散、杂乱且无所不在的，大型跨国企业搭建起了海量的连接和关系，计算机网络也将令人眼花缭乱的互连互动播撒到了世界的各个角落。我们将其称为复杂分布式网络，而数学家一般会称之为“图”(graph)，其中涵盖了社会、交通、神经等各种各样的网络关系。图中的个体被称为顶点或节点。如果两个个体互相认识，那么在图上就可以用“边”连在一起。本章中，我们将讨论图上的游戏。

如今，我们每个人都置身于一张由家人、朋友、同事等构成的巨大、复杂、不断蔓延的网络之中。这样的一幅图将整个世界都包含在内。希望通过本章的介绍，能让读者了解到，我们的世界处于何等的相连相关之中；并且理解，为什么这样的相连相关如此重要。之后，我会建立起一个理论框架，对之前讨论空间博弈时遇到过的机制进行概念化处理；并揭示出，当我们参与到社会网络或更加广义的群体结构中来进行博弈时，合作是如何发展壮大的。

社会网络的前世今生

人们对社会网络的兴趣，早在几十年前就已经产生。匈牙利作家兼剧作家卡林西（Frigyes Karinthy）1929 年创作的短篇小说《链》（*Chains*）中就曾提到过，我们所有人都由共同熟人构成的链条连接在一起。但谈到对社会网络的科学研究，其早期成果中最著名的一项研究，当属美国社会心理学家斯坦利·米尔格拉姆（Stanley Milgram）于 20 世纪 60 年代在哈佛大学取得的成果。一项实验中，米尔格拉姆在内布拉斯加州奥马哈市随机挑选了 160 个人，给他们寄去包裹，请他们将这个包裹转寄给自己的某位朋友或熟人，而转寄的目的只有一个，那就是尽可能将包裹最终转达到目标人士——一位生活在马萨诸塞州波士顿的股票经纪人。最终的结论很有意思。美国有着上亿人口，而从实验中看出，将某人与任何其他人连接在一起，平均只要经过 6 人。由此便产生了一个为大众普遍接受的观点：**我们所有人都在六度分隔理论的指导下，彼此相连。**

米尔格拉姆最初的研究工作，因为存在几个问题而饱受争议，但他的理论依然拥有很高的影响力，而且其影响力不仅限于科学界，还推及到了文化层面。这一思想在约翰·格尔（John Guare）的同名剧作中有所体现，1993 年又被拍成电影，由好莱坞著名演员威尔·史密斯主演。2006 年推出了一部名为《六度》（*Six Degrees*）的电视剧，讲述了 6 位人物在这样的网络之中，各自走出自己的生活轨迹，却没有意识到彼此之间产生的影响。本书的另一位作者罗杰·海菲尔德，与赫特福德大学（University of Hertfordshire）的理查德·怀斯曼（Richard Wiseman），分别进行过相同的流行实验，结果进一步表明，我们的确共同生活在一个小小的世界中。

与此同时进行的另一批研究将重点落在了人与人连接的分隔度数量上。特别是一位数学家，在这一领域拥有着代表性的地位。他就是杰出的保罗·埃尔德什。埃尔德什1913年生于布达佩斯，年轻时就被反犹太主义势力驱逐出自己的祖国。他于1934年迁至英国曼彻斯特，同年获得了数学博士学位。自此之后，他便开始了与各地研究机构合作的工作生涯，一直到离开人世。他一辈子都生活在好奇心、咖啡和安非他命的驱动之下。

埃尔德什在多个领域均有建树，一生成果丰硕，共发表约 1500 篇论文。与他合作撰写论文的作者有 500 余人，其中包括阿尔弗雷德·莱利（Alfred Renyi）。莱利曾说过一句非常精彩而实事求是的名言："数学家就是一部将咖啡转化为定理的装置。"1959 年，他们通过随机放置节点之间的连接线，建立了一个模拟通信和生命科学的网络模型。这项工作与本章的讨论有着非常重要的关系。谈到网络，埃尔德什也曾提出过"埃尔德什数"这一思想，用来测量撰写论文过程中的"协作距离"。

数字越小，此人距离埃尔德什就越近。这就涉及了数学家之间的骄傲和自尊心问题。我们从代表他自身的数字 0 开始。合著作者的埃尔德什数是 1。与埃尔德什数为 1 的作者合著其他作品的作者，埃尔德什数为 2。以此类推，那么我的埃尔德什数就是 3。如果我的书籍作品也算到作品之中，那么罗杰·海菲尔德的埃尔德什数就是 4。如果在某人与伟大的埃尔德什之间不存在合著连接线，那么此人的埃尔德什数就为无穷大。我们可以对任何人进行类似的推算。其中一个非常著名的案例，就是凯文·贝肯六度分隔游戏（Six Degrees of Kevin Bacon）。而且还有人提出了埃尔德什-贝肯组合数字，用来在表面上毫无关系的数学界和演艺界之间搭建起联系的桥梁。

就在各路学者纷纷开始研究人与人互动过程中的分隔度时，一篇新颖的论文，将米尔格拉姆的观察结论放在了"小世界"的理论框架之中。哥伦比亚大学的邓肯·瓦茨（Duncan Watts）和康奈尔大学的史蒂芬·斯托加茨（Steven Strogatz）提出了一个网络的数学模型，其中每一个节点都与旁边的其他节点紧密相连，另外还存在一些长距离的连接关系。六度分隔理论适用于这样的网络，是因为每个小型朋友群体中，都有几个人有着更为宽广的人际联系，横跨地理和社会的限制。小世界存在于各种各样的环境之中：人际网络、电网、互联网、线虫大脑中的神经元等。

这类网络十分神奇，常常是无尺度的。美国西北大学网络科学中心主任，匈牙利人艾伯特–拉斯洛·巴拉巴西（Albert-László Barabási）曾对此特性予以强调和说明[①]。可以通过一次增加一个节点的方式，构建起这样的网络。新节点建立连接的对象，在更高的概率下，正是那些已经拥有许多连接的节点，这样一来，就出现了“富者愈富”的现象。这意味着，连接的分布近似于科学家所谓的“幂律”，其中一小部分节点接收到不成比例的巨大连接量，而余下的绝大部分节点则被忽略。网络之中存在为数不多的几处枢纽，这些枢纽节点与网络中的其他节点相比，有着多得多的连接线。由于网站连接量与其流行度、流量和搜索引擎排名有着十分紧密的关系，这些研究也体现出，**“胜者”会继续在网络中占据主宰地位（例如 Google 和 Amazon 等网站），而新进入者则会面临十分惨烈的竞争。这就是著名的“胜者通吃”理念。**

这一理论有着十分现实的意义。20 世纪 70 年代，罗伊·安德森和鲍勃·梅对异构群体中流行病传播进行的研究，证明病毒可以在这类网络中高效扩散。而且，这类网络在遭遇随机攻击时能够表现出健壮性，是因为攻击行为至多消除几处细枝末节的节点，而绝大多数这样的节点都是无关紧要的。出于同样的原因，有备而来的网络恐怖主义分子能通过攻击连接度最高的节点，形成大规模的破坏。只要消除网络中的几个枢纽节点，就会极大地阻碍网络中信息的传递，并致使整个网络迅速瘫痪。

如今，小世界理论依然是一个热门话题，很多人还在通过电子邮件和 Facebook 等社交网站进行相关实验。普通大众对这一思想也颇感兴趣。我们还能找到这样的应用软件，可以将某一网站中两位成员之间的分隔度计算出

① 具体观点请参见由巴拉巴西所著作品《爆发：大数据时代预见未来的新思维》，由湛庐文化策划，中国人民大学出版社出版；以及《链接：商业、科学与生活的新思维》，由湛庐文化策划，浙江人民出版社出版。——编者注

来。但是，在话题转向网络对合作的影响之前，不妨先看一看，为什么这个问题会与我们所有人有关。

朋友的朋友的朋友，也会影响到我们

人应当时常修整自己的友谊。

塞缪尔·约翰逊

我们明白，自己会受到由朋友和亲人组成的人际网的影响，知道他们会给予我们各种各样的东西，房产、生日礼物、感冒，等等。而有意思的是，证据显示，人际网络还能传递思想状态。哈佛大学医学院的尼古拉斯·克里斯塔基斯（Nicholas Christakis）和加州大学圣地亚哥分校的詹姆斯·富勒（James Fowler）[①]指出，我们会因为朋友的朋友的情绪，以及朋友的朋友的朋友的情绪而产生情绪波动。这些对我们产生影响的人，都远在几个分隔度之外，有些人从未与我们谋面，但他们的性情和行为会对外激起涟漪，并通过社会网络的中介，波及我们。

克里斯塔基斯和富勒发现，快乐的人总是会聚集在一起，不是因为他们被面带微笑的人所吸引，而是因为快乐会以某种方式在社会联系人之中逐渐扩散开来，无论人们选择朋友的取向如何。当某人处于快乐状态时，生活在距离此人 1 英里之内的一位友人，他同样处于快乐之中的机会就增加了 25%。而对于隔壁的邻居来说，快乐的概率则会增加 34%。

关于间接关系的研究，也得出了令人惊奇的结论。当某人处于快乐的情绪之中时，就增加了友人面带微笑的机会，友人的友人提升快乐指数的机会也会增加近 10%，而友人的友人的友人的快乐概率则会增加 6%。这就是快乐的三度影响。因此，你的行为和情绪，无论是忧郁还是欢快，都会影响到

① 尼古拉斯·克里斯塔基斯与詹姆斯·富勒的著作《大连接》已由湛庐文化策划，中国人民大学出版社出版。书中对他们的观点进行了更为详细的介绍。——编者注

你的朋友、你朋友的朋友，以及你朋友的朋友的朋友。克里斯塔基斯和富勒还曾做过实验，让一群陌生人在彼此之间随机互动。实验发现，利他、合作的行为，也会出现三度影响的传播。

三度之后，你的影响力就会从网络中消失。“虽然所有人之间存在的平均分隔度都为六度，但我们影响他人的能力，仅能推及到三度之内，”克里斯塔基斯讲道，“这是社会网络结构和功能之间的差异。”艾莉森·希尔（Alison Hill）和大卫·兰德对数据进行了研究，以确定快乐和抑郁的情绪是否会像传染病一样在人群中传播。结果发现，情绪的确可以传染。他们也发现了一个有趣的现象：快乐比抑郁更具有感染力。快乐“感染”的平均寿命周期在十年左右，而忧愁的感染期仅为五年。

克里斯塔基斯和富勒也发现，了解社会网络能帮助我们对现实世界中的疾病爆发进行制图分析。他们对我在本章开始时提到的“友谊悖论”进行了跟进：统计数据显示，某个普通人更有可能认识某位受欢迎的人士，只因为这位受欢迎人士拥有更多的朋友。而当他们监控季节性流感和H1N1猪流感在哈佛大学学生及其友人中的传播扩散时，发现交际更广人群的感染高峰期比其他学生提前了两周时间。

研究显示，通过对随机挑选的一群人的朋友进行研究，流行病学家可以分离出交际更广的受欢迎人士，从而更早捕捉到病毒的传播。与现有的监督方法相比，采用了这种方法，卫生机构就能提早几周时间确定流行病的爆发。在研究人员的不断探寻之下，出现了更多的证据可以证明，社会网络结构本身会对我们的生活产生深远的影响。

不断进化的网络

我最初会对网络产生兴趣，是因为我想要找到一种方法，揭示出网络对合作进化带来的影响。我的兴趣缘起于一项工作，这项工作主要研究人体组织的体系结构如何减少癌症的成型概率。第 7 章中曾对我的这项工作进行了介绍。研究过程中，我对一个更为宏大的问题产生了浓厚的兴趣：群体结构如何影响进化动态？于是，我开始就这一问题与埃雷兹·利伯曼和克里斯托夫·哈尔特（Christoph Hauert）共同展开研究。哈尔特是来自瑞士波恩的生物数学和计算机奇才，当时在我的团队工作，后来去了温哥华的不列颠哥伦比亚大学。我们的协作研究开创了一个名叫“进化图论”的新学科。

根据以上关于无尺度和随机网络的讨论，我们知道，“图”有着各种形式、形状和大小。有的图显示出常规的网状，其中的每一人都与邻居相连。有的图中，每一个人都与其他所有玩家相连。还有其他各种各样的网络，其结构处于上述两者之间，有的整齐有序，有的混乱无序，还有的介于秩序与混乱之间。那么，我们要怎样才能找到网络结构对合作造成的影响呢？

我们在进化图论领域的研究工作，从恒定选择开始着手。换句话说，我们对这样一个简单的情境进行了思考：假设有一个固定群体，向固定群体中注入一个单一的新型突变体，也就是现有固定个体的变种；这一新型突变体可能具有选择优势，能够以更快的速度进行繁殖；可能具有选择劣势，会以更缓慢的速度进行繁殖；也可能拥有同样的繁殖速度，而在这种情况下，此突变体就被称为“中立”突变体。我们想要找到一个简单问题的答案：突变体的后代占领整个群体的概率是多少？这一数字，就是新型突变体的固定概率。

我们可以在各类情况下问出这一问题。构成群体的个体可以是细胞。有些是正常细胞（被称为野生型），而其他则是可能导致癌症的突变体。同样的问题也适用于文化环境之中——如果你发起了一股风潮，那么其他人接纳这股风潮的机会有多大？虽然问题听起来有些不同，但基本的道理都一样。突变风潮——流行音乐、电视节目、时装等，不断繁殖并占领整个群体的概率是多少？

对于中立突变体来说，也就是原住细胞和新型突变细胞拥有同样适应性的情况下，这样的概率很容易计算出来。每一个细胞都拥有占领群体和在未来某个时间成为整个群体祖先的同样固定概率。因此，对于由 10 个细胞构成的群体来说，就存在十分之一的占领可能性。对于 100 个细胞来说，概率就是百分之一。以此类推，中立突变体的固定概率，就是群体规模的倒数。

如果突变体拥有选择优势（或劣势），就可以用一个数学公式来描述其在均匀混合群体中的固定概率。但我们想要了解的是，图的结构如何对固定概率产生影响。我们发现，许多图的动态都与均匀混合群体极为相似，换句话说，图并不会改变新型突变体的固定概率。请注意，均匀混合群体本身也被称为“完全图”（complete graph），其中每一位个体与其他任何个体都保持均等的连接。

但是在研究过程中，我们也发现了对选择起到放大作用和抑制作用的现象。起到放大作用的网络，能够增加优势突变体的固定概率，从而提升其占领整个群体的能力。同样，起到抑制作用的网络会降低优势突变体的固定概率。从这些图对自然选择的指导作用来看，它们拥有不同的内部结构。

放大型网络通常有着星状结构。万维网可以算是一个例子，其中存在着拥有高连接度的个体枢纽。这些枢纽是进化的热点所在。放大型网络的另一个例子中，包含漏斗状结构，其中一个节点与另外 3 个节点相连，之后再连到另外 9 个节点上，以此类推，直到整个结构收缩，回到最初的第一个节点。放大型网络也可以是由一个节点萌发出来的多个漏斗组成的，或形成花瓣细碎的雏菊一般的超级新星状结构。多漏斗和“超级新星”这样的结构，可谓是选择的超级放大器，基本上确保了任何有益突变体的地位。在这样的群体之中，好点子永远不会被遗忘。

另一方面，抑制型网络常常呈现层级组织结构。上游是小规模群体，下游是大规模群体，而上游群体正发挥了选择抑制器的作用。这样的群体之中，创新常常被忽略。举例来说，各类肌体组织中就能找到这类网络的身影。我在之前介绍干细胞、隐窝和癌症研究时，曾提到过，人体中的许多组织结构都会对选择起到抑制作用。单一干细胞分裂，制造出差异化的细胞，这些差异化细胞进一步分化，直到形成末端分化细胞，并最终死亡。所有细胞都是干细胞的子孙后代，但只有干细胞能制造出与自身同类的细胞。由此，我们就进化出来了一种肌体组织设计结构，能够在人类寿命允许的情况下，尽可能地抑制癌症、打击癌症。

放大型网络和抑制型网络，对未来“进化机器”的设计可能存在一些参考价值。许多科学领域已经在利用进化的思想。计算机的研究和设计就采纳了达尔文主义的进化理论，其中的“生物体”就是计算机编码的碎片，它们生活在计算机内部戒严的“自然保护区”内，为了内存（空间）和处理器电源（能量）而展开斗争。计算机科学家成功研制了进化软件，能逐渐进化并形成突变，从而高效地执行任务，或是不断提高机械臂或机器人的性能，而不需要设计师的介入。我的一位博士后学生，来自北京大学的冯复（Feng Fu），就是专门研究进化动力学和进化机器人学的。计算机和机器人的发展趋势，能够以生物界的历程为借鉴。我认为，具有选择能力的放大型网络和抑制型网络，可以在进化机器人学和仿生机器研究的美好新世界中找到用武之地。

管理者总是在不停地探寻最有效的公司组织结构。我们也可以问出这样的问题：什么样的网络更适合优秀理念的扩展？同理，围绕着星状或漏斗状结构、具有选择能力的放大型网络，能够提升来自任何个体的优秀思想传播，并确保这些思想能有效传达到整个组织。

网络结构对合作的影响

> 在我们审视自己的工作和生活时，会很快发现，几乎我们全部的行为和欲望，都与其他人的存在紧密相关。
>
> 爱因斯坦，《我的世界观》

到目前为止，我们已经了解了在个体拥有恒定适应度时，网络（图）所表现出来的效用。下一步，我们需要研究网络如何影响进化博弈的结果。其基本思想与空间博弈存在相似之处：个体与其邻居在网络中形成互动，并累计收益。收益越大，个体繁殖后代的机会或他人对其策略加以模仿的机会就越大。听起来十分简单，但“图中博弈”的计算工作却是难上加难。

我邀请了当时哈佛团队中的博士后大槻久参与了这个项目。我与大槻久的合作总是遵循同样的模式。这种模式既有效，又令人心安。第一天，我会与他共同讨论一个问题。第二天，他会回来说：“马丁，我有了初步结论。”有时，这些初步结论长达几页纸，上面满是工整的手写计算过程。虽然这些计算是铅笔在纸上完成的，但非常整洁，没有任何修正和圈点。

每次想到电影《莫扎特传》（*Amadeus*）中的场景，我总会这样问他：“这是原创吗？”他总是答道：“是原创。”之后我会问道：“你肯定这些结论的准确性吗？”而他也总是给我同样谦逊的答案：“不，不，只是初步结论。”第三天，他会回来告诉我：“马丁，我有了最终结论。”这句话的意思是说，他已经对结果进行了验算，没有发现错误。

但是，在思考图中博弈的过程中，大槻久博士（我总是这样称呼这位天才朋友）第二天却没有回来找我。他终于遇到了一个真正的挑战。当时，他为了一个无法立即解决的难题而埋头钻研。他需要用上许多不同的数学技巧，才能应对图中博弈的问题。总体估计，他需要用上几周的时间才能彻底解决。从大槻久博士极高的水平和标准来看，这样的难度是前所未有的。

与此同时，克里斯托夫·哈尔特采取更为直截了当的方法，利用计算速度超快的计算机模拟各种图中情形，解决了这一问题，并揭示出了十分有趣的现象。克里斯托夫和我专心致志地聆听着他这位二进制“朋友”述说的数字语言，我们利用计算机对各种结构的合作进化进行制图。其中包括环状结构，规律晶格结构，伟大的埃尔德什提出的随机图结构，随机规律图结构，以及无尺度网络结构。

我们以环状结构为例。图中的每一位个体都有两位邻居。而对于规律晶格结构来说，就要将其想象为棋盘，回到我们第 3 章介绍的内容上。当创建埃尔德什最初提出的随机图时，就要有一定数量的个体，并以给定的固定概率在个体之间进行一对一的连接。另一方面，随机规律图结构也是随机生成的结构，但其中要确保每一位个体都拥有同等数量的邻居（这里有些人工雕琢的痕迹，但可以简化计算过程）。最后，还有我之前介绍过的无尺度网络，其中有几位关联度很高的个体，而许多其他个体则只有一个或两个连接。

在结构型群体中进行进化博弈时，需要将更新规则具体化。更新规则就是决定个体如何改变策略的规则。不同的更新规则可以生成迥异的进化结果。我们的实验中利用了以下规则：随机选择一位个体，让它向邻居“学习”。于是，它看向所有的邻居，试着模仿其中一种策略，选择策略的可能性与回报成比例。换句话说，如果它的一位邻居拥有比其他邻居更高的回报，那么它模仿这位邻居策略的可能性就会更大。

在推行这一更新规则的数学王国之中，我们能够分别研究合作者与背叛者的进化过程。合作者为了让每一位邻居收到利益 b，就要付出成本 c。而背叛者不散播利益，也不付出成本。在许多轮的进化之中，我们研究了合作者与背叛者在群体中的充裕量。

我们将收益成本比 b／c 进行调整后发现，这个比值越高，合作者就会越来越充裕。存在一个关键的收益成本比，在这一点上，合作者与背叛者的充裕量相等。如果这一比例低于关键值，那么背叛者就占得上风。如果比例比关键值更高，那么合作者就赢得了胜利。

合作与网络结构之间存在着简单的关联。**总体来看，如果每位个体的邻居数量少一些，就会对合作者更加有利。**平均邻居数量被称为“图的度数”（degree of the graph）k。举例来说，环形图的度数为2，因为每位个体都有两位邻居。计算机模拟过程显示，下面这条简单的规则支配了所有类型的网络：如果收益成本比大于度数，那么合作者就比背叛者更加充裕。如此优雅而简洁的原则的存在，令我们既震惊又激动。

我们与大槻久讨论，是否可以在这一基于数值模拟的推论基础上，生成数学验证。从他的标准来看，这一工作花费了大量的时间。但他终于还是取得了成功。他验证了这一推论的有效性，确信这一推论的真实性。我为此感到十分惊喜。当 $b/c > k$ 时，合作者数量将超过背叛者。如此简单的规则竟然真实有效，令我们无比兴奋。而同样让人想不通的是，在此之前，这样的规则竟从未被人发现。

本章开始时曾经讲到，在均匀混杂的群体中，只要合作者与背叛者相遇，那么背叛者总是会击败合作者。但在图中，当合作者聚集在一起，形成小团体时，就能保护合作的发展延续。从大槻久的规则中我们可以看出，如果每一位个体都仅与几位邻居相连，那么就比较容易形成合作的小团体。邻居数量 k 越小，就意味着使合作发展延续下去所需要的收益成本比越低。

更新规则十分重要，因为其中规定了玩家之间如何向对方学习。存在许多貌似合理的更新规则，而任何给定的群体结构，只能支持某种更新规则之下的合作进化，却不适合其他类型的更新规则。如果更新规则属于外向型，那么只要问出以下的问题，合作就会产生：我的哪位朋友状态不错？他是合作者还是背叛者？如果是前者，那么合作就应运而生。但是，如果更新规则属于内向型，有着下面的思考过程，那么合作就无法得到繁荣发展：我将自己与一位朋友进行对比，如果我做得更好，那么我就继续坚持自己的策略；如果我的朋友做得更好，那么我就采纳他的策略。

产生差异的原因，与本章之初提到的例子存在相似之处。假设我们采用的是外向的更新策略。我想要向那些时髦的朋友学习，无论是学习他们的穿着打扮，还是学习他们欣赏的音乐类型。我留心他们的喜好，然后购买同样的衣服，下载同样的乐曲，这就引发了合作。现在，我们再采用一种目光短浅、以自我为中心的更新规则。我至今取得成功的原因是什么？就是因为选择了这些衣服和乐曲。所以我决定，无论如何都要继续这样的策略。这样的更新规则无可避免地会对网络中的合作造成损害。

广义来看，这一研究工作激发出了一种有趣的思想：社会网络中的某些结构能比其他结构更有效地促进合作行为的产生，特别是在玩家之间关联度较低时。我们可以很容易在现实生活中看到种种案例。图中博弈的研究工作共有 4 人参加。此时，我们的工作动机形成了紧密的彼此关联。而如果有 40 人参加，那么这 40 人的整体工作安排与成果就会更加难于管理，每个人也会缺乏自发性和主动性。商业组织可以利用这类分析思想，规划出完美团队的理想规模，并同时参考前人的研究成果，譬如针对新人与老手数量平衡关系的研究等。这样，我们就能设计出公司机构中最优化、最适应合作发展的结构。

日常生活中充满了各种图中博弈的案例。就算我们交际面很广，也只能有少数几位亲密的朋友。这些亲密的朋友，才是我们非常信任、愿意与他们进行合作互动的人（比如共同入住度假别墅、共同撰写一本著作等）。这样一个由亲密友人构成的网络，即使是缺乏直接和间接互惠等有条件策略，也可以继续促进合作的发展。但是，当互惠的效用与亲密友人网络结构叠加在一起时，就会产生协同作用，远远超越智慧玩家在均匀混合群体中所能取得的最佳成绩。

如果 $b/c > k$，那么合作者数量就会超过背叛者数量。这条规则同样显示出，你的朋友越少，你的命运就紧密地与他们相连。我们只听说过三剑客，没有三十剑客的说法。有著名的“狼牙山五壮士”，却不存在五十壮士的故事。在神秘的数学世界中，我们解释了“友谊”这一人性化而温暖的主题。同样，数学也能用来精确地讲述我们所有人都切身体会过的人与人之间的合作。世事艰难，而最有可能为你伸出援手的，不外乎那些你最最亲近的人。

SUPER COOPERATORS

Altruism, Evolution, and Why We Need Each Other to Succeed

第13章

集合数量越多，越有利于合作

数学天才科琳娜·塔尼塔用数学公式告诉我们：集合数量越多，越有利于合作。只要流动性大小合适，合作者就有机会在一起共处足够长的时间，从而形成互惠；或者，合作者有更多的机会逃脱，远离试图盘剥他们的背叛者。

你知道什么不重要，关键是你认识谁。

谚语

美国喜剧演员格鲁乔·马克思（Groucho Marx）曾给比佛利山的修士俱乐部（Friars Club）发过一段电报，里面写道：请接受我的辞呈，我不愿加入任何愿意接受我这样的人为会员的俱乐部。事实上，我们所有人都身处俱乐部之中。就连格鲁乔也不例外。这个社会本身，就是由各式各样的俱乐部构成的一张巨大而不断向外蔓延的多维网络。这些俱乐部不局限于形式，不用你系上某种特殊样式的领带。它们可以凭借忠诚和拥护来维护组织，也可以建立在友谊的基础之上，或者，就是基于一群拥有共同利益的人。同一组织之中的两个人，有很多机会可以发展出友谊关系，并在双方的社会网络之间建立起共同的联系。

也许，新的联系可以追溯到过去，两人都曾是某个“俱乐部”的“会员”。也许，你以前上幼儿园、小学或大学的时候，就遇到过这个人。也许，你们二人有过一段共同的成长经历。也许，你们曾一起庆祝过某个球队胜利。也许，你们都是灾难幸存者，侥幸战胜了病魔，在车祸中死里逃生，或是躲过了一场炸弹袭击。

也许，你们之间的联系是当下产生的。你们支持同一支板球队；你们都喜欢闻大陆咖喱那种能辣出眼泪的味道；你们生存在同样的环境中，比如都从事某一种工作；或者你们都非常有钱，就像很久以前一位穷困潦倒的奥地利喜剧演员所说的那样，为什么百万富翁只邀请其他百万富翁共进晚餐？

我们更容易与同一个圈子之中的人成为朋友，无论是上过同一所大学，支持同一支棒球队，还是送孩子上同一所学校，等等。如果你遇到了一位同时与你有几个共同点的人（波士顿红袜队粉丝，重金属音乐迷，现代装饰艺术爱好者），那么一定会跟他有种似曾相识、相见恨晚的感觉。

在交朋友、谈恋爱的过程中，发现彼此之间的共同点，也能给人带来兴奋和感动。有些情况下，即使我们与某人完全没有任何共同点，但只要我们欣赏此人，就会愿意加入他的“追随者”俱乐部，无论是改变我们的发型，还是支持另一支足球队，只要能让自己融入此人的周围环境，任何事情都可以。毕竟，我们都愿意与有意思、有能力的人为伴，我们都希望走在时代的前沿，我们都想要被分到“聪明人”那一群之中。

我们的品味和兴趣总是在不断变化之中，因此，我们的联络网也是复杂多变，一直处于持续的不稳定状态。当你离开这个“俱乐部”的时候，你社会网络中的某一环节就可能会中断。此处的俱乐部，可以是某个工作场合、某个犹太集会，或者某条街道。也许，你决定支持另一支橄榄球队。也许，一位朋友把积蓄输了个精光，不得不变卖房产，搬到更加廉价的居民区。也许，你的伴侣遇到了另外一个更加诙谐机智、富有魅力的人。

我们所拥有的各类集合的会员资格，以及无数的社会网络，是如何对合作形成影响的呢？如果我与你在几个社会集合中都能相遇，那么我们就有更多互动的机会。但互动到何种程度，我才会开始产生更多的合作倾向呢？如果我加入更多的集合，并将时间均摊到所有集合中，是否会有帮助呢？如果我加入更小规模的集合，在小规模环境中与他人相遇，是否会有帮助呢？

我打算从进化思维的视角，来思考这一基本问题。如此，就形成了进化集合理论（Evolutionary Set Theory）。于是，关键的问题就变成了：在以集合为单位的群体中，我们如何去理解群体的进化动力学？

早期的图论研究成果假设了静态的群体结构。我们已知，人们会在各个集合中不断移动，而进化集合理论有能力捕捉到这种流动和变化所带来的影响。这样的思路可以为我们提供强大的洞察力。

同属多个集合的人更容易合作

没有人是一座孤岛。

英国诗人　约翰·多恩

对上述问题的第一份答卷，来自于科琳娜·塔尼塔。科琳娜是一位富有艺术气质的数学家，对我们所生活的这个世界抱有真诚的兴趣和探索欲。人们通常会带有成见的认为，数学家都是不善交际的书呆子，而她则是一个活生生的反例。人们也会认为，数学领域最优秀的学者，都是年轻而富有激情的，而她的存在也恰恰印证了这一点。一开始，她从纯数学研究起步，对深奥的数学理论进行钻研，并找到了对这些理论的新鲜的数学理解。其研究的动力源于这些数学理论从美学角度来看所拥有的丰富美感，并不是因为其中存在实际应用价值。她热情投入到集合领域的研究工作，在数学的柏拉图世界与人类社会的生动结构之间建起了一座桥梁。

科琳娜生于罗马尼亚西南部的克拉约瓦城。从小，她就接受了各种测试和挑战。她的母亲是一位物理与材料学教授。从她三岁开始，母亲就为她准备了一个又一个谜题。“每道题都与数学有关。”科琳娜回忆道。

科琳娜是个神童，从 12 岁开始参加全国数学奥赛。许多参赛者都觉得数学奥赛难于登天，但科琳娜却觉得“很好玩”。连续三年，她都在强手如云的激烈竞争中，夺取了国家比赛的第一名。18 岁那年，这位奥赛冠军写完了自己第一本数学著作，开始帮助师弟师妹们来应对这场严酷的智力大比拼。

同年，科琳娜被哈佛大学数学系录取。能得到在哈佛大学求学的机会，本身就是一个令人瞩目的成果。而且，哈佛大学的数学系也拥有全世界的顶尖水平，是智者和著名数学家云集的地方。其中一位学者是丘成桐（Shing-Tung Yau）博士，他曾经读过科琳娜的本科毕业论文。丘博士成长于香港附近的贫困郊区，后来成为菲尔兹奖（Fields）[①] 获得者。他发明的“卡拉比-丘”流形（Calabi-Yau manifolds）这种数学结构，对弦论非常重要。在他的祖国中国，他被誉为“数学界的凯撒大帝”。

哈佛数学系充满了令人激动而富有挑战的氛围，也有许多让人意想不到的规则。本科生毕业后，一般会被学校“驱逐”到其他大学继续深造。就连数学系的副教授也不能直接在本校升级成为正教授，同样要被“赶走”。哈佛大学的目标，一直是保持各学科的血管中能有新鲜的知识血液，从而保证新思想的稳定输入。

然而在科琳娜本科毕业时，哈佛却没有沿用这条规则。科琳娜在乔·哈里斯（Joe Harris）这位伟大的代数几何学家的指导之下，完成了本科毕业论文。哈里斯劝说她留在哈佛，并邀请她加入自己的团队。于是，科琳娜开始介入哈里斯的研究领域。“代数几何学”，顾名思义，就是将抽象的代数与几何问题相结合而形成的一门学科。在这一领域进行研究，只要有一个聪明的大脑，再加上一支笔一张纸就够了。就像数学的许多领域一样，入门往往是需要投入很多努力的。

① 菲尔兹奖，被誉为数学界的诺贝尔奖。

命运总是在不经意时发生转弯。科琳娜是这样在命运的引领下，走进我的世界的：一天，她在图书馆浏览数学方面的书籍，无意间看到了《进化动力学》。打开我的这本著作看了几页之后，她渐渐产生了兴趣。科琳娜在史蒂芬·平克的讲座中了解过进化生物学，但却是头一次发现这种用数学形式表达进化思想的方式。我和科琳娜第一次见面时，发现她既具有过人的数学天赋，又对生物学充满兴趣。这样的组合，真是难能可贵。

她决定从纯数学理论的象牙塔顶端走下来，深入复杂繁乱的生物学丛林。一开始，我建议她先和团队中其他成员多聊聊，以便掌握我们所使用的工具和技能。所有的科学领域都一样，都有自身独特的习惯、仪规和技能。于是，她用了整整 3 个小时，对大槻久进行了“审问”。大槻久的专长之一，就是用激光束一样精准的语言来表达复杂的思想，他非常高兴能有机会做科琳娜的“老师”。3 个小时的长篇大论之后，大槻久请科琳娜第二天再来一趟，继续听他讲解。大槻久希望这位新成员能掌握他所知道的所有知识。科琳娜也和我们的匈牙利物理奇才蒂伯·安塔尔在一起讨论了很长时间。

她在动手尝试解决问题之前，总是要尽量多地吸收所有一切有价值的信息。这一点似乎是非常女性化的策略，让我觉得很有意思。男性的傲慢和自大总是让人想要先去解决问题，之后再提出问题。科琳娜和团队成员激烈讨论了一段时间之后，终于认为自己找到了兴趣点。于是，她拒绝了纽约一家对冲基金给出的丰厚待遇，告诉我，她愿意加入我的团队。我们之间的合作关系就这样确定了下来。

她加入的时机非常合适。她说，自己想要着手解决“宏大的问题”，碰巧我手头有适合她的任务。几周之前，我脑海中突然闪现出一个抽象的图像，并为这样的想法而激动万分。这个图像是一些彼此交叉的椭圆曲线，周围散布着许多点。我意识到，在这样一幅图像中，一定存在着一种思考群体结构和进化的全新方式。

以这种新方式进行群体建模，可以准确地描述单一个体与许多其他个体交流过程中所出现的流动式互动。而且，这种新方式也非常适用于对动物群落进行研究，比如猿类和黑猩猩群落的啄序研究以及人类社会的研究。通过这种方法，这个星球上生活的70亿人都能归属到各个集合之中。我决定，将这种新方法命名为“进化集合理论”。

但我遇到了一个麻烦：几天之后，我忘记了自己当初想出来的解决问题的具体方法和细节。我虽然清楚地记得自己想到解决办法之时的激动和欣喜，但却怎么也想不起来究竟为什么那么高兴。我焦急地翻看着笔记本，可在这个问题上，我只字未写。我担心自己找不回来这个小小的创意火花（科学界的许多人都遇到过同样的问题）。于是我决定，在想起这个解决办法之前，什么都不做。我坐了下来，努力挖掘记忆深处的细节。进化集合理论的概要就在那里。这一研究领域是为了解决一个简单的问题：如果群体中的各个成员分属于不同的集合，那么我们应该如何对进化动力学进行研究？

我们都属于各种各样的俱乐部、集合与团体。比如在英国，记者可以在《每日电讯报》工作，也可以在《泰晤士报》或《独立报》工作；既可以为《每日电讯报》撰稿，又可以同时属于一个科普著作的作者团体。或者与邻居属于同住一条街的集合，或者属于树莓果冻爱好者集合，或者属于不喜欢橘子果酱的人群集合。从工作场所到健身房，每个人都同时归属多个集合，这就令人们之间的相处更为复杂，也增加了人们选择集合归属的决策难度。

人类社会的结构可以通过“集合成员制”进行描述。你更有可能与同属一个集合的人相遇并发生互动。如果你与某人同属多个集合，那么就更容易与此人发生互动，并和他拥有共同的兴趣。以此为基础，我们就能更好地去了解人们如何相遇、为何合作。

在囚徒困境等博弈之中，采取“集合成员制”的思路，会如何影响玩家之间的连续相遇呢？玩家与同属某一集合的其他人发生互动。为了让博弈更富真实性，就必须令集合成员制保持在流动状态，要像真实生活中一样不断变化更新。由此，如果你决定支持一个新的足球队，你就会发现，你的友人集合相应地发生了变化，出现了更多这支足球队的支持者。如果你加入了一家新的网球俱乐部或换了工作，你也会开始和一群全新的人展开交流。

上一章讲到的进化图论，是针对群体网络的瞬间状态的，研究了给定的固定群体结构如何影响进化的结果。我们在第 3 章中讲到的空间博弈也是同样的道理。在本章讲述的新理论中，集合成员制意味着任一给定时刻都存在一个网络，而随着人们兴趣和态度的变化在集合之间形成移动，这个网络也会发生变化。图是固定的；相比之下，进化集合理论是流动的，就像人类的关系一样，因为人性的存在，而在许多影响力的作用下兴衰起伏。

其中最强大的一个人性特点就是向成功人士学习的渴望。我们想要模仿成功人士的行为、穿他们穿的衣服，并加入他们所在的俱乐部。这样的例子有很多。如果其他研究人员看到科琳娜的工作成果，认为这项研究十分新颖，那么他们就有可能想要进入这一领域，甚至加入我们的团队。最重要的思想就是，以集合为基础的博弈概念可以很自然地引导出动态、变化的图。如果我们能用数学语言对其进行描述，就能详细绘制出这样的图——图中的互动随时间发展而变化。

从这个角度看待群体还有另一个优势。虽然网络能捕捉人与人关系中的某些方面，但集合却能捕捉到更多信息。这一点很好理解：当我与某一社会网络中的两个人建立联系的时候，我并不一定知道这两人之间是否也有直接联系。但如果我在同一个集合中遇到另外两个人，那么我们就都知道，我们三人共同属于该集合。集合成员制令人们之间的共同兴趣成为公开的信息，就像画廊的赞助者名单，或 Twitter 中的散列标签一样。

对人们归属的集合进化过程进行制图，科琳娜这位年轻的数学家对这件事产生了浓厚的兴趣。她的研究领域十分多元，囊括了代数几何学、数论、理论计算机科学、认知心理学和行为经济学，等等。而她个人的爱好也十分广泛，从跑车到音乐再到与人攀谈，几乎无所不包。她认为，自己可以运用自身的数学能力去理解这个活生生的复杂世界。科琳娜迫不及待地想要迎接挑战，准备向这一令常人却步的艰深问题发起进攻。

虽然她早已习惯用纸笔来辅助思考和研究，但最后还是决定使用数学软件，以便提高工作效率，并能更加方便地与他人分享自己的想法。只用了几天时间，她就掌握了所需要的编程技巧。在她正式着手工作之前，又与人们展开了新一轮的讨论。在帮助科琳娜准备第一次“袭击”的过程中，蒂伯发挥了关键的作用。经过反复思考和讨论，她宣布，这个问题可以用解析的方法得到解答。我对此持怀疑态度。但同时我意识到，经验不足也有好处。初生牛犊不怕虎，究竟是勇敢还是鲁莽，还要依最终的结果而定。

几周之后，并没有明确的结论得出。她遇到了一个又一个难题。有时，科琳娜似乎就要取得重要进展，但随后，一旦攀登到了一座山峰的顶端，她就会发现，自己不过是站在另一座更高山峰的山腰处。在数学领域，这样的现象常常意味着某一知识诉求的终结，意味着走上了死路，不得不在一片寒冷之中，带着沮丧和失落的心情下山回到大本营。看到科琳娜有些踌躇，我开始担心起来。

一时间，她似乎完全丧失了取得突破的可能性。在科琳娜的支持者中，一直有大槻久的身影。但他却在此时决定离开我们的团队，和妻子亚纪子回到老家日本。大槻久的离开令我们所有人都感到无比失落。他的分析能力和思维清晰程度无人能及。他就是我们攀登最高峰的向导。他离开后，我们需要寻找另一位指路的向导。当科琳娜被困在自己这座陡峭的计算之峰的山脚下时，蒂伯·安塔尔接过了大槻久的火炬，帮助她努力攀登到下一个巅峰。两人一起规划出了最佳路线，并找到了攀登数学之巅的鞋底钉、绳索和冰镐等工具。

几年前，蒂伯加入了我们的团队。那时，他时常来参加我们的研讨会，总是能问出最优秀的问题。这是一个很好的现象。我第一次遇见他时，蒂伯还在波士顿大学工作。波士顿大学就位于查尔斯河（Charles River）对岸的联邦大道（Commonwealth Avenue）。他非常希望能加入我们的团队，我也非常高兴能将他收入麾下。而且，他还有着令人耳目一新的生活态度。他是个懂得生活的人，爱好爵士乐和啤酒，总是拉着我们去各种音乐会和酒吧。

同时，蒂伯还对各种问题抱有强烈的兴趣。他在解决问题时，会依循另一种不同的传统。他所采取的方法是典型的物理学家思路，而非数学家思路。物理学家之所以能解开数学家解不开的问题，是因为他们能接受近似结论。他们不会在追求最优的过程中摒弃次优的事物。我的导师鲍勃·梅就是这一实用主义方法的以身作则的实践者。但是，虽然这一策略能得出结论，但却有可能招来纯粹主义者的质疑。数学家渴望获得精确。伟大的哈佛数论学家理查德·泰勒（Richard Taylor）曾经问过我这样一个问题："对于这一结论，你掌握了数学证据还是物理学家似然性的论证？"我十分欣赏泰勒问问题的方式，于是立刻答道："只有物理学家似然性的论证。"以免让自己陷入麻烦。

为了帮助科琳娜，蒂伯带来了一些实用的数学"登山器具"，这些工具是之前研究"表型空间"(phenotype space)博弈时开发的。在表型空间博弈中，玩家会根据对方的熟悉或陌生程度而采取不同的行为。在研究过程中，可以说，蒂伯的性格与他的数学能力同样重要。他一直不断地对科琳娜重复同样的建议："不要放弃，坚持下去！"科琳娜照做了。于是，终于有一天，巅峰的轮廓似乎出现在了视野之中。

长达4个月的攀登过程，在无数挫折的磨砺中，科琳娜终于攻下了进化集合的问题。她写出了一个公式。与 $E = mc^2$ 或"如果 $b/c>k$，那么合作得以发展”之类的公式不同，这个公式结构并不简单，甚至是由符号组成的森林。但她坚持说，这个长达几页纸的庞然大物，就是问题的精确结论。这是一个数学家的公式，而非物理学家的近似结论。我很希望这个公式是正确的，但当时心里不免有些怀疑的情绪。

我决定用计算机模拟来验证这个结论。虽然我写的这个程序很有效率，但还是要开着计算机整夜进行计算。第二天早上，结果得出来了。她的公式和数据间呈现出完美的匹配。在复杂的生物学问题中，我从来没见过计算过程中如此精确的协调一致。科琳娜的公式的确能给出精确的答案。她切切实实地攻克了这个问题，取得了一场完胜。

流动性是合作的关键

站在这座数学成就的巅峰上，我们可以信心十足地俯视进化动力学。针对以集合为单位的群体，我们能揭示出自然选择偏好合作而非背叛的具体情况。从科琳娜的研究成果中得出的一个简单结论就是：**集合的数量越多，就越有利于合作。这是因为，当集合的数量较多时，合作者就有更多的机会逃脱，远离试图盘剥他们的背叛者，加入没有麻烦的集合。**

这一数学模型也为合作进化的研究提供了一个强大的引擎。个体只有在相互之间共处多个集合的情况下，才会开始互动。举例来说，当我发现同属于一个网球俱乐部的某人，也是理论生物学的研究学者时，我就更有可能与她产生协作。同样，两个人如果仅仅同是民主党人，或同去一家超市购物，或同住在一个小区，力度就是不足够的。为了找到合理的合作机会，我们两人得是住在同一小区、去同一家超市购物的民主党人。对合作者的“挑剔”能极大地提升成功的概率。由此可见，**集合是促进合作进化的最具潜力的结构。**

科琳娜的等式作出了令人惊叹的预测。从公式中可以看出，存在一个流动性的最适宜水平（流动性在这里是指，人们在不同的集合间移动、探索新集合的速度）。如果流动性太低，那么整个群体就太过静态，为背叛者盘剥合作者提供了机会，因此也不利于合作。如果流动性太高，那么能够促进相互帮助的“合作者的友谊”就不会保持很长时间。合作的沃土，存在于这两种极端情况之间。

有了适当的流动性，合作者就有机会在一处停留足够的时间，从而形成互惠，也可以通过集结成新的集合来逃脱背叛行为。这一过程可以由自然选择做指导：如果几位合作者找到一处没有背叛者的新集合，就会在其中表现良好，吸引更多的合作者。只有过了一段时间，其中的某人才有可能转变为背叛者，并由此破坏集合中的“幸福生活”。之后，集合中的合作者再去寻找新的集合。由于有背叛者的集合不容易吸引新成员，因此随着时间的发展，这些集合的人数就会越来越少，最终空无一人。

合作困境

在本章和之前几章中，我们了解到了群体结构促进合作进化的不同方式。我们知道了在空间博弈、图中博弈和集合博弈中，以及在个体之间以及团体之间存在竞争的情况下（所谓的多层选择），背叛的黑暗力量如何遭遇对抗。对于这些表面看来完全不同的合作方法来说，是否存在一个对所有方法予以支持的深层理念？是否存在一个简单的规则，能支配所有这些情况呢？令人惊叹的是，的确存在这样的理念与规则。

为了更好地理解这一简单的规则，我们不妨退后一步，再对一个基础博弈进行思考。这场博弈发生在两人之间，每个人都可以选择两种行为之中的一种。我们用回报的形式来区分这些合作者与背叛者：R 表示相互合作的奖励；P 表示相互背叛的惩罚；S 表示遭遇背叛的损失；T 表示背叛得到的收获。

我们对这些回报进行了处理，T>R，R>P，P>S，这样一来，我们就得到了囚徒困境。我在困境一章的开头处曾讲过，正是这样的回报先后顺序使得我们遇到了难度最大的合作困境。

总体来看，合作困境的形成机制中，R 是大于 P 的。换句话说，相互合作强于相互背叛。同时，还要有下列背叛动机中的一个：T>R；P>S；或 T>S。当 T>R 时，就意味着，如果对方合作，那么我最好背叛；P>S 则意味着如果对方背叛，那么我最好也背叛；T>S 意味着，在由一位合作者和一位背叛者组成的博弈中，我最好做那个背叛者。如果上述 3 项动机无一成立，那么这场博弈就不是合作困境。在这种情况下，“合作”就是最明智的选择，不言自明。

蒂伯·安塔尔在探索合作困境的过程中，得出了一个优雅的结论。假设有一个均匀混合的群体，其中每一位玩家与其他任何一位玩家发生互动的可能性都是相等的。个体参与游戏，累计回报，并愿意去模仿其他成功玩家的策略。这样来看，在这两个策略之间就存在自然选择，而选择结果将与策略的回报成比例。但在两个策略中加入突变的因素之后，就意味着人们有时会随机地从合作转为背叛。蒂伯证明，如果 R＋S>T＋P，那么平均来看，合作者的数量就会比背叛者更为充裕。

这一条件向我们透露了什么信息？如果合作者遇到另一位合作者或背叛者的可能性相等，那么 R＋S 就是合作者获得的平均回报。同样，如果背叛者遇到另一位背叛者或合作者的可能性相等，那么 T＋P 就是背叛者获得的平均回报。（两种情况中，我们都消掉了等式两边的因数 1/2。）“R＋S>T＋P”这个条件意味着，合作者的平均回报大于背叛者的平均回报。在囚徒困境中，这个不等式是不成立的。在均匀混合的群体中，如果所有玩家都陷入这一类困境，那么合作者的成绩就永远会比背叛者差。但对于其他合作类型的困境来说，该条件就是适用的。此时，即使玩家存在于均匀混合的群体中，采取合作态度也有可能获得收益。

结构性群体能否进化出合作，“Σ”说了算

蒂伯·安塔尔的优雅结论，适用于均匀混合的群体，其中，任意两个个体相遇的机会都均等。我们是否能找到适用于结构性群体的相似结论呢？请记住，结构性群体有着无穷无尽的形态，均匀混合群体不过是其中的一种，而且是非常特殊的特例。如果能对所有的结构性群体给出统一的结论，虽然难度很大，但却会十分有意义。

多年以来，我收获的一些结论和心得总让人认为，取得这样的重要成就是有可能的。我发现，对于许多不同的模型来说，自然选择是倾向于合作者还是背叛者，这个问题可以通过蒂伯公式的简单变体予以回答。这一变体十分简单，因为只需要加上一个叫做“结构系数”的单一参数即可。我将该系数称为“Σ”(sigma)。

该系数指出了相似玩家相遇的相对概率，换句话说，也就是合作者与其他合作者结成团队、背叛者与其他背叛者合伙的相对概率。合作者的平均回报是 $\Sigma \times R + S$。同样，背叛者的平均回报就是 $T + \Sigma \times P$。如果合作者的平均回报大于背叛者的平均回报，那么合作者数量就有可能比背叛者更充裕。因此，合作者是否能取得针对背叛者的胜利，不仅取决于回报值（R、S、T、P），而且也取决于 Σ 的值。如果 $\Sigma > 1$，那么合作者甚至有可能赢得囚徒困境。

我发现，虽然我们研究过的模型非常艰深，但每一个都可以简化成为这样的线性不等式。这意味着，每种群体结构，无论多么复杂，都可以找到 Σ 参数的值。而计算这一结构系数 Σ 也就成为了任一给定模型的真正关键所在。当科琳娜“解决”了以集合为单位进行博弈的问题时，她实际上就是找到了计算集合 Σ 的方法。

这一参数的作用很好理解。如果Σ>1，那么同类型的个体就会产生互动，也就形成了我们所谓的正分类或集合。如果Σ<1，那么对抗策略就会更加频繁地发生互动，于是产生负分类。对于均匀混合的群体来说，Σ=1。因此，如果我们希望合作者在囚徒困境中发展壮大，那么我们就需要正分类，需要Σ>1。科琳娜将这一作用称为**“神圣的以牙还牙”——如果你是一名合作者，就会发现周围全是合作者，反之亦然。换种说法就是，种瓜得瓜，种豆得豆。**

多年以来，我收集了许多这样的Σ值，就像一位自然学家收集甲虫标本一样，从小到大，从棕色的到荧光色的。我与科琳娜讨论这些花样繁多的标本时，她想到，是否可以找到一个数学证据，证实每一个群体结构都能得出一个带有单一结构系数的简单数学表达式。一段时间之后，她果然取得了这一成就。她找到的证据令人惊叹。就算对于一位饱经风霜的数学家来说，拿下“每一个群体结构”，也相当于征服一片巨大山脉中的每一座顶峰。

借助于社会关系的思路，我们得出了这样一个结论。在不断进化的群体中，当Σ<1时，合作会逐渐凋零、枯萎，并最终消亡。同样，当Σ>1时，合作则会生根发芽，茁壮成长。科琳娜的定理对于地球、银河系以及整个宇宙中的任一进化过程均适用。这一定理，可应用于宇宙中的每一场博弈。

SUPER COOPERATORS

Altruism, Evolution, and Why We Need Each Other to Succeed

结语

合作引领我们走出“困境”

我们人类是超级合作者，只有我们才能使用全部的5大合作机制。而另一方面，智慧生命也是脆弱的，因为他们已经具备了自我毁灭的能力。面对气候变化等全球性社会问题的挑战，我们只有通力合作才能拯救我们的家园。

我知道这块大地上的每一个角落
永远会在太阳自地平线升起时
拥抱无限的光芒　与蔚蓝的天空！
直到永远……永远……

奥地利作曲家 马勒，《大地之歌》

“想象一部能反映整个世界的宏大作品。”古斯塔夫·马勒（Gustav Mahler）用这样一句富有感召力的话，总结了他创造新型音乐的雄心壮志。这位奥地利作曲家想要创作出拥有非凡规模和量级的交响乐，让这种具有巨大感召力的音乐，能将从虚空中创造出宇宙的根本力量召唤出来。马勒将言语付诸行动，他的乐曲的确雄壮得令人窒息。这些音乐是关于生命、死亡、爱和救赎的。这些音乐也是对人类生存状况的概括性陈述，从最高亢、最光辉的荣誉，到最低靡、最黑暗的荒谬。

马勒将自己一生的悲欢离合，和自身的希望与恐惧，共同融入了不朽的交响乐作品。他利用音乐来反映原生的创世一刻，也包括进化本身的基本力量。他希望以某种方式，令自己成为一部由整个宇宙所弹奏的乐器。我在他的音乐中，在那宏大而无所不包的抱负中，找到了巨大而持久的灵感。

在马勒所有的作品中，最令人有所触动的一部，就是《第八交响曲》

（*Symphony No. 8*）。这部作品是马勒献给妻子阿尔玛的。乐曲以和谐作为主线，歌颂了爱的救赎力。首映式于 1910 年 9 月 12 日在慕尼黑上演，表演团队包括由 850 人组成的合唱团和 171 人组成的交响乐团。为了体现出这次演奏的规模，马勒的演出代理将其命名为“千人交响乐”。直到今天，由于这一作品的表演需要大量的后勤和运筹支持，所以它依然远离常规音乐会的曲单。每次上演《第八交响乐》，都会成为音乐界的重大事件。在千名音乐家同时通过表演来探索创造性与合作的复杂性、强度和快感时，可谓也是对创造性与合作的巨大献礼。这部伟大交响乐第一部分的主题十分恰当——“造物神灵降临”，第二部分是对歌德作品《浮士德》的赞颂。

过去几十年中，我一直徜徉于浩瀚广袤的科学大千世界，寻找我心目中最重要的生物学创造力，也就是我们所知的合作。合作体现在人类社会的每个层次中，从火车站整齐有序的排队，到超级杯摇滚音乐会的组织。我们形成合作的能力与程度，使得我们与其他类型的生物区别开来。这也是人类能在地球几乎每一个生态系统中维持生存的原因，而且，人类也已经开始探索地球之外的生存环境。然而，这又引发出我在前面几章分析过的一系列问题，其中的一个问题还令达尔文本人困惑良久：在针对食物、领土和配偶的永无休止地竞争中，个体为什么要不遗余力地去帮助他人？

与众多优秀人士展开合作的二十多年里，我对这个高度竞争的世界中进化引发合作的各种机制进行了研究。我们探索的基本问题可以用“成本与收益”这个说法来描述。一位合作者为了让另一位个体得到收益而付出成本。如果成本高于收益，那么这次合作就不具成效，这场博弈也不是合作困境。在这种情况下，两位合作者相遇所造成的境况就会比两位背叛者的相遇更遭。但如果收益大于成本，那么我们就得到了熟悉的囚徒困境。

囚徒困境的中心问题是这样的：在困境最简单的版本中，在不做任何额外假设的情况下，自然选择会偏好背叛者。之前讲过，在均匀混合的群体中，合作者的适应力永远比背叛者低。由此，随着群体的进化，自然选择慢慢增加背叛者的充裕量，直到最后一批合作者也遭到灭绝。这是“错误”的结局，因为由合作者组成的群体比背叛者群体拥有更高的生产力（更高的平均适应力）。因此，在这个特例中，自然选择并没有实现最高的适应力，而是摧毁了整个群体的最优方案。为了促进合作，自然选择就需要外力的帮助，需要合作进化的机制。

目前，我们已经了解了合作进化的5种机制。我通过将博弈论与进化相融合的方法，假设博弈的报酬会影响繁殖的成功，从而对这些机制进行了研究。这就意味着，随着玩家的突变和进化，自然选择就会对拥有高报酬的玩家投以微笑。这些玩家在为生存而奋斗的过程中，能繁殖出相对更多的后代，而其他不那么成功的玩家则会逐渐衰落并最终消失。

我没有将“自然选择”这个词汇的使用局限于基因。繁殖可以是遗传上的，也可以是文化上的，具体取决于我们讨论的主题是细胞、动物还是人。在前一种情况下，成功的个体能留下更多的后代，并将更多的基因传递给未来的世世代代。而对于后者来说，成功的思想、方式和策略可以通过模仿和学习而得到推广——风潮就这样产生了。举个例子，达尔文主义进化论本身并不是通过遗传得以传承，而是从文化角度得以普及，从而在生物学家的思想之间形成融会贯通的。

我的研究工作显示出合作如何从竞争中诞生，虽然合作与竞争是一对纠缠在一起的冤家。社会的集体力量，部分取决于压抑个体突变和背叛的能力。反叛的细胞、染色体和基因也是同理。合作与竞争，永远不可分离，就像白天与黑夜、优良与恶劣一样。

5大合作机制皆可为我所用

在囚徒困境中，自然选择有一种削弱群体平均适应性的倾向，而且这种倾向具有持续性和压制性。若想收获合作的酬劳，那么至少要有一种机制发挥作用，以对付自然选择的这种倾向。我们已经讨论过 5 种这样的机制，并研究了这些机制如何令我们达成合作。

1. **直接互惠。**“我给你挠挠背，你也给我挠挠背。”这一机制解释了“以牙还牙”类型策略的成功，无论是在珊瑚礁附近提供清洁服务的小鱼，与同伴慷慨分享血液大餐的吸血蝙蝠，还是第一次世界大战西线战场出现的双方军队心照不宣的停战，要知道，当时，任何一方若不小心违背了“停战协定”，都会招致报复性的袭击或炮击。正如 18 世纪伟大的苏格兰哲学家大卫·休谟（David Hume）在 1740 年的《人性论》（*A Treatise of Human Nature*）中说的那样：“我学会为他人服务，但并非对他心存善意。因为我可以预见，他会报答我的服务，而且他期待着我再次为他服务。”

我们还看到，在合作中，偶尔颤抖的手、一时糊涂的脑袋总会造成一些行为的失误，此时的最佳策略则是“宽宏以牙还牙”或“赢定输移”。而这两个策略里面，后者比前者更简单，当你干得不错时，重复上一次即可，如果干坏了就换一种做法。总的来说，只有当两个个体再次碰面的概率高于无私行为的成本收益比时，直接互惠才能引领合作的进化。这是我们的第 1 条法则。

2. **间接互惠。**当玩家处于一个群体中，群体成员之间会交叉重复碰面时，间接互惠的合作机制就开始产生影响了。这时候，我对你采取的行为，还依赖于你对别人干过的事。对别人做了好事，我们就期待在后续的碰面中会收获回报，无论后续是跟谁碰面，正如路加在《圣经》中说：“你们要给人，就必有给你们的。”可以用一句话来归纳这一机制：“我给你挠挠背，别人也会给我挠。”

在人类社会中，间接互惠极大程度地依赖于通信。第 2 章中讲到了语言的重要性，要从别人的经验中学习，建立名声，然后把名声传递开来，这一切离开了语言是办不到的。我们还发现，只有当正确获知他人名声的概率高于无私行为的成本收益比时，间接互惠才能促进合作。这是我们的第2条法则。

3. **空间博弈**。这一过程发生在生命的棋盘上，发生在错综复杂的社会网络里，也发生在我们所归属的各种集合中。在任何进化过程中，其核心都是由具有复制能力的个体所组成的种群，而许多学者的多年研究也表明，种群的结构对进化有着显著的影响。无论说的是空间结构、社会网络还是标签，我们都是在表示，一些个体之间相互交往的频率比他们跟其他人交往的频率要高。这样一来，合作者就可以形成自己的互助网络或群聚，从而提高他们自身的竞争力，在自然选择中获得成功。就好像引力透镜能造成星系光线的弯曲①一样，种群结构也能决定进化曲线的走向。合作之花究竟能否在空间图形中绽放，也可以由一条极其简单的规则来决定：收益成本比必须高于个体的平均邻居数量。这是我们的第3条法则。

4. **群体选择**。这一机制表明，在某些环境下，自然选择不仅作用于个体，还会在群体之间的竞争中产生影响。由合作者组成的群体很可能会比背叛者群体更为成功。达尔文对这一合作机制的总结再明白不过了：“毫无疑问，一个部落的成员要是都愿意互相帮助，愿意为共同的利益而牺牲自己，那么，这个部落一定能打败其他部落；这就是自然选择。”当无私行为的收益成本比高于群体成员数与群体数量之比加1时，群体选择就能促进合作的进化。因此，跟只有少数几个庞大群体的环境相比，拥有许多小群体的环境更适合这一合作机制发挥作用。这是我们的第4条法则。

5. **亲缘选择**。在这里，家族的联结、共同的祖先将起到关键的作用。我认出我的亲属，然后采取相应的行动，因此，我跟亲近的亲属合作，而对陌生人实施背叛。对于这种照顾自己人的倾向性，还可以用一句基因角度的俗

① 引力透镜是广义相对论预言的一种现象，由于时空在大质量天体附近会发生畸变，光线在大质量天体附近也会发生弯曲。——译者注

语来表达——血浓于水。汉密尔顿定律对亲缘选择的发生条件进行了总结：亲缘关联系数必须高于无私行为的成本收益比。这是我们的第 5 条法则。第 5 章讨论了这一机制碰到的许多问题，但我相信，如果适当表达的话，亲缘选择仍然是一种合理的机制。

信仰，通向合作的另一条路

好啦，有了这 5 种自然选择的合作机制，我们就能从社会群体生活中获得更多，比我们从孤立自私的生活中得到的还要多。在许多环境下，由于这些机制的存在，进化的关键驱动力更多地体现为合作，而非竞争。我们的天性被这样一代又一代地塑造，因此，爱、友谊、羡慕和团队精神等行为就普遍出现在了所有的人类社会中。

举个例子，当多层选择机制对合作的形成起到作用时，即使背叛的动机仍然存在，但在最终获胜的群体中，那些自愿顾全大局牺牲小我的个体一定占了更高的比例。一个国家、一个宗教团体都可以视为群体，而这些群体正是通过其中的个体牺牲自我、帮助同胞的行为而形成的。

俗话说得好，“善有善报”，我们在直接或间接互惠中都能看到这种现象。我们的计算和研究表明，尽管竞争是自然选择的天然特性，但在直接和间接互惠的赢家策略中，以下的“慈善”属性却是必不可少的：心存希望，慷慨大方，宽宏大量。在这里，“心存希望”意味着，当我遇到一位新人的时候，我希望可以通过努力，跟他之间建立合作的基础。“宽宏大量”意味着，如果有人背叛，我会尽我所能去重建彼此的合作关系。而“慷慨大方”则意味着，我不会目光短浅地看待与他人之间的交往，我不会抱怨谁比我得到更多、谁比我分得的蛋糕更大。相反，我会接受公平甚至略少一些的分配，同时享受着合作这种更高生产力、更有帮助的交往方式——把蛋糕做大，从而让每个人都能分到更多。

我在合作方面的研究也揭示出，对于人类的进化，或是日常生活中的成功，哪些行为是最重要的。我们拥有 5 种机制，无论它们是分别作用，还是共同生效，都可以帮助每个人与他人好好相处。值得注意的是，从分析、定量和数学的基础上，我能够得出一些观点，而这些观点对于今天的伦理学家和宗教信徒来说，都是那样的熟悉。

正如我们在第2章中看到的那样，不同的信仰由互惠的黄金法则统一在了一起。乍看起来，进化会给信仰带来麻烦，但实际上，进化却在人类身上磨炼出无私、利他甚至一些神圣的行为。世界范围内的伟大宗教，在其教义中都不约而同地给出了教导人们如何过上有意义生活的古代良方。在过去的几千年里，宗教基于对人类生活条件的分析，减轻了人类的痛苦和悲伤，并得出结论：爱、希望和宽恕是解决人类终极问题的关键要素。宗教号召无私的行为。耶稣说，施舍的时候，不要让左手知道右手所做的。[①]在《薄伽梵歌》中，克利须那神对阿朱那王子说：你应该在每一个人的身上看到自己。你应该对他人的痛苦感同身受。

对有信仰的人来说，当爱的动机压倒自私动机的时候，问题就得到了解决。从本书的视角来看，世界宗教教义所传播的正是合作的最大秘诀。如今，这些强大有力的思想第一次通过实验得到了量化，通过方程得到了表达，正式踏入了科学的殿堂。

人类下一步该怎么办

合作，在地球生命长达 400 万年的岁月中，上演了一系列精彩绝伦的故事。我一直在追寻这些故事的终极诠释，而马勒的《第三交响曲》完美地符合了我的要求。于 1893—1896 年编写的这首乐曲是马勒最长的一曲作品，演奏持续将近两个小时。此曲是用泛神论来看待宇宙，是浩大的音乐史诗，是对

① 耶稣的意思是要在隐秘中行善，不要公开显扬、贪求荣耀。——译者注

自然世界的赞美诗，并通过伟大的造物阶梯逐步上升的形式来展开。

我对这首乐曲的热爱可以追溯到20世纪90年代初，我在牛津大学的早年时期。有一天，我的新学生塞巴斯蒂安·潘霍华（Sebastian Bonhoeffer）邀请我出席一场音乐会，这场音乐会的举办地在谢尔登剧院，这座剧院由牛津的天才建筑大师克里斯托弗·雷恩（Christopher Wren）建于17世纪。塞巴斯蒂安也是一名优秀的音乐家（现在是苏黎世联邦理工学院的生物学教授），他带我去欣赏马勒的《第三交响曲》，而他本人还在里面充当了首席大提琴手。我去了，我认真地聆听了。这是我与马勒这位伟大作曲家的首次“会面”。在谢尔登剧院那谈不上舒适的木制座椅上，我的整个生命随着音乐的演绎而铺开、绽放。那是我第一次对音乐产生这样的感受，也是唯一的一次。

马勒以缓慢而原始的方式开场，令人想起地球上的非活性物质——岩石和无生命自然。然后，演奏逐渐加速，变得活泼而富有冲击力。生命从此登堂入室。交响曲继续向前、向上，穿越了更多复杂的进化阶段——花草、动物和人类，然后抵达神圣之爱——马勒心目中至高无上、超越自然的力量。

从乐章“岩石告诉我”到“爱情告诉我”，从最初远古洪荒时期的觉醒到最终欢欣鼓舞的时刻，马勒在《第三交响曲》中表达了一种希望，“作为一个整体，大自然的声音会鸣响回荡。”他做到了。1902年6月9日，星期一，当《第三交响曲》在德国克雷菲尔德首次演奏时，这一作品得到了雷鸣般的欢呼，这也成为马勒一生中的经典时刻。

马勒在一封信中提到，在这首乐曲中，“大自然有了自己的嗓音，还告诉你了一些深刻的秘密，而这些秘密只能在梦中得以瞥见！”而我希望能通过自己的方式，也给予大自然一副好嗓音。跟之前只考虑竞争的时候相比，这幅“嗓音”更为精妙、更为细致。我成功地论证了，进化“需要”合作机制，来构建新的组织层级，让基因在染色体中合作，让染色体在染色体组中合作，让染色体组在细胞中合作，让细胞在更为复杂的细胞中合作，让更为复杂的细胞在人体中合作，让人在社会中合作。

在完成合作机制的宏大巡礼之后，对于人类的合作程度之深，我深感震惊，乃至于肃然起敬。我们非常好地使用了前述的每一种合作机制。诚然，这些合作机制的要素在其他生物的社群中也都能看到：蚁群的多层选择，鱼儿的互惠，菌落的空间选择，等等。但是，没有一个生物种群能像人类一样，将这些合作机制发挥到极致。即便是我们的近亲类人猿，也由于缺乏成熟完整的语言能力，而无法充分利用间接互惠这一机制。

细菌薄膜在社群中也能形成分工，但这些微生物的合作跟现代城市中人类社会的合作比起来，其复杂程度就只能是小巫见大巫了。蚁群也只能分成几个等级，而我们的社会分工则细分到了极点：从警察、首席执行官，到士兵、屠夫、面包师，以及烛台制造者，不一而足。亚当·斯密通过大头针制造的例子描绘出，我们在社会中的分工是何等的细致。在第 11 章，我们也了解到，通过奖赏合作而不是惩罚背叛，我们可以更好地激励大家的合作意识，从而激发真正的创造性。如果我们能够作为一个整体而通力协作，就可以取得从前作为个体所永远无法取得的成就。

让人类真正与众不同的是，间接互惠的合作机制推动了语言的出现，也带来了一种全新的进化模式。在一定程度上讲，我们当前进化的驱动力已经与遗传基础、化学、基因和 DNA 无关了；而是来源于文化方面，通过学习进行传承，这也是人类之所以如此成功的原因。也正因此，人类大脑进化的方式就与其他生物产生了彻底的差异。我们每一次跟他人谈话时，我们大脑的结构都会发生变化。由此，我们就可以对倾听者的大脑施加结构性的影响。记住，下一次你倾听别人说话时，或者回忆起某个时刻时（哪怕这次回忆转瞬即逝），你的大脑结构都会产生永久性的变化。

虽然语言和学习能力使得人类社会的合作达到了惊人的水平，但也不能认为我们就生活在一个合作的乌托邦。在 20 世纪里，有上亿人在国内冲突、世界大战和种族屠杀中死亡。发动战争的倾向可以说是对合作的歪曲。人们分成两派进行斗争，这些有组织的行为往往导致了极大的破坏。敌对和竞争总是存在的。发生一场新战争的危险也总是存在的。世界上存在合作的同时，也一定存在着盘剥和被盘剥的风险。背叛者藏身于黑暗中，时刻准备着，等待最佳时机以发起突然袭击，占尽便宜。几十年前我跟卡尔做的第一次模拟实验就清晰地说明，在时间的长河里会有反复的振荡。在无穷无尽的循环中，合作来来去去，兴衰往复。

今天，人类仍然在自己亲手制造的灾难边缘不断徘徊。核冲突的风险非但没有消除，反倒已经被当成了既成事实。对这样巨大的生存威胁，人们都见怪不怪，不再议论了。冷战时储备的数量庞大的核弹头，仍有相当一部分被保留到了今天。我们仍然可能面临世界末日，一旦有人有意无意地引发核战，大量的粉尘、残骸和烟雾就会充斥到大气中，导致“核冬天”的到来。2005 年 6 月，美国共和党参议员、参议会外交委员会主席理查德·卢格（Richard Lugar）提出一个问题：在下一个十年中发生核攻击的可能性有多大？他调查了 76 位核安全专家，得出核战的平均可能性为 29%。其中有 4 位专家给出了概率为 100% 的估计，而只有一位专家认为核战不可能发生。随着核武器数量的持续增加，恐怖主义的组织程度不断提高，核战的威胁会越来越大。

近一阶段全球经济的衰落，让我们真切地感受到经济崩溃将造成的严重后果。目前的经济政策都基于这样的理论前提：世界是由一些简单而相互独立的市场拼凑而成的。货币如今可以在国与国之间自由地流通，这大大刺激了全球贸易的繁荣，但同时也意味着，某一区域的经济紊乱会对其他区域的经济造成不可预知的影响。最近几十年发生的跨国投资快速增长，导致一个地区性的经济振荡（美国房地产在过度膨胀后的崩溃）在 2008 年传递到了全世界，因为那些高负债的投资公司在一个地方遭受损失之后，就会在其他地方撤回信贷。倘若真的发生金融浩劫，世界经济将滑入惩罚性的萧条之中，情况可能比 20 世纪 30 年代发生的数百万人忍饥挨饿的大萧条还要可怕。

同时我们也看到，地球环境同样面临着灾难的深渊——终极公地悲剧。地球发烧了，而且这个烧还在持续升温。当前，气候危机的迹象已经非常明显，从北极冰层在夏季的急速消失，快速融化的冰川，到低海拔太平洋岛屿的淹没。世界上存在一系列相关联的问题，从北美、南美、亚洲和澳洲城市的缺水、疾病的蔓延、全球食物供应的短缺到地球物种灭绝的加速，我们赖以生存的生命之网正在一点点地被撕裂、磨损和切碎。

在诺贝尔和平奖授奖仪式的演讲中，艾伯特·戈尔（Albert Gore）引用了一句非洲谚语：**“如果你想走得快，一个人走。如果你想走得远，就一起走。”**关于合作，他对人们发出了响亮的号召。“我们必须抛弃自大的想法，不要认为个人的、独立的、私下的行为能最终解决问题。这些行为可能会收到效果，实际上也收到了效果，但不足以带我们走得足够远，除非我们集体行动。”换句话说，我们都是陷入同一个困境中的囚徒。要解决像气候变化这样棘手的问题，光靠技术是远远不够的。

我们面对的危机是真实而严峻。智慧生命是十分脆弱的。我认为，在宇宙诞生以来的137亿年中，地球上会经常出现生命。然而，正如我们现在所看到的，智慧生命就只剩下我们自己了。智慧生命似乎不会持续很长的时间，这值得我们停下来认真思考。现在，我们需要在全球范围内开展比以往更加深化的合作。虽然我们正处在灾难的边缘，但我们同样也处于迈向新一级合作关系的边缘。我们需要一个比曼哈顿计划规模更大的气候项目，需要动员整个文明世界投入足够的资源和决心，就像之前准备世界大战一样。

在前面的章节里我曾讲到，合作新契机的出现往往也是催生创造力的最好时机。当在组织某个层面上相互竞争的单元开始合作时，组织中富有创造力的新层次就会发展起来，从分子之间、简单细胞之间、复杂细胞之间、多细胞生物（例如人）之间，直到社群之间。我相信，气候变化会迫使我们人类翻开合作的崭新篇章。

此时此刻，全世界的人们正以一种前所未有的方式和程度连结在一起。通过邮件、手机、计算机、互联网等现代通信技术，每天都有无数的连接在建立、更新和断开。与此同时，对于如何才能合作的问题，我们也比以往更加清晰、明白。我希望，我们能够充分利用对合作的全新理解，来积极应对这个日趋拥挤、核武器充斥、持续高烧的世界所面临的挑战。

“合作”是永恒的旋律

> 我们从音乐中获得一种计算而不自知的体验，这便是音乐给人类心灵带来的愉悦感。
>
> 德国哲学家、数学家　戈特弗里德·莱布尼茨

与我的研究课题最为相配的，是马勒那华丽而宏大的《第三交响曲》，不过，在他的所有乐曲中，我最喜欢的还是《大地之歌》。这一混合了歌唱和管弦乐的“歌曲-交响曲”，其灵感来自于汉斯·贝特格（Hans Bethge）所翻译的中国古诗集《中国笛》。马勒被诗中表现出来的美好、无常和死亡所深深打动，并受此启发完成了这一伟大的管弦乐作品。之后他还写道：“这或许是迄今为止最能体现我个性的作品。”马勒的朋友、指挥家和作曲家布鲁诺·瓦尔特（Bruno Walter）初次读到这一作品的乐谱，就非常认同这一点。

当瓦尔特看到马勒在这一卓越作品中倾注的心血时，瓦尔特失声痛哭。此曲充满了死亡的意味，这并不令人感到意外。在上一年夏天，即1907年，由于反犹太主义的影响，马勒被迫辞去了他在维也纳宫廷剧院的指挥职务，他的大女儿玛利亚死了，他本人也被诊断出患有严重的心脏病。

在第二乐章中，马勒提到了他女儿的死亡（“微弱的光芒消失了”），这件让马勒心碎、一直不愿意接受的事实。后续的乐章试图找到生命的终极答案。他也确实接近了答案，但这是不可能完成的任务。就像囚徒困境一样，是不可能完全解决的。不过，在最后一个乐章的结尾，马勒终于可以非常平静地

面对自己的死亡：“我不会再远行。我心安静，等待我最后的时间到来。”在想到自己无法逃避的命运时，他放下了。

在是否把这首乐曲称为交响曲的问题上，马勒有些担忧，担心自己像贝多芬、布鲁克纳一样，《第九交响曲》会成为自己的绝响。不过，尽管有这些不安，马勒仍然勇敢地将《大地之歌》命名为《第九交响曲》。马勒开玩笑说，他骗过了死神，因为他的新乐曲实际上已经是第十首了。但事实证明，马勒的迷信还真是一语成谶——《第九交响曲》真的成了他最后完成的作品。1911 年，马勒逝世几个月之后，布鲁诺·瓦尔特在慕尼黑举行了《大地之歌》的首次演奏。

值得一提的是，在 1952 年，瓦尔特带着维也纳爱乐乐团，还有当时被诊断患有乳癌的英国歌唱家凯瑟琳·费丽尔（Kathleen Ferrier），举办了《大地之歌》的重演。费丽尔第一次演出这部作品时，由于掩盖不住自己的痛苦和真情实感， 竟无法唱完最后一个乐章《告别》的最后一个词。乐声飘向天空，象征马勒终于接受了死亡的命运。乐队也被深深地打动，跟费丽尔一起完成了一场生命的演奏。17 个月之后，费丽尔输掉了她与癌症之间的战争，年仅 41 岁。

听起来似乎有些忧郁。不过，马勒还是在曲中转到了 C 大调，在整首交响曲的黯然背景下撕开了一个口子，透出了乐观主义的光芒。在马勒接受死亡命运的同时，他也明白，紧随死亡之后的，就是新的春天。这个观点与我的研究工作产生了共鸣。

《大地之歌》强调了一个事实，任何个人都无法逃避死亡的黑暗，但是，生命本身会无穷无尽地重生和延续。音乐声会逐渐减弱，消于无声，而世界的美好将会永远传承下去。到乐曲的终结处，大地在春天里恢复了生机，处处闪耀着明亮的蓝色。最后这个乐章深深地感动了我。我们这个变化的世界，恰恰反映出了一个可以用数学来捕捉的潜在的永恒事实。而且，正如世界之美可以永续流传一样，自然的法则也会长久地存在下去。

在追逐自私的短期利益和力争集体的长远利益之间，永远存在着无穷的矛盾，人性的故事往往也都离不开这些内容。我们现在知道了，合作如何能在囚徒困境中胜过背叛。正如马勒用欢快的调子作为乐曲的结尾一样，我相信，相比达尔文那“所有生物为了生存和繁殖都要持续进行殊死斗争”的传统观点而言，人类如今对于合作的强调也将为生命染上一层乐观的颜色。突变和自然选择本身并不足以解释生命，我们还需要合作。在长达 40 亿年的进化历程中，合作是主设计师。合作创造了第一个细菌细胞，然后是高级细胞、复杂的多细胞生命，以及昆虫超个体。最终，合作创造了人类社会。

我建议，在达尔文写下的基本法则之外，再加上一条“自然合作”。合作能将生命体提升为更高层次的组织。通过创造新的特化机体、新的生态位和新的劳动分工，合作为丰富的多样性打开了更大的空间。合作让进化更富有建设性，更加开放。

今天的我们正面临着一个非此即彼的选择：要么攀上更高复杂度的进化阶梯，要么接受衰退甚至于灭绝的命运。尽管全球性危机愈演愈烈，但我们同样处于下一场社会组织大变革的转折点，这次变革的意义丝毫不亚于第一个细胞、复杂细胞或者多细胞生物的出现。我们对此已有了充分的认识，而且，鉴于我们社会的互联程度如此之高，我们完全有能力在此基础上建立合作。

我们是超级合作者。我们是地球上唯一有能力使用所有这 5 种合作机制的物种。实际上，我们也已经将其运用得很好了。但是，我们现在必须做得更好。为了应对未来面临的重大挑战，我们都要竭尽全力，将这些合作机制的潜力发挥到极致。

在与他人的日常交往中，直接和间接互惠始终会起到关键的作用：我们给予的越多，我们收获的就越多。从古至今，合作的这一重要性从未改变。由于强大而灵活的语言能力，我们是唯一能够充分运用间接互惠的物种。在评估另一个体的名声时，动物只能靠直接的观察；而人类则可以凭借语言，从其他人那里获得经验。我们还能将某人的脸庞跟一个名字关联起来，用以建立他的名声。

在我们规避公地悲剧的时候，名声是一股有效的力量。而对这一力量的成功运用，则依赖于信息能不受审查和歪曲地自由传播。我们需要了解人们、公司和国家浪费宝贵资源的具体情况，我们需要知道日常物品（例如热水器和汽车）的真实环保成本，以便能将这些成本计入相应的价格里。我们需要确认气候变化的真正风险有多大，而不允许任何的偏差、修饰或夸大。

在过去的许多年里，我们将间接互惠这张不断扩张的大网织到了每一个村庄、城市、州府，织遍了全球各地。如今，由于我们全球网络的高度连接性，附着于一个名字之上的名声能在几分钟之内传遍全世界。如果某个亚洲人有了一个好点子，美国的科学家同行立即就能知道。如果一篇引人深思的博客贴到网上，当天就能传播到全世界，并被翻译出来，引发大家的讨论。如果一首好听的歌曲在网上提供下载，无论是在小镇的大街上，还是在大都市贫民区的小巷里，都能听到这首歌在播放。

我本人与居住于其他大洲的许多人们都建立了合作。通过电子邮件、Skype、电话等通信手段，他们就好像是住在我的隔壁一样。我在新英格兰树林中的房间，到剑桥，到罗杰在伦敦的家，或者到大槻久在东京的办公室，之间的距离都是一样的。也正因此，富有成效的思想和创新得以广泛传播。如今，要想促进合作，我们拥有无限多的方法。

然而，伴随着新机遇一起到来的，也有新的威胁。我在合作进化方面的所有研究都表明了一点：世界上没有乌托邦，社会合作程度的下降和升高都是不可避免的。由于全球化，这个星球的资源迅速地走向枯竭。由于全球化，对于经济增长的竞争性追求已经不可持续。由于全球化，我们更容易受到局部形势振荡的影响。我们已经见证了金融世界的变化，在美国、欧洲或亚太股市进行多样化投资已经不再安全。所有经济体都密切关联，当其中一个市场遇到金融危机时，所有市场都会一同跳水。出于同样的原因，我们如今也更容易受到流行病的威胁：有了国际航空旅行，病毒能够迅速立足并传染全世界。

我们不能期望合作得以永续。但我们有希望去防止合作曲线的大幅跌落，至少确保合作在更长的时间周期内占据上风，而只是偶尔出现破裂。我们能够在合作出现大问题的时候，进行迅速地重建工作。

我们需要寄希望于广大人民群众，而不是依赖于官员和领导。合作需要自下向上的发展，而不是从上到下的施压。合作的发展要从草根开始，因此，民主就成了合作的基石。如果想要收获合作的果实，我们就必须做得更多，为合作创造更好的环境。

从对合作机制的多年研究中，我学到的另一个教训是：我们应该学着拥有外向型的视野，从大处着眼，减少一些竞争性。例如在涉及社会结构的时候，我们必须跳出狭隘的局限，不要光照顾自己的亲属或同类人。亲缘选择（即使适当的表达）仅仅是人类合作的一小部分而已。当需要在更大的社会范围内培育合作的时候，裙带关系的生产力往往是负的。

我们的眼光应该跨越那个狭隘的观点——惩罚和威胁可以促进合作。在我看来，只有通过富有激励性的交互，例如参与、友谊和奖赏，才能促成创造性的合作。

我们还发现，我们需要怀着更加开放的态度，学习他人成功背后的经验，而不是仅仅聚焦于自己的短期目标。只要采取前者的外向型策略，我们就确信能够建立合作的最佳实践。

此外，我们理所应当要记得哈丁的传统。如果我们要在地球有限的资源范围内学会量入为出地生活，就需要一种全新的思考方式，一种道德的延伸。

到这里，不得不重复一下我曾经提过，但又值得再次重复的一个观点：如果想要破解囚徒困境，我们必须心存希望，慷慨大方，宽宏大量。或许这是第一次，科学与数学的结论能跟世界宗教教义彼此吻合。

人类是超级合作者。我们能利用所有的 5 种合作机制。尤其是有了丰富而灵活的语言之后，我们成为了能够充分运用间接互惠机制的唯一物种。我们有名字，还有附着于名字的名声，这些都能帮助我们更紧密地合作。我们还能设计自己的环境——从组织结构、法律到互联网，用于构造更加持久的合作关系。由此一来，我们的合作能力有机会达到一种新的层次，和谐与统一的新高度。我再一次地强调，合作不仅仅限于今天，限于此时此地。由于我们非凡的间接互惠机制，我们可以通过语言，将过去、现在和未来的利益统一到一起。

欣喜的是，有许多人已经开始乐于谈论他们对后代负有的责任。针对可持续性发展的讨论集中在代际公平的思想上——给下一代及其后人留下跟当前一样的环境资源。政客们往往想的是给自己的孙子孙女们留下什么遗产。而我想要把这个观点进一步地合理延伸，鼓励每一个人进行客观的思考：他们将如何与后代进行合作。我们需要放眼于更远的未来，不能仅仅看到明天的事情。我们需要负起更大的责任，不能仅仅照顾这一世的人。我们必须尽自己所能，跟未来即将从我们手中继承这个世界的上百亿人口好好地合作。

我期待在遥远的未来，一个超级合作者会凝视着生机无限的蓝色天际。如果我们站在宇宙的视角去看，生命存在着许多机会。我相信宇宙中存在成千上万，甚至上百万的生命社群，其先进程度跟我们一样，或者更高。毫无疑问，每个生命社群都会使用不同的方法去解决有效合作的问题。有些能成功，而有些会失败。

在这些生命社群之间，还存在一个更高层级的选择。某些文明会扩张，获得长期的繁荣发展。许多文明会消亡、终结。除此之外，还可能会出现其他不同的命运。一些文明会失去自己的家园，迁移到新的殖民地星球。一些文明会相继灭亡，但在自己的身后留下一种新的生命——由智能机器人组成的太空舰队，能够繁殖、发展，并继续探索他们的星系。有能力解决合作问题的文明将在宇宙中得以延续。我们只能报以希望，期待着，在这张成功的超级合作者名单上，有我们称为人类的那些碳基生命形式。在这场伟大的历险记中，每个人都要扮演自己的角色。成功要靠我们所有人。下一棒，交到你们手上。

译者后记

超级合作者，顾名思义，这本书讲的是合作：生物之间的合作是如何产生的？人类为什么能成为更好的合作者？我们如何才能更好地合作？

要说明白这些问题，着实不易。这是一本融合了多学科知识的科普著作，其内容涵盖生物学、社会学、数学、计算机科学等领域。看完此书，相信读者都会对达尔文主义、囚徒困境、计算机模拟等话题产生浓厚的兴趣。

而作为本书的译者，当历经15个月终于将译稿完成时，除了长舒一口气之外，我还想跟大家分享自己对本书的读后感——实际生活中愉快合作的窍门。

我们在工作、生活中遇到的合作环境，可以归结为非零和博弈的重复囚徒困境。那么，根据本书的理论和实验结果，我们如何才能跟他人愉快地合作，同时将自己的长期利益最大化呢？

首先，要有清晰明确的回报策略。最简单的做法就是一报还一报，善有善报，恶有恶报。尤其要注意，慎当老好人，该出手时就出手，轻易纵容背叛只会鼓励再犯。同时，也应避免过于复杂的策略，你的策略越简单，别人对你的行为预期就越清晰，也就不会产生误会或侥幸心理。

其次，先表示善意，不要做率先背叛的那一个。在“一报还一报”策略流行起来以后，你可以想象，背叛多半会招致对方的报复，你的长期利益必然受损。先下手为强，这句话在合作占主导的组织中并不适用。

最后，要跟自己比，不跟别人比。你的目标是让自己更好，而不是要把谁比下去。只有采取这样的理性策略，才能真正地实现自身利益最大化。不过说起来容易，但实际生活中，当看到别人的收益高于自己时，人们往往会采取背叛。这种双输的情况比比皆是。

上面说的是个人的合作窍门，这在囚徒困境的计算机模拟实验中都得到了证实。而作为组织的建设者和管理者，我们还可以做一些事情来鼓励内部的合作，从而在组织与组织之间的竞争（即多层选择，合作机制4）中获得优势。

例如，尽量固定你的团队成员，提高个体重复碰面的概率，促进直接互惠（合作机制1）；建立团队内和团队之间的声誉传播机制，促进间接互惠（合作机制2）；控制团队规模，减少个体平均邻居数量，优化空间选择（合作机制3）。或者设立奖惩制度，奖励团队内的合作行为，惩罚背叛行为，这样的实际效果是增大了合作收益，降低了背叛收益，从而促进合作（适用于所有5种合作机制）。

说到本书的5种合作机制，好像没提到第5种是吗？哦，本书的翻译工作，恰恰发挥了亲缘选择的优势（合作机制5）。我们两位译者精诚合作，从不抱怨推诿，这正是因为——我们能否赢得自然选择，我们的基因能否传承到下一代，全依赖于对方。

好了，就到这里吧。超级合作者们，合作愉快！

龙志勇　魏薇

未来，属于终身学习者

我这辈子遇到的聪明人（来自各行各业的聪明人）没有不每天阅读的——没有，一个都没有。巴菲特读书之多，我读书之多，可能会让你感到吃惊。孩子们都笑话我。他们觉得我是一本长了两条腿的书。

——查理·芒格

互联网改变了信息连接的方式；指数型技术在迅速颠覆着现有的商业世界；人工智能已经开始抢占人类的工作岗位……

未来，到底需要什么样的人才？

改变命运唯一的策略是你要变成终身学习者。未来世界将不再需要单一的技能型人才，而是需要具备完善的知识结构、极强逻辑思考力和高感知力的复合型人才。优秀的人往往通过阅读建立足够强大的抽象思维能力，获得异于众人的思考和整合能力。未来，将属于终身学习者！而阅读必定和终身学习形影不离。

很多人读书，追求的是干货，寻求的是立刻行之有效的解决方案。其实这是一种留在舒适区的阅读方法。在这个充满不确定性的年代，答案不会简单地出现在书里，因为生活根本就没有标准确切的答案，你也不能期望过去的经验能解决未来的问题。

湛庐阅读APP：与最聪明的人共同进化

有人常常把成本支出的焦点放在书价上，把读完一本书当作阅读的终结。其实不然。

时间是读者付出的最大阅读成本
怎么读是读者面临的最大阅读障碍
“读书破万卷”不仅仅在“万”，更重要的是在“破”！

现在，我们构建了全新的“湛庐阅读”APP。它将成为你“破万卷”的新居所。在这里：

- 不用考虑读什么，你可以便捷找到纸书、有声书和各种声音产品；
- 你可以学会怎么读，你将发现集泛读、通读、精读于一体的阅读解决方案；
- 你会与作者、译者、专家、推荐人和阅读教练相遇，他们是优质思想的发源地；
- 你会与优秀的读者和终身学习者为伍，他们对阅读和学习有着持久的热情和源源不绝的内驱力。

从单一到复合，从知道到精通，从理解到创造，湛庐希望建立一个“与最聪明的人共同进化”的社区，成为人类先进思想交汇的聚集地，与你共同迎接未来。

与此同时，我们希望能够重新定义你的学习场景，让你随时随地收获有内容、有价值的思想，通过阅读实现终身学习。这是我们的使命和价值。

湛庐阅读APP玩转指南

湛庐阅读APP结构图:

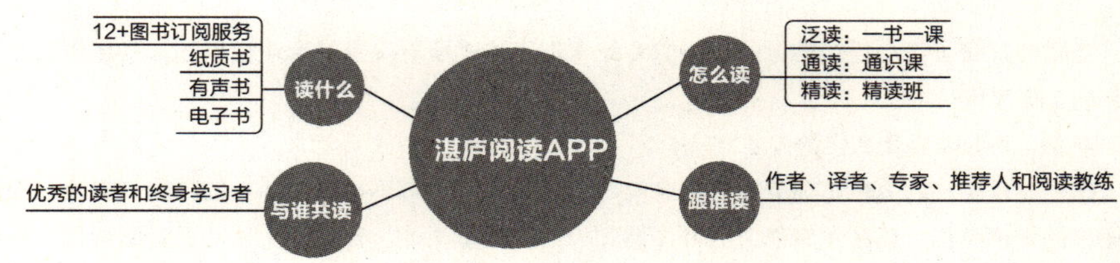

三步玩转湛庐阅读APP:

APP获取方式：

安卓用户前往各大应用市场、苹果用户前往APP Store
直接下载“湛庐阅读”APP，与最聪明的人共同进化！

使用APP扫一扫功能，遇见书里书外更大的世界！

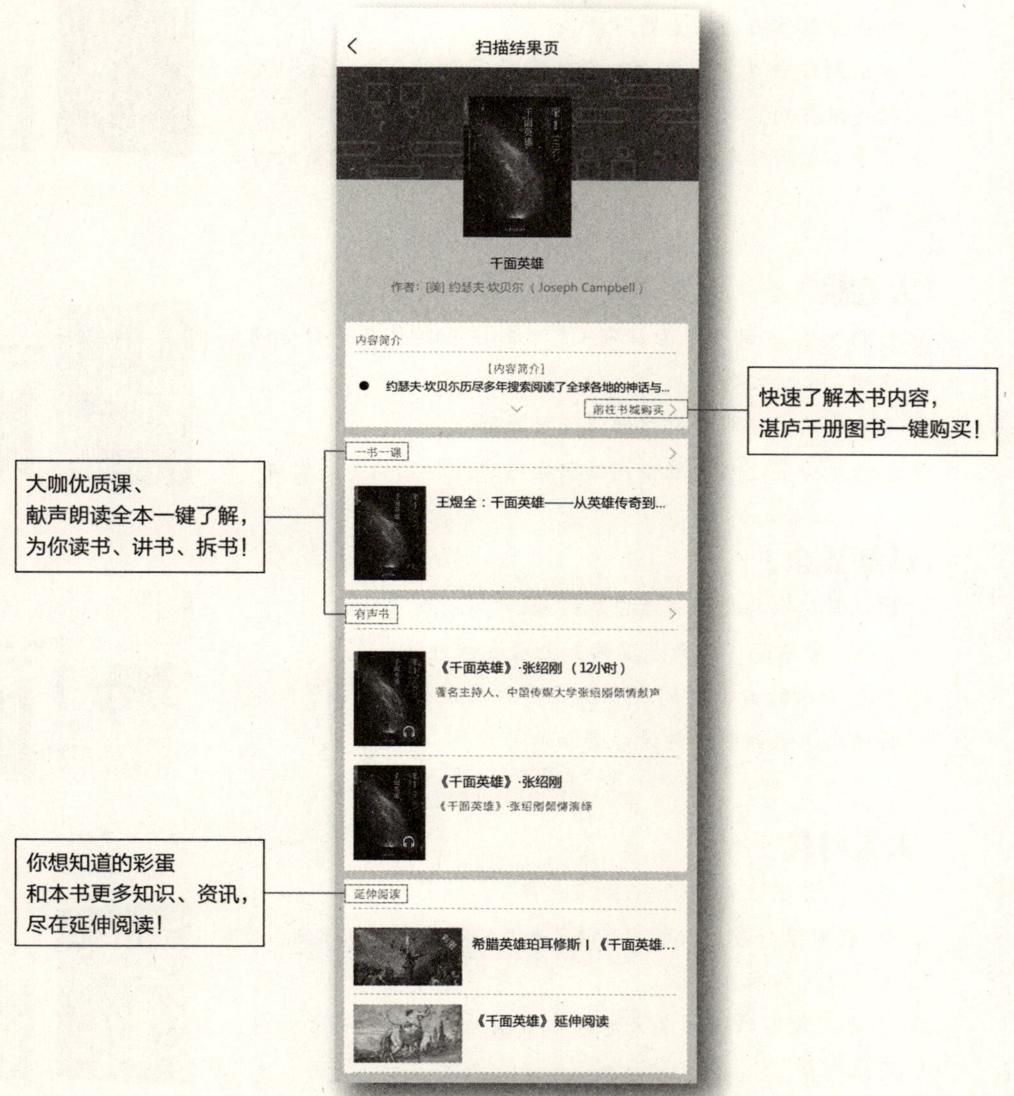

湛庐CHEERS

延伸阅读

《完美的群体》

◎ 世界名校布里斯托大学物理系教授兰·费雪在社交网络时代对群体行为的全新解读。

◎ 谁说群体就是乌合之众？全能科学家向“乌合之众”发起终极挑战。

◎ 只要掌握群体智慧，“乌合之众”就可以变成“完美的群体”。

使用“湛庐阅读”APP，
“扫一扫”获取本书更多精彩内容
ISBN 978-7-213-05280-4

《大连接》

◎ TED 大会演讲人尼古拉斯·克里斯塔基斯作品，社会网络研究必读之作。

◎ 三度影响力，社会网络的强连接原则。

◎ 继六度分隔之后，社会网络研究领域最具影响力的发现。

使用“湛庐阅读”APP，
“扫一扫”获取本书更多精彩内容
ISBN 978-7-5596-0587-0

《认知盈余》

◎ 腾讯掌门人马化腾首度亲笔作序。

◎ 克莱·舍基继《未来是湿的》之后最新力作。

◎ 当每个人的自由时间累积成强大的共享资源，每个人都将是这个慷慨时代的设计者和参与者。

使用“湛庐阅读”APP，
“扫一扫”获取本书更多精彩内容
ISBN 978-7-5596-1509-1

《人人时代》

◎ 全球思想家正在读的 20 本书之一。

◎ “互联网革命最伟大的思考者”克莱·舍基最经典作品《未来是湿的》再版升级。

◎ 21 世纪最有价值的未来学读本，获选《商业周刊》最佳商业书籍。

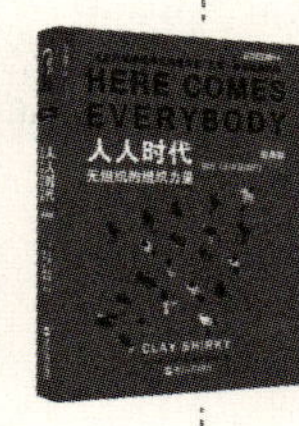

使用“湛庐阅读”APP，
“扫一扫”获取本书更多精彩内容
ISBN 978-7-213-06721-1

SuperCooperators: Alt

Martin A. Nowak wit

ISBN: 978-1-4391-

ruism, Evolution, and Why We Need Each Other to Succeed by

n Roger Highfield

0018-9

图书在版编目（CIP）数据

超级合作者 /（美）诺瓦克，（美）海菲尔德著；龙志勇，魏薇译. —杭州：浙江人民出版社，2013.9 （2020.9重印）

ISBN 978-7-213-05717-5

Ⅰ.①超… Ⅱ.①诺…②海…③龙…④魏… Ⅲ.①社会学-研究 Ⅳ.①C91

中国版本图书馆 CIP 数据核字（2013）第 208813 号

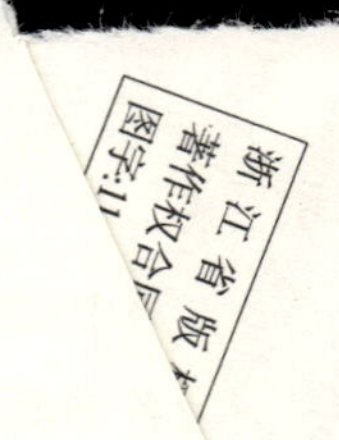

上架指导：社会科学 / 经济学

超级合作者

作　　者：[美] 马丁 · 诺瓦克　罗杰 · 海菲尔德　著

译　　者：龙志勇　魏　薇　译

出版发行：浙江人民出版社（杭州体育场路 347 号　邮编　310006）

市场部电话：（0571）85061682　85176516

集团网址：浙江出版联合集团　http://www.zjcb.com

责任编辑：王方玲

责任校对：张志疆　姚建国

印　　刷：河北鹏润印刷有限公司

开　　本：720 mm × 965 mm 1/16　　印　　张：22.75

字　　数：30.4 万　　插　　页：3

版　　次：2013 年 9 月第 1 版　　印　　次：2020 年 9 月第 5 次印刷

书　　号：ISBN 978-7-213-05717-5

定　　价：79.90 元

如发现印装质量问题，影响阅读，请与市场部联系调换。